Langues pour tous
Collection dirigée par
Jean-Pierre Berman, Michel Marcheteau et Michel Savio

Civilisation Britannique

British Civilisation

par

Sarah Pickard
Maître de Conférences, Civilisation Britannique
Université Paris III-La Sorbonne Nouvelle
Interrogatrice en classes préparatoires.

POCKET

Contents

Sommaire

0 Contents

Sommaire

Sarah Pickard

Maître de Conférences, Civilisation Britannique
Université Paris III-La Sorbonne Nouvelle
Interrogatrice en classes préparatoires

Du même auteur
Sarah Pickard, *Les Anglais*, Cavalier Bleu, 2007
Sarah Pickard, *Les phénomènes sociaux en Grande-Bretagne aujourd'hui*, Ellipses, 2009

avec la précieuse collaboration de Laurent Crusson

*pour **Noé, Flora et Sebastian***

ISBN : 978-2-266-17371-1

0 Présentation

Le présent ouvrage est conçu pour répondre de façon précise et exhaustive aux besoins des étudiants en licence et en master d'anglais ou de LEA et des élèves en classes préparatoires, dont il suit fidèlement les programmes de civilisation.

Il s'adresse également à un public plus large : tous ceux et celles qui désirent connaître dans le détail les institutions britanniques. Quel que soit leur niveau en anglais, ils trouveront l'information recherchée, grâce à la présentation bilingue (anglais/français), de chacun des chapitres.

En fournissant l'arrière-plan historique nécessaire à la compréhension de la Grande-Bretagne d'aujourd'hui, l'ouvrage éclaire également les systèmes politiques et économiques des démocraties d'aujourd'hui, dont notre partenaire d'outre-manche a constitué une matrice essentielle (régime parlementaire, droits du justiciable, "Welfare", etc.).

L'approche est cependant résolument moderne et se concentre sur l'évolution de la Grande-Bretagne après la deuxième guerre mondiale, pour dresser un état des lieux, étayé par d'abondantes données chiffrées, qui est celui du début du vingt-et-unième siècle.

"Civilisation britannique" peut se lire séquentiellement, afin d'acquérir une vue d'ensemble.

Il peut aussi être conseillé sélectivement pour se renseigner spécifiquement sur tel ou tel sujet (le Parlement, le système scolaire, la décentralisation, etc.).

01 THE UNITED KINGDOM

FIGURE 1: MAP, EUROPE AND THE UK

FIGURE 2 : LA CARTE DU ROYAUME-UNI ET DE LA RÉPUBLIQUE D'IRLANDE

01

THE UNITED KINGDOM

A. FOUR NATIONS IN ONE

- The United Kingdom is situated in North-West Europe, it is separated from **mainland Europe** by the **North Sea** and the **English Channel**. It is made up of four nations: England, Wales (formal name: Principality of Wales), Scotland and Northern Ireland (or **Ulster**) (formal name: Province of Northern Ireland), as well as many off-lying islands from the Shetlands (North of mainland Scotland) to the Scillies (off the West coast of Cornwall in the South).

- The United Kingdom's full official name is the "United Kingdom of Great Britain and Northern Ireland." For convenience, the term "the United Kingdom" is more usually used. The abbreviation for the United Kingdom is "UK". (Note, we say "the United Kingdom"). The capital cities of the nations making up the United Kingdom are London for England, Cardiff for Wales, Edinburgh for Scotland and Belfast for Northern Ireland. The **Republic of Ireland** (**Eire**), whose capital is Dublin, is not a part of the United Kingdom (see Chapter 14).

- Great Britain comprises only England, Scotland and Wales. The terms "Great Britain" or "Britain" are sometimes used erroneously to refer to the United Kingdom of Great Britain and Northern Ireland. The abbreviation for Great Britain is "GB", (not the GB).

- The United Kingdom does not include the **Channel Islands** (Jersey, Guernsey, Alderney, Sark, etc.) or the Isle of Man. These are separate direct dependencies of the British **Crown**. They have a degree of political autonomy and their own taxation systems.

01

LE ROYAUME UNI

A. QUATRE NATIONS EN UNE

- Le Royaume-Uni est situé au nord ouest de l'Europe, séparé du continent par la mer du nord et la Manche. Il est composé de quatre nations, l'Angleterre, le pays de Galles, l'Ecosse et l'Irlande du Nord (Ulster) et de nombreuses îles, depuis l'archipel des Shetlands (au nord de l'Ecosse) jusqu'aux îles Sorlingues au large de la côte occidentale de la Cornouaille, au sud du pays.

- Le nom officiel du pays est Royaume-Uni de Grande-Bretagne et d'Irlande du Nord ; par convenance, on utilise en général “Royaume-Uni”. L'abréviation pour Royaume-Uni est “RU” ; on dit en anglais “le Royaume-Uni”. Les capitales des nations composant le Royaume-Uni sont Londres pour l'Angleterre, Cardiff pour le pays de Galles, Edimbourg pour l'Ecosse et Belfast pour l'Irlande du Nord. La République d'Irlande (Eire) dont la capitale est Dublin, n'appartient pas au Royaume-Uni (voir chapitre 14).

- La Grande-Bretagne comprend seulement l'Angleterre, l'Ecosse et le pays de Galles. On utilise parfois à tort le terme “Grande-Bretagne” pour désigner le Royaume-Uni de Grande-Bretagne et d'Irlande du Nord ; on n'utilise pas d'article défini devant ce terme en anglais. L'abréviation pour Grande-Bretagne est “GB” (sans article défini).

- Le Royaume-Uni n'inclut pas les îles anglo-normandes (Jersey, Guernesey, Aurigny, Sercq, etc.) ni l'île de Man. Ce sont des dépendances directes de la couronne britannique. Elles jouissent d'une certaine autonomie politique et disposent de leurs propres systèmes fiscaux.

01

THE UNITED KINGDOM

A. FOUR NATIONS IN ONE

- The term the **British Isles** refers to the main islands of Great Britain and Ireland along with several island groups, namely, the **Channel Islands (English Channel)**, the Hebrides (Western Scotland), the Orkney Islands (Northern Scotland), the Shetland Islands (Northern Scotland), the Isle of Man (Irish Sea) and the Isle of Wight (**English Channel**). Altogether there are about 5,000 islands in the British Isles archipelago, including numerous tiny islets.

- England became a unified entity in the mid-tenth century. Wales, a separate kingdom, was conquered by the English in 1282, but full **parliamentary** union did not take place until 1536. England and Scotland were united under one **monarch** in 1603 and they agreed to permanent **parliamentary** union as "Great Britain" created by the **Act of Union** of 1707.

- The legislative union of Great Britain and Ireland was implemented in 1801 when the name the "United Kingdom of Great Britain and Ireland" was adopted. The **Anglo-Irish Treaty** of 1921 formalised a partition of Ireland, with six Northern Irish counties remaining part of the United Kingdom as Northern Ireland. In this way, the current name of the country: the "United Kingdom of Great Britain and Northern Ireland" was adopted.

01 LE ROYAUME UNI

A. QUATRE NATIONS EN UNE

● Le terme “îles britanniques” désigne les deux îles les plus grandes – Grande-Bretagne et Irlande – ainsi que les îles anglo-normandes, les Hébrides (à l'ouest de l'Ecosse), les Orcades (au nord de l'Ecosse), les îles Shetland (au nord de l'Ecosse), l'île de Man (mer d'Irlande) et l'île de Wight (Manche). En tout il y a près de 5 000 îles dans l’archipel des îles britanniques dont de nombreux îlots minuscules.

● L'Angleterre a été unifiée vers le milieu du Xe siècle. Le royaume de Galles fut conquis de façon définitive par les Anglais en 1282 mais l'union parlementaire n'eut lieu qu'en 1536. L'Angleterre et l'Ecosse furent unies par un roi en 1603 et elles s'accordèrent sur une union parlementaire appelée “Grande-Bretagne” créée par l'acte d'union de 1707.

● Quant à l'union législative de la Grande-Bretagne et de l'Irlande, elle intervint en 1801 ; c'est alors que le nom de Royaume-Uni de Grande-Bretagne et d'Irlande fut adopté. Le Traité anglo-irlandais de 1921 formalisa la partition de l'Irlande, les six comtés au nord restant dans le Royaume-Uni formant dès lors l'Irlande du Nord : d'où le nom actuel du pays : le “Royaume-Uni de Grande-Bretagne et d'Irlande du Nord”.

B. FLAGS (see front cover)

Each nation that makes up the United Kingdom has its own national **flag**.

- The English **flag** is the red upright cross of St. George (patron saint of England) on a white background.

- The Welsh **flag** is a red dragon on a white and green background.

- The Scottish **flag** is the white diagonal cross (saltire) of St. Andrew (patron saint of Scotland) on a blue background.

- The patron saint of Ireland (as a whole) is St. Patrick and his **flag** is red diagonal cross on a white background. But the **flag** of Northern Ireland is a red upright cross on a white background. (It should be noted that this **flag** is closely associated with the Protestant community of Northern Ireland and is unpopular with some sections of the Catholic community). However, currently the official **flag** of Northern Ireland is the **Union Jack** (see below).

- These national **flags** are relatively seldom seen except during international sporting events.

- The national **flag** of the United Kingdom is called the **Union Flag** or the **Union Jack**. It is a "union" of the English, Scottish and **Irish** patron saints' **flags**, so it is red, white and blue: it has a blue background with a red cross edged in white superimposed on a diagonal red cross, which is superimposed on a diagonal white cross. The Welsh **flag** is not included in the **Union Jack** because when the first version of the **flag** appeared Wales was already united with England. Each nation's cross (excluding the Welsh one) can be recognised within the **Union Jack**. It is thought that "Jack" comes from the term jack: a small **flag** flown at the bow of a ship indicating the vessel's nationality.

B. LES DRAPEAUX (voir deuxième de couverture)

Chaque nation que forme le Royaume-Uni a son propre drapeau.

- Celui des Anglais est la croix droite rouge de Saint Georges (saint patron de l'Angleterre) sur fond blanc.

- Le drapeau gallois figure un dragon rouge sur fond blanc et vert.

- Le drapeau écossais représente la blanche croix de Saint André (saint patron de l'Ecosse) sur fond bleu.

- Celui d'Irlande (dans son ensemble) est la croix diagonale rouge de Saint Patrick (saint patron de l'Irlande) sur fond blanc. Mais le drapeau de l'Irlande du Nord est une croix droite rouge sur un fond blanc. Il faut noter que ce drapeau est intimement lié à la communauté protestante d'Irlande du Nord et particulièrement peu apprécié de certains catholiques. Cependant le drapeau officiel de l'Irlande du Nord est aujourd'hui l'Union Jack (voir plus bas).

- On voit assez rarement ces drapeaux, hormis dans les compétitions sportives internationales.

- On appelle drapeau de l'Union, ou Union Jack, le drapeau national du Royaume-Uni ; c'est une "union" des drapeaux anglais, écossais et irlandais, d'où ses couleurs rouge, blanc et bleu : sur fond bleu, une croix droite rouge bordée de blanc sur une croix diagonale rouge. Le drapeau gallois n'apparaît pas dans l'Union Jack parce que l'Angleterre et le pays de Galles étaient déjà unis lors de la première création du drapeau national. La croix de chaque nation (à l'exception de la croix galloise) peut ainsi être distinguée sur l'Union Jack. On attribue l'origine du nom "jack" au pavillon, petit drapeau flottant à la proue des navires indiquant leur nationalité.

B. FLAGS

- The first **Union Flag** dates back to the beginning of the 17th century. When King James VI of Scotland (1566-1625) **ascended** to the English throne in 1603 (thereby becoming King James I of England and Ireland), the national **flags** of England and Scotland continued to be used on land. However, in 1606 it was decided to put the red St. George's cross and the blue St. Andrew's cross together to form a **flag** to be flown at sea.

- This **flag** was used until 1801 when Ireland became united officially with England, under the reign of King George III (1738-1820). The **Irish** emblem, the cross of St. Patrick, was thus added to the **Union Jack** to form the present **flag**.

- The **Union Jack** should be flown with the broader white diagonal line (of the Scottish Cross) at the top and to the left, although it is often inaccurately reproduced. If the **flag** is deliberately flown upside down (with the broader white stripe at the bottom) it indicates distress, for example a ship stranded at sea.

- The colours and design of the **Union Jack** form the basis of various **flags** of **British Commonwealth** countries and their constituent states or provinces, as well as British overseas territories. Indeed, a small **Union Jack** features in the top left corner of the national **flags** of Australia, Fiji, New Zealand, etc.

- The **Union Jack** is flown all over the world by representatives of the United Kingdom. Most British people use the name **Union Jack** (rather than **Union Flag**) for this important British symbol of patriotism.

B. LES DRAPEAUX

- Le premier drapeau de l'Union remonte au début du XVIIe siècle. Quand le roi d'Ecosse Jacques VI (1566-1625) accéda au trône anglais en 1603 (devenant ainsi Jacques Ier roi d'Angleterre et d'Irlande), les drapeaux nationaux d'Angleterre et d'Ecosse continuèrent d'être utilisés à terre. Par contre, dès 1606, on décida de rassembler la croix rouge de Saint Georges et la croix blanche de Saint André pour former le pavillon naval national.

- Ce drapeau fut utilisé jusqu'en 1801, quand l'Irlande devint officiellement unie à l'Angleterre, sous le règne du roi Georges III (1738-1820). L'emblème irlandais, la croix de Saint Patrick fut ainsi ajouté à l'Union Jack pour donner le drapeau actuel. La croix de chaque nation (à l'exception de la croix galloise) peut ainsi être distinguée sur l'Union Jack.

- Celui-ci doit flotter avec la bande blanche diagonale plus large (de la croix écossaise) en haut à gauche. Mais il est souvent mal reproduit. Lorsque le drapeau est porté volontairement à l'envers, cela signifie la détresse, par exemple pour un navire en grande difficulté.

- Les couleurs et la composition de l'Union Jack servent de base aux drapeaux de différents pays du Commonwealth ou à leurs provinces, ainsi qu'aux territoires britanniques outre-mer. Un petit Union Jack figure notamment au coin supérieur gauche des drapeaux de l'Australie, Fidji, de la Nouvelle Zélande, etc..

- L'Union Jack flotte dans le monde entier grâce aux représentants du Royaume-Uni. La plupart des citoyens britanniques emploient le terme Union Jack (plutôt que drapeau de l'Union) pour ce symbole important du patriotisme britannique.

C. NATIONAL DAYS AND CELEBRATIONS

National days are not celebrated in the United Kingdom to the same extent as in other countries like France and the United States of America.

- England's national day is the 23 April in honour of St. George the country's patron saint. A story from the sixth century relates how St. George, a Christian martyr, rescued a fair maiden by slaying a terrifying fire-breathing dragon. He is thought to have died in 303 AD. English knights who fought beneath the red cross of **St. George** shouted his name as a battle cry during the Hundred Years' War (1337-1453) between England and France. St. George is mentioned in this context in William Shakespeare's play Henry V (1599), in the following lines (act 3, sc.1, 1.25-34):

  And you, good yeoman,
  Whose limbs were made in England; show us here
  The mettle of your pasture: let us swear,
  That you are worth your breeding – which I doubt not:
  For there is none of you so mean and base,
  That hath not noble lustre in your eyes.
  I see you stand like greyhounds in the slips,
  Straining upon the start. The game's afoot:
  Follow your spirit; and, upon this charge,
  Cry, "God for Harry, England, and Saint George!"

- Very few people celebrate St. George's Day and it is not a public holiday.
- The national flower of England is the rose which dates back to the War of the Roses (1445-1485), the **civil wars** between the royal house of Lancaster (whose emblem was the red rose) and the royal house of York (whose emblem was a white rose).

C. LES FÊTES NATIONALES

Les fêtes nationales ne sont pas aussi célébrées au Royaume-Uni que dans d'autres pays comme la France ou les Etats-Unis.

- La fête nationale anglaise a lieu le 23 avril en l'honneur de Saint Georges, saint patron national. Une histoire datant du VIe siècle raconte que Saint Georges, martyr chrétien, sauva une jolie demoiselle en transperçant un terrible dragon cracheur de feu. On pense qu'il est mort vers 303 après J.-C. Des chevaliers anglais qui combattaient sous l'insigne de la croix de Saint Georges hurlaient son nom comme cri de guerre pendant la guerre de Cent ans (1337-1453) entre l'Angleterre et la France. C'est dans ce même contexte qu'il est fait allusion à Saint Georges dans l'acte III scène 1 de Henri V (1599), la pièce de Shakespeare :

  Et vous, braves campagnards dont les membres furent façonnés en Angleterre, montrez-nous ici la vertu de votre terroir ; jurons ensemble que vous êtes dignes de votre cru, ce dont je ne doute : car il n'est pas un de vous, si humble et grossier soit-il, qui n'ait dans les yeux un noble éclat. Je vous vois là comme des lévriers en laisse, tendus vers le départ. Le gibier est levé ; suivez votre ardeur ; tout en chargeant, criez : "Dieu soit avec Harry, l'Angleterre et Saint Georges !"

- La fête de Saint Georges n'est ni vraiment célébrée ni chômée.
- La fleur nationale de l'Angleterre est la rose depuis la guerre des deux Roses (1445-1485), guerre civile qui opposa la maison royale de Lancastre (dont l'emblème est la rose rouge) à celle de York (dont l'emblème est la rose blanche).

C. NATIONAL DAYS AND CELEBRATIONS

- Wales's national day, St. David's Day, falls on the 1 March. **St. David** (c.520-588 AD) was a missionary in Wales and South-Western England. He was the founder and first abbot-bishop of Menevia (now called St. David's), in the Welsh **county** of Pembrokeshire. It is thought he founded twelve monasteries in the region. St. David's Day is celebrated by the wearing of the traditional emblems and national flowers of Wales: **leeks** and **daffodils**.

- Scotland's national day is St. Andrew's Day on the 30 November. **St. Andrew** was one of Jesus Christ's twelve apostles and it is said that during the 4th century some of his bones were brought to the town now called St. Andrews, in Fife. The X-shaped diagonal cross on which St. Andrew is said to have been crucified has been Scotland's national **flag** since medieval times. St. Andrew's Day is not really celebrated by the **Scots**. However, "**Burn's Night**" on the 25 January that marks the anniversary of the birth of the Scottish poet, Robert Burns (1759-1796) and **Hogmanay**, New Year's Eve (31 December) are very much celebrated in Scotland. The **thistle** is Scotland's national flower. This prickly-leafed purple flower was used in the 15th century as a symbol of defence.

- Ireland as a whole celebrates St. Patrick's Day on the 17 March which is an official **Bank holiday** there. **St. Patrick** (c.389-461 AD) was a British missionary who played an important role in the spread of Christianity throughout Ireland; he reorganised the Church there too. Therefore he is known as the "Apostle of Ireland". St. Patrick's Day is marked by the wearing of **shamrocks** (a small three-leafed plant similar to clover) the national badge and national flower of Ireland. These are said to have been used to illustrate the doctrine of the Holy Trinity.

The rose, the **thistle** and the **shamrock** are displayed beneath the shield on the Royal Coat of Arms.

C. LES FÊTES NATIONALES

● La fête nationale du pays de Galles, la Saint David, tombe le 1er mars, mais ce n'est pas un jour férié. David (520-588) était un missionnaire dans le pays ainsi que dans le sud ouest de l'Angleterre. Il fut le fondateur et le premier évêque de l'abbaye de Menevia (aujourd'hui appelé Saint-David) dans le comté gallois du Pembrokeshire. On pense qu'il a fondé douze monastères dans la région. La Saint David est célébrée par le port des symboles nationaux gallois : le poireau et la jonquille.

● La fête nationale écossaise est la Saint André, le 30 novembre ; elle, non plus, n'est pas un jour férié. André était un des douze apôtres de Jésus et on dit que certains de ses os furent apportés au IVe siècle à la ville appelée aujourd'hui St-Andrews, dans la région de Fife. La croix en X sur laquelle Saint André aurait été crucifié est le drapeau national écossais depuis le Moyen Age. La Saint André n'est pas vraiment célébrée par les Ecossais. Cependant, la nuit de Burns, le 25 janvier, qui marque l'anniversaire de la naissance du poète écossais Robert Burns (1759-1796), ainsi que la Saint Sylvestre (31 décembre) le sont beaucoup plus. Le chardon est la fleur nationale écossaise. Cette plante violette aux feuilles épineuses était utilisée au XVe siècle comme symbole de défense.

● L'Irlande fête la Saint Patrick le 17 mars, et c'est un jour férié. Patrick (389-461) était un missionnaire anglais qui joua un rôle important dans la christianisation de l'Irlande et il a réorganisé l'Eglise : c'est pourquoi on l'appelle “l'apôtre de l'Irlande”. La Saint Patrick est marquée par le port du trèfle (petite fleur trilobée), emblème national de l'Irlande. On dit qu'ils ont été utilisés pour illustrer la doctrine de la Sainte Trinité.

La rose, le chardon et le trèfle figurent sous les armoiries de la famille royale.

02 PHYSICAL GEOGRAPHY

- The United Kingdom is situated in Western Europe North-West of France between the Atlantic Ocean (to the West) and the **North Sea** (to the North and East). It is separated from **mainland Europe** by the **English Channel** to the South-East. The precise geographic co-ordinates of the centre of the United Kingdom are 54°00'N, 2°00'W.

- The **British Isles** stand on the westernmost edge of the continental shelf. It is made up of two main islands Great Britain and Ireland (only Northern Ireland belongs to the United Kingdom: see Chapter 1), several smaller islands including the Orkney Islands, the Shetland Islands (both Northern Scotland), the Hebrides (Western Scotland), the **Channel Islands** (**English Channel**), the Isle of Wight (**English Channel**) and the Isle of Man (Irish Sea), as well as several hundred small islands.

- The total surface area of the United Kingdom is 94,524 sq. miles (244,820 km^2) of which land represents 93,277 sq. miles (241,590 km^2), that is to say, 98.7%, and water 1,247 sq. miles (3,230 km^2), i.e., 1.3%.

- The highest point of the United Kingdom is the peak of Ben Nevis at 4,406 ft (1,343 m) in the Grampian Mountains in Western Scotland. The lowest point is The Fens, 772 sq. miles (2,000 km^2) of marshland reclaimed in the 17th to 19th centuries around The Wash in the East of England. It is -13 ft (-4 m) below sea level. The main rivers of the United Kingdom are the **Thames** (London), Severn, Humber, Tees, Tyne, Tweed, Avon, Exe and Mersey.

02 LA GÉOGRAPHIE PHYSIQUE

- Le Royaume-Uni est situé en Europe occidentale, au Nord-Ouest de la France, entre l'océan Atlantique (à l'ouest) et la mer du Nord (au nord et à l'est). Il est séparé du continent européen par la Manche au sud-est. Son centre géographique a pour coordonnées précises 54°00'N, 2°00'W.

- Les îles britanniques se situent sur la bordure la plus occidentale de la plaque continentale. Elles sont constituées des deux grandes îles que sont la Grande-Bretagne et l'Irlande (la partie nord, appartenant seule au Royaume-Uni), de quelques îles plus petites dont les Orcades et les îles Shetland (au nord de l'Ecosse), les Hébrides (à l'ouest de l'Ecosse), les îles anglo-normandes (Manche), l'île de Wight (Manche), et de l'île de Man (mer d'Irlande) ainsi que des centaines de petites îles.

- La superficie totale du Royaume-Uni est de 244 820 km^2, dont 241 590 km^2 de terre ferme, soit 98,7 % et 3 230 km2 d'eau, soit 1,3 %.

- Le point le plus élevé du Royaume-Uni est le mont Ben Nevis culminant à 1 343 m (4 406 pieds) dans les monts Grampians à l'ouest de l'Ecosse. Le point le plus bas se situe dans les Fens, marais de 2 000 km^2 conquis sur la mer entre le XVIIe et le XIXe siècle dans le golfe du Wash à l'est de l'Angleterre ; on s'y trouve à 4 m (13 pieds) en dessous du niveau de la mer. Les principaux fleuves du Royaume-Uni sont la Tamise (Londres), la Severn, la Humber, la Tees, la Tyne, la Tweed, l'Avon, l'Exe et la Mersey.

A. TERRAIN

The terrain of the United Kingdom is mostly rugged hills with some low mountains that level to rolling plains in East and South-East.
Complex folding, lava outpourings, volcanic eruptions and upheavals, glacial planing and changes of sea level have all left their mark on the landscape.
The coastline of the United Kingdom is heavily indented with no place situated more than 78 miles (125 km) from tidal waters.

● **England**

The main upland area in England is the Cumbrian Mountains in the Lake District (The Lakes) of North-West England. It contains the highest peak in England: Scafell Pike at 3,209 ft (978 m) above sea level as well as Helvellyn at 3,118 ft (950 m) above sea level. Among the other main upland areas is the Pennine Chain (The Pennines, The Pennine Hills), a range of hills that form the "spine" or "backbone" of England; the highest peak being Cross Fell at 2,930 ft (893 m) above sea level. There is also Exmoor, a **moorland** area (a granite plateau) in South-West England in West Somerset and North Devon.

Lowland areas are mainly chalk downlands: the North Downs at 965 ft (294 m), a range of chalk hills in Southern England, in Kent and Surrey; the South Downs, a chalk ridge along the South coast of England through Hampshire and Sussex and the Hampshire Downs, in Southern England near the **English Channel**, as well as the Fens in the East of England (see above).

LA GÉOGRAPHIE PHYSIQUE

A. LE RELIEF

Le relief du Royaume-Uni est constitué essentiellement de collines accidentées et de petites montagnes qui s'abaissent sur des plaines onduleuses à l'est et au sud-est.
Des plis complexes, des effusions de lave, des éruptions volcaniques et des soulèvements, les érosions glaciaire et les variations du niveau de la mer ont tous laissé des traces sur le paysage.
La côte du Royaume-Uni est particulièrement découpée, aucun endroit ne se situant à plus de 125 km (78 miles) de la mer.

● L'Angleterre

Les monts Cumbrians dans la région des lacs au nord-ouest de l'Angleterre sont la région la plus élevée d'Angleterre. S'y trouve le point le plus haut d'Angleterre : le pic Scarifier, qui culmine à 978 m (3 209 pieds) au-dessus du niveau de la mer et le mont Helvellyn à 950 m (3 118 pieds). Parmi les autres régions élevées, la chaîne Pennine [les Pennines, les montagnes Pennines] forme la “colonne vertébrale” de l'Angleterre : son point le plus haut, Cross Fell atteint 893 m (2 930 pieds) au-dessus du niveau de la mer. Il y a également Exmoor, zone de tourbières (plateau granitique) au sud-ouest de l'Angleterre dans l'ouest du Somerset et le nord du Devon.

Les zones plus basses sont essentiellement des régions calcaires : les North Downs 294 m (965 pieds) collines de craie au sud de l'Angleterre dans le Kent et le Surrey, les South Downs chaîne calcaire le long de la côte sud de l'Angleterre à travers les comtés du Hampshire et du Sussex, les vallées du Hampshire au sud de l'Angleterre près de la Manche, de même que les Fens à l'est de l'Angleterre (voir plus haut).

A. TERRAIN

● Wales

Wales is predominantly hilly and mountainous in places. The mountain group Snowdonia, situated in the Snowdonia National Park in Gwynedd, North-West Wales, contains the highest peak in Wales, Mount Snowdon [*Y Wyddfa* in Welsh] at 3,560 ft (1,085 m) above sea level.

● Scotland

Scotland is hilly and mountainous too, its landscape being marked by numerous deep glacial valleys dominated by mountains, for example, the Grampian Mountains in Central Scotland with Ben Nevis at 4,406 ft (1,343 m) above sea level, which is the highest peak in the United Kingdom (see page 24). There are three topological regions: the Northern Highlands, the Central Highlands and the Southern Uplands. There are five main ski resorts in Scotland: the Nevis Range, Glencoe, Glenshee, the Lecht and Cairngorm Mountains. Scotland is famous for its glens (long, narrow and deep valleys) and its lochs (long and narrow bays or arms of sea stretching inland).

● Northern Ireland

Northern Ireland is mainly made up of low-lying plateaus and hills with the Mourne Mountains in the South-East where Slieve Donard at 2,796 ft (852 m), the highest peak of Northern Ireland can be found. Lough Neagh is situated in the centre of Northern Ireland and it is the United Kingdom's largest lake measuring 150 sq. miles (388 sq. km).

The most famous geological feature of Northern Ireland is the Giant's Causeway, a rocky promontory (headland) on the Northern coast. It consists of thousands of polygonal columns of basalt, ranging to more than 20 ft (6 m) in height. It is thought to have formed when an ancient lava flow cooled and solidified. Its name is derived from a local legend that the formation was built by giants as part of a roadway to Scotland.

A. LE RELIEF

- **Le pays de Galles**

Le pays de Galles est essentiellement vallonné et montagneux. La région de montagnes Snowdon située dans le parc national de Snowdon à Gwynedd, dans le Nord-Ouest du pays contient le plus haut point du pays de Galles, le mont Snowdon (*Y Wyddfa* en gallois) culminant à 1 085m (3 560 pieds) au-dessus du niveau de la mer.

- **L'Ecosse**

L'Ecosse est également escarpée, ses paysages étant marqués par de nombreuses vallées glaciaires profondes dominées par des montagnes : Par exemple, les monts Grampians au centre de l'Ecosse avec le Ben Nevis à 1 343 m (4 406 pieds) au-dessus du niveau de la mer, point le plus haut du Royaume-Uni (voir page 25). Il y a trois régions topologiques : les Northern Highlands, les Central Highlands et les Southern Uplands. L'Ecosse compte cinq stations de ski : le Nevis Range, Glencoe, Glenshee, le Kecht et monts CairnGorm. L'Ecosse est connue pour ses "*glens*" (longues vallées étroites et encaissées) et ses "*lochs*" (longues baies étroites ou bras de mer entrant à l'intérieur des terres).

- **L'Irlande du Nord**

L'Irlande du Nord est constituée essentiellement de plateaux et collines avec les monts Mourne au sud-est où se trouve Slieve Donard 852 m (2 796 pieds) le sommet le plus élevé de l'Irlande du Nord. Le Lac Neagh situé au centre est le lac le plus grand du Royaume-Uni, s'étendant sur 388 km^2.

Le trait physique le plus célèbre de l'Irlande du Nord est la chaussée des géants, promontoire rocheux (cap) sur la côte nord. Il s'agit de milliers de colonnes polygonales de basalte, atteignant parfois plus de 6 m (20 pieds) de hauteur. On pense qu'elle s'est formée quand une ancienne coulée de lave s'est solidifiée. Son nom vient d'une légende locale qui raconte qu'elle serait due à des géants ayant construit un début de route vers l'Ecosse.

B. NATURAL RESOURCES, LAND USE & PORTS

- **Natural resources**
The United Kingdom has various natural mineral resources including coal (the North, South Wales), petroleum (**North Sea**), natural gas (**North Sea**), tin, iron ore (with considerable reserves in Cumbria, Staffordshire, and Lancashire), salt, lead and silica.

- **Land use UK (+ England)**
Grasses & rough grazing: 51.5% (37%)
Crops & bare fallow: 18.9% (30%)
The richest soils are in East Anglia where much of the land is arable.
Forests and Woodland: 11.6% (8.6%).
Other: 3.5% (5.1%)
Urban land: 14.4% (19.1%).
(Source: Defra – Department for the Environment, Food and Rural Affairs, 2005).

- **Ports and harbours**
The coastline of the United Kingdom measures 7,723 miles (12,429 km). More than 300 ports and harbours punctuate the indented shores, the major ones deal with both trade (goods) and travel (passengers).
The main ports and harbours in the United Kingdom include:
In England: Bristol, Dover, Falmouth, Felixstowe, Grimsby, Hull, Liverpool, London, Plymouth, Portsmouth, Southampton, Tees and Tyne.
In Wales: Cardiff, Swansea.
In Scotland: Aberdeen, Clyde, Glasgow, Grangemouth, Leith, Peterhead, Scapa Flow, Sullom Voe.
In Northern Ireland: Belfast.

The **Channel Tunnel (Eurotunnel)**, near Dover, was opened by Queen Elizabeth II and the French President François Mitterrand in 1994. Since November 2007, the Eurostar train terminus in London is St Pancras and no longer Waterloo.

- **Les ressources naturelles**

Le Royaume-Uni a des ressources naturelles très variées, dont du charbon (au nord et au sud du pays de Galles), du pétrole (mer du Nord), du gaz naturel (mer du Nord), de l'étain, du minerai de fer (réserves très importantes en Cumbria, Staffordshire et Lancashire), du sel, du plomb et de la silice.

- **L'usage du sol Royaume-Uni (+ Angleterre)**

Prairies, herbages, pâturages : 51,5 % (37 %)
Cultures, jachère, terres arables : 18,9 % (30 %)
Les sols les plus riches se trouvent en East Anglia ou la majorité de la terre est cultivée / arable.
Bois et forêts : 11,6 % (8,6 %).
Autres : 3,5 % (5,1 %)
Zones urbaines / villes : 14,4% (19,1 %).
(Source : *Defra*, (ministère de l'agriculture), 2005).

- **Les ports**

Les côtes du Royaume-Uni s'étendent sur 12 429 km (7 723 miles). Il y a plus de 300 ports sur cette côte découpée. Les plus grands sont voués à la fois au commerce (marchandises) et aux voyages (passagers).
Les principaux ports du Royaume-Uni incluts :
En Angleterre : Bristol, Douvres, Falmouth, Felixstowe, Grimsby, Hull, Liverpool, Londres, Plymouth, Portsmouth, Southampton, Tees et Tyne.
Au pays de Galles : Cardiff, Swansea
En Ecosse : Aberdeen, Clyde, Glasgow, Grangemouth, Leith, Peterhead, Scapa Flow, Sullom Voe.
En Irlande du Nord : Belfast.

Le tunnel sous la Manche (Eurotunnel) près de Douvres, a été inauguré par la Reine Elisabeth II et le président de la République française François Mitterrand en 1994. En novembre 2007, le terminus d'Eurostar à Londres a été déplacé de Waterloo à Saint-Pancras.

C. CLIMATE

- England has a mild (temperate) climate, rarely experiencing extremes of cold or heat. The temperature seldom goes below 23 Fahrenheit (F) (-5 Celsius (C)) or above 77 °F (25 °C). This is partially due to the North Atlantic drift which makes the seas surrounding England relatively warm. Hence the country experiences a small temperature range: the mean annual daytime temperature is around 48° F (9° C) in the North-East and 52° F (11. C) in the South. Seasonal temperatures for the country vary between a mean of 40° F (4.4° C) during January, the coldest month of the year (February around the coasts) and about 61° F (16.1° C) in July, usually the warmest month of the year. The average temperatures for London vary between 40° F (4.5° C) in January and 64° F (18° C) in July. The warmest and sunniest regions are around the coasts of Cornwall in the South-West, where many places have an annual average of 1,750 hours of sunshine. The dullest are the mountainous areas, with annual average totals of less than 1,000 hours of sunshine. Mean daily sunshine figures reach a maximum in May or June and are at their lowest in December.

- Rainfall levels vary widely throughout England. The Lake District is the wettest part of the country with average annual totals exceeding 78.7 inches (2,000 mm), similar to the Western Highlands of Scotland. The Pennines and **moors** of South-West England are nearly as wet. Conversely, all of East Anglia, much of the Midlands, Eastern and North-Eastern England, as well as parts of the South-East receive less than 27.5 inches (700 mm) a year.

C. LE CLIMAT

- L'Angleterre a un climat doux (tempéré), connaissant peu de températures extrêmes, froides comme chaudes. La température dépasse rarement les – 5° Celsius (C) (23° Fahrenheit) ou les 25° C (77° F). Ceci s'explique partiellement par la dérive nord atlantique, qui rend les eaux mouillant l'Angleterre relativement douces. C'est pourquoi le pays connaît une faible amplitude thermique : la moyenne annuelle des températures en journée atteint 9° C (48° F) dans le Nord-Est et 11° C (52° F) dans le Sud. Les températures saisonnières varient pour le pays entre 4,4° C (40° F) en janvier, mois le plus froid de l'année (février pour les régions côtières) et 16,1° C (61° F) en juillet, mois généralement le plus chaud de l'année. Les moyennes mensuelles à Londres varient de 4,5° C (40° F) en janvier à 18° C (64° F) en juillet. Les régions les plus chaudes et ensoleillées se situent près des côtes de Cornouailles dans le sud-ouest, où beaucoup de lieux ont une moyenne de 1 750 heures de soleil par an. Les moins ensoleillées sont les régions montagneuses, avec une moyenne de moins de 1 000 heures de soleil par an. L'ensoleillement quotidien moyen atteint un maximum en mai ou juin et tombe à son niveau le plus bas en décembre.

- Le niveau des précipitations varie beaucoup dans toute l'Angleterre. La Région des Lacs est la partie la plus arrosée du pays avec une moyenne annuelle de plus de 2 000 mm (78,7 pouces), autant que les Highlands de l'ouest, en Ecosse. Les Pennines et les marais du sud-ouest de l'Angleterre sont presque aussi arrosés. A l'inverse, l'East Anglia, la plus grande partie des Midlands, l'est et le nord-est de l'Angleterre, ainsi qu'une partie du sud-est reçoivent moins de 700 mm (27,5 pouces) par an.

- Precipitation hardly varies during the year averaging annually in total about 30 inches (760 mm) in most of England: London: 23 inches (584 mm). According to the official Meteorological Office it rains one day in three and precipitation is heaviest during the October-November period. South-Eastern England is sheltered from the Atlantic Ocean to the West and so is one of the driest parts of the country.

- Like the climate of the rest of Great Britain, that of **Scotland** is subject to the moderating influences of the surrounding seas. As a result of these effects, extreme seasonal variations are rare and temperate winters and cool summers are the outstanding climatic features. Low temperatures, however, are common during the winter season in the mountainous districts of the interior. In the Western coastal region, which is subject to the moderating effects of the Gulf Stream, conditions are somewhat milder than in the East.

- The average January temperature of the Eastern coastal region of **Scotland** is 39° F (3.9° C), and the average January temperature of the Western coastal region is 37.5° F (3.1° C); corresponding July averages are 56.8° F (13.8° C) and 59° F (15° C). The average January and July temperatures for the city of Edinburgh are 38° F (3.5° C) and 58° F (14.5° C), respectively. Annual precipitation is 44 inches (1,117 mm), which is marked by regional variations; it ranges from about 150 inches (3,810 mm) annually in the Western Highlands to about 25 inches (635 mm) annually in certain Eastern areas.

- Les précipitations varient peu pendant l'année, atteignant en moyenne au total environ 760 mm (30 pouces) dans la plus grande partie de l'Angleterre : Londres 584 mm (23 pouces). Selon le Bureau National de la Météorologie, il pleut un jour sur trois. Il pleut le plus en octobre-novembre. Le sud-est de l'Angleterre est abrité de l'océan atlantique à l'ouest et de ce fait est l'une des régions les plus sèches du pays.

- A l'instar du climat du reste de la Grande-Bretagne, celui de l'Ecosse bénéficie des influences modératrices des mers avoisinantes. Aussi, la faible amplitude thermique saisonnière, les hivers tempérés et les étés doux sont des caractéristiques remarquables. Les basses températures cependant sont fréquentes pendant l'hiver dans les districts montagneux de l'intérieur. Sur la côte occidentale, sujette aux influences modératrices du Gulf Stream, les conditions sont un peu plus favorables qu'à l'est.

- La moyenne des températures de janvier sur la côte orientale de l'Ecosse est de 3,9° C (39° F) contre 3,1° C (37,5° F) pour la côte occidentale ; les chiffres pour juillet sont respectivement de 13,8° C (56,8° F) contre 15° C (59° F). Les températures moyennes de janvier et juillet pour la ville d'Edimbourg sont respectivement de 3,5° C (38° F) et 14,5° C (58° F). Les précipitations annuelles atteignent 1 117 mm (44 pouces), mais avec de fortes variations d'une région à l'autre, allant de 3 810 mm (150 pouces) dans les Highlands de l'ouest contre 635 mm (25 pouces) annuels dans certaines régions de l'Est.

- The climate of **Wales** is also mostly moist and mild. The average daytime temperature in January is 42° F (5.6° C) and in July it is 60° F (15.6° C). Average annual rainfall for Wales is 42 inches (1,066 mm) and it varies according to altitude, ranging from about 30 inches (762 mm) in certain coastal regions, to more than 100 inches (2,540 mm) in Snowdonia, one of the wettest parts of the United Kingdom.

- The climate of **Northern Ireland** is mild and damp throughout the year. The prevailing Westerly winds from the Gulf Stream are largely responsible for the lack of extreme summer heat and winter cold. The average annual temperature is approximately 50° F (10° C); temperatures average about 58° F (14.4° C) in July and about 40° F (4.4° C) in January. Rainfall is distributed evenly during the year. The annual precipitation frequently exceeds 40 inches (1,016 mm) in the North and is about 30 inches (760 mm) in the South.

● Le climat du pays de Galles est également doux et humide en générale. La moyenne des températures en journée en janvier atteint 42° F (5,6° C) et en juillet 60°F (15,6° C). Les précipitations annuelles dépassent 1 066 mm (42 pouces) mais varient en fonction de l'altitude, de 762 mm (30 pouces) dans certaines régions côtières, à plus de 2 540 mm (100 pouces) dans le massif de Snowdon, une des régions les plus arrosées du Royaume-Uni. Le niveau moyen des précipitations du pays de Galles est de 1,066 m (42 pouces).

● Le climat de l'Irlande du Nord est doux et humide en générale. Les vents dominants d'ouest venant du Gulf Stream expliquent en grande partie l'absence de fortes chaleurs l'été et grands froids l'hiver. Le niveau annuel des températures avoisine les 10° C (50° F) ; les moyennes mensuelles allant de 14,4° C (58° F) en juillet à 4,4° C (40° F) en janvier. Les précipitations sont régulières sur l'ensemble de l'année. Le niveau annuel des pluies dépasse fréquemment 1 016 mm (40 pouces) dans le Nord et environ 760 mm (30 pouces) dans le Sud.

- According to the Office for National Statistics (ONS), the population of the UK topped 60 million for the first time mid-2006. This represents an increase of more than one million inhabitants since the last national census which took place in 2001. Mid-2007, the official UK population was 60,975,000. The average age was 39 years, up from 37 in 1997.

TABLE 1A: POPULATION, UK, 2006

NATION	POP ESTIMATE	% TOTAL UK POP.	SURFACE AREA (KM^2)	POP DENSITY PER KM^2
ENGLAND	50,762,900	83.8	130,478	389
WALES	2,965,900	4.9	20,768	142
SCOTLAND	5,116,900	8.4	77,167	66
NORTHERN IRELAND	1,741,600	2.9	14,121	123
UNITED KINGDOM	60,587,300	100	244,111	248

Source: Office for National Statistics (ONS), 2008.

- Most inhabitants of the UK live in England (83.8%), which has an average population density of approximately 389 persons per square kilometre. 8.4% of the population lives in Scotland, which is the least populated part of the UK, with on average 65 persons per square kilometre. Wales is home to 4.9% of the population and 2.9% of people living in the UK is settled in Northern Ireland.

- In 2008, the most densely populated **local authority** was Kensington and Chelsea in London (14,676 persons per km^2). Conversely, the least densely populated **local authority** was the Highlands in Scotland (9 persons per km^2).

● En 2006 la population du R-U a dépassé les 60 millions pour la première fois (selon le Bureau des Statistiques Nationales). Ceci est une augmentation de plus d'un million d'habitants depuis le dernier recensement qui remonte à 2001. Au milieu de 2007 la population officielle du Royaume-Uni était 60 975 000 habitants. L'âge moyen était 39 ans, il était 37 ans en 1997.

TABLEAU 1B : POPULATION DU ROYAUME-UNI, 2006

NATION	POPULATION ESTIMÉE À	PART DANS LA POPULATION TOTALE (EN %)	SUPERFICIE (EN KM²)	DENSITÉ DE POPULATION (HAB./KM²)
ANGLETERRE	50,762,900	83,8	130 478	389
PAYS DE GALLES	2 903 085	4,9	20 768	142
ECOSSE	5 116 900	8,4	77 167	66
IRLANDE DU NORD	1 741 600	2,9	14 121	123
ROYAUME-UNI	60 587 300	100,0	244 111	248

Source : ONS (Bureau des Statistiques Nationales), 2008.

● La plus grande partie des habitants du R-U réside en Angleterre (83,6 %) avec une densité moyenne de population de 376 hab./km². 8,6 % de la population vit en Ecosse, qui est la partie du R-U la moins peuplée avec une moyenne de 65 hab./km². Le pays de Galles accueille 4,9 % de la population ; 2,9 % des personnes vivant au R-U résident en Irlande du Nord.

● En 2008, l'autorité locale la plus densément peuplée était Kensington et Chelsea à Londres (14 676 hab./km²). L'autorité locale la moins densément peuplée était les Highlands en Ecosse (9 hab./km²).

- The population of the United Kingdom grew overall by 17% from 1951 (when it was 50.2 m) to 2001. However, compared with many other developed countries over the same period, it has increased more slowly. For example, the average growth over the same period for the **European Union (EU)** was 23 %, for the United States of America (USA) it was 80 % and for Australia it was 133 %.

- More recently, for the 25 year period of 1981-2006, the population of England grew by + 8%, Wales by + 5%, Northern Ireland by + 13%, whereas the population of Scotland decreased by – 1%.

- According to the **Office for National Statistics (ONS)** ethnic minorities tend to live in England, with just 3% of them living in Scotland, Northern Ireland or Wales. Fewest of all live in Scotland, where just 1.7% of the people who answered in the Census 2001 said that they belonged to a minority ethnic group.

The **Census of Population** is normally held on one particular day every ten years, the last one was held on 29 April 2001 and so the next one is due in 2011. The **Census** is a count of all people and **households** in the United Kingdom. It provides statistical information for the country as a whole, down to small areas "enabling the planning and funding of public services, including education, health and transport". For example, the Census 2001 revealed that for the first time there are more people over 60 than under 16, which has important implications for public spending. Results also interest researchers and businesses. The Census 2001 was conducted by the **Office for National Statistics (ONS)** which released most of the data towards the end of 2002.

03 LA POPULATION

- La population du Royaume-Uni a augmenté au total de 17 % de 1951 (elle n'atteignait alors que 50,2 millions) à 2001. Pourtant, au regard de beaucoup d'autres pays développés sur la même période, la population du Royaume-Uni a cru plus lentement. Par exemple, le niveau moyen de croissance sur la même période pour l'Union européenne a été de 23 %, pour les Etats-Unis de 80 % et pour l'Australie de 133 %.

- Plus récemment, sur les 25 années de 1981 à 2006, la population d'Angleterre a augmenté de + 8 %, le pays de Galles de + 5 %, l'Irlande du Nord de + 13 %, tandis que l'Ecosse s'est réduite de – 1 %.

- Selon le Bureau des Statistiques Nationales, les minorités ethniques vivent plutôt en Angleterre, seulement 3 % d'entre elles résidant en Ecosse, en Irlande du Nord ou au pays de Galles. Les moins nombreux sont ceux qui vivent en Ecosse où seulement 1,7 % des personnes recensées en 2001 déclaraient appartenir à une minorité ethnique.

Le recensement de la population se tient normalement un jour précis tous les dix ans, le dernier ayant eu lieu le 29 avril 2001 ; le prochain est donc prévu pour 2011. Le recensement est un comptage de toutes les personnes et ménages du Royaume-Uni. Il fournit des informations statistiques pour le pays dans son intégralité jusqu'aux petits quartiers, "permettant la planification et le financement des services publics, dont l'éducation, la santé et les transports". Par exemple, le recensement 2001 a révélé que pour la première fois, il y a moins de jeunes de moins de 16 ans que de personnes de plus de 60 ans, ce qui a des conséquences importantes pour les dépenses publiques. Ses résultats intéressent également les chercheurs et les entreprises. Le recensement 2001 a été mené par le Bureau des Statistiques Nationales qui a publié la plupart des données vers la fin de l'année 2002.

POPULATION

A. NORTH-SOUTH DRIFT

- England is divided into 9 official regions: (1) North-East, (2) North-West, (3) Yorkshire & Humberside, (4) East Midlands, (5) West Midlands, (6) East, (7) London, (8) South-East and (9) South-West.

The most populated English regions are the South-East and London. These two parts of the country house nearly one third of the entire population of England.

TABLE 2A: POPULATION, ENGLISH, REGIONS, 2006

REGION	POPULATION	% POP. ENGLAND
(1) NORTH-EAST	2,555,700	5.03
(2) NORTH-WEST	6,853,200	13.50
(3) YORKSHIRE & THE HUMBER	5,142,400	10.13
(4) EAST MIDLANDS	4,364,200	8.59
(5) WEST MIDLANDS	5,366,700	10.57
(6) EAST	5,606,400	11.04
(7) LONDON	7,512,400	14.79
(8) SOUTH-EAST	8,237,800	16.22
(9) SOUTH-WEST	5,124,100	10.09
ENGLAND	**50,762,900**	**100.0**

Source: Office for National Statistics (ONS), 2008.

A. LE GLISSEMENT DU NORD VERS LE SUD

- L'Angleterre est divisée en neuf régions officielles : (1) Nord-Est, (2) Nord-Ouest, (3) Yorkshire & The Humber, (4) Midlands de l'Est, (5) Midlands de l'Ouest, (6) Est, (7) Londres, (8) Sud-Est, et (9) Sud-Ouest.

Les régions les plus peuplées d'Angleterre sont le Sud-Est et Londres. Cette partie du pays rassemble près d'un tiers de la population totale.

TABLEAU 2B : POPULATIONS DES RÉGIONS ANGLAISES EN 2006

RÉGION	POPULATION	PART DANS LA POPULATION ANGLAISE (EN %)
(1) NORD-EST	2 555 700	5,03
(2) NORD-OUEST	6 853 200	13,50
(3) YORKSHIRE & THE HUMBER	5 142 400	10,13
(4) MIDLANDS DE L'EST	4 364 200	8,59
(5) MIDLANDS DE L'OUEST	5 366 700	10,57
(6) EST	5 606 400	11,04
(7) LONDRES	7 512 400	14,79
(8) SUD-EST	8 237 800	16,22
(9) SUD-OUEST	5 124 100	10,09
ANGLETERRE	**50 762 900**	**100,0**

Source : ONS (Bureau des Statistiques Nationales), 2008.

03

POPULATION

A. NORTH-SOUTH DRIFT

The number of people living in the South has grown considerably over the last two decades. During the same period Northern England has experienced massive depopulation.

- According to the Census 2001, from 1981 to 2001 there was strong growth in the South: South-West England +12.5%, South-East England +10.4%, East England + 11.0%, London +5.4% and Wales +3%. It reported: "The South-West was the fastest growing region, experiencing population growth almost everywhere except in the urban centres of Bristol and Plymouth".

  During the same period there was significant depopulation of North-East England -4.6%, North-West England -3.0% and Scotland -2%.

- Northern Ireland's population increased by +9% over the 20 years of 1981-2001. It has the youngest population in the United Kingdom, with children under-16 representing 24% of the population, compared with 20% in the UK as a whole.

  This **North-South drift** presents serious challenges regarding **housing** (over-crowding, high house prices, land use, etc.) and public spending (schools, hospitals, etc.).

A. LE GLISSEMENT DU NORD VERS LE SUD

Le nombre de personnes résidant dans le Sud a considérablement augmenté ces vingt dernières années. Sur la même période, le Nord de l'Angleterre a subi une dépopulation massive.

- Selon le Recensement de 2001, il y a eu de 1981 à 2001 une forte croissance du Sud : Angleterre du Sud-Ouest + 12,5 %, Angleterre du Sud-Est + 10,4 %, Angleterre de l'Est +11%, Londres + 5,4 % et pays de Galles + 3 %. On peut y lire : “le Sud-Ouest est la région dont la démographie a cru le plus rapidement, connaissant une croissance démographique partout, à l'exception des centres urbains de Bristol et Plymouth”.

  A la même époque, le Nord-Est de l'Angleterre (– 4,6 %), le Nord-Ouest de l'Angleterre (– 3 %), et l'Ecosse (– 2 %) ont connu une dépopulation massive.

- La population nord-irlandaise a augmenté de 9 % sur les 20 années entre 1981 et 2001. C'est la population la plus jeune du Royaume-Uni, les moins de 16 ans représentant 24 % de la population, contre 20 % dans l'ensemble du Royaume-Uni.

  Ce glissement du Nord vers le Sud implique de nombreux enjeux concernant le logement (surpopulation, prix immobiliers élevés, utilisation du foncier) et les dépenses publiques (écoles, hôpitaux, etc.).

- London is the capital of the United Kingdom and it is by far the most populated city, with over 7 million inhabitants in Greater London in 2001. According to the Census 2001, the populations of other major cities were as follows: Birmingham: 977,091, Leeds: 715,404, Glasgow: 577,869, Sheffield: 513,234, Bradford: 467,668, Edinburgh: 448,624, Liverpool: 439,476, Manchester: 392,819, Cardiff: 305,300, York: 181,100, Oxford: 134,200 and Cambridge: 108,900.

  It should be noted that wealthy people tend to live in the suburbs of cities and towns (partly due to the quality of life), with poorer people tending to inhabit **inner city** (urban) areas.

- According to the **ONS** most "non-white" people are concentrated in urban areas, particularly in Southern England. Nearly half live in London where they represent more than a quarter of all residents.

  Over the past decades the number of people living in the largest (often previously industrialised) cities has tended to decrease: Manchester experienced the largest decline in numbers, during the 1981-2001 period, losing 15.1% of its population, Liverpool being close behind at – 15.0%.
  During the same period, the population of neighbouring suburban areas and rural areas increased. This change corresponds to a general trend of **urban decline**.

- The combination of the two leading trends of **North-South drift** and **urban decline** puts London in an interesting position. Whilst the overall population of the capital increased by +5.4% from 1981 to 2001, on the whole, inner London lost inhabitants. The borough of Tower Hamlets is a notable exception to this trend, increasing by +35% in 20 years, partially due to the large **Bangladeshi** population living there.

B. LE DÉCLIN DE LA VILLE

- Londres est la capitale du Royaume-Uni et est de loin la ville la plus peuplée avec plus de 7 millions d'habitants dans le Grand Londres en 2001. Selon le recensement 2001, les populations d'autres grandes agglomérations sont les suivantes : Birmingham 977 091, Leeds 715 404, Glasgow 577 869, Sheffield 513 234, Bradford 467 668, Edimbourg 448 624, Liverpool 439 476, Manchester 392 819, Cardiff 305 300, York 181 100, Oxford 134 200, Cambridge 108 900.

  Il faut noter que les populations aisées ont tendance à vivre dans les banlieues urbaines (en raison en partie de leur cadre de vie) et les ménages moins fortunés dans les centres villes.

- Selon le Bureau des Statistiques Nationales, la plupart des personnes de couleur (“non-blancs”) sont concentrées dans les zones urbaines, en particulier au sud de l'Angleterre. Près de la moitié vivent à Londres où elles représentent près d'un quart des résidents.

  Pendant les dernières décennies, le nombre de personnes résidant dans les villes les plus importantes (qui se sont souvent développées avec la Révolution Industrielle) a tendance à baisser : Manchester a connu la plus forte baisse en chiffres absolus sur la période 1981-2001, perdant 15,1 % de sa population, Liverpool la suivant de près avec un peu moins de 15 %.
  Au même moment, la population des quartiers suburbains avoisinants et des zones rurales augmentait. Ce changement correspond à une tendance générale au déclin urbain.

- La combinaison de ces deux tendances majeures que sont le glissement du Nord vers le Sud et le déclin des centres villes place Londres dans une situation intéressante. Alors que la population totale de la capitale augmentait globalement de 5,4 % entre 1981 et 2001, le centre de Londres perdait des habitants. L'arrondissement de Tower Hamlets est une exception majeure à cette tendance, gagnant 35 % en deux décennies (1981-2001), en partie en raison de la forte communauté bangladaise y résidant.

C. A MOSTLY FEMALE SOCIETY

- The **gender ratio** of males to females in the United Kingdom is approximately 100:106. So there are more females (51.4%) than males (48.6%). Since 2001, in the UK there are more women that man in all age groups from 21 upwards. This means there are fewer men than women at all ages over 21.

TABLE 3A: DEMOGRAPHIC STATISTICS, UK, 2007

1. INFANT MORTALITY RATE	4.8 deaths / 1,000 live births (4.8‰)
2. TOTAL FERTILITY RATE (TFR)	1.9 children born / woman (19‰)
3. BIRTHS OUTSIDE MARRIAGE	44% *
4. AVERAGE AGE OF WOMEN GIVING BIRTH TO FIRST CHILD	29.3 years
5. AVERAGE AGE OF POPULATION	39 years
6. AVERAGE AGE AT FIRST MARRIAGE	men: 31.4 women: 29.1
7. LIFE EXPECTANCY AT BIRTH	men: 77.2 years women: 81.5 years
8. UNDER 16	19% population
9. OVER 60	21% population
10. OVER 85	2% population
11. DEATH RATE	men: 9.2 women: 9.6
12. POPULATION GROWTH RATE 1981-2006	7.5%

*2005

Source: Office for National Statistics (ONS), 2008.

C. UNE SOCIÉTÉ MAJORITAIREMENT FÉMININE

● Au Royaume-Uni la proportion hommes-femmes est d'approximativement de 100 contre 106 ; il y a donc plus de femmes que d'hommes, respectivement 51,4 % contre 48,6 %. Depuis 2001 tous les groupes d'âge de 21 ans et plus sont majoritairement féminins au Royaume-Uni ; c'est-à-dire qu'il y a moins d'hommes que de femmes à partir de l'âge de 21 ans.

TABLEAU 3B : DONNEES DEMOGRAPHIQUES, ROYAUME-UNI, 2007

1. TAUX DE MORTALITÉ INFANTILE	4,8 décès pour 1 000 naissances (4,8 ‰)
2. INDICE SYNTHÉTIQUE DE FÉCONDITÉ	1,9 enfants / femme
3. PROPORTION DES NAISSANCES HORS MARIAGE	44 % *
4. AGE MOYEN DE LA MÈRE A LA NAISSANCE DU PREMIER ENFANT	29,3 ans
5. AGE MOYEN DE LA POPULATION	39 ans
6. AGE MOYEN AU PREMIER MARIAGE	Hommes : 31,4 ans Femmes : 29,1 ans
7. ESPÉRANCE DE VIE A LA NAISSANCE	Hommes : 77,2 ans Femmes : 81,5 ans
8. PART DES MOINS DE 16 ANS	19 % de la population
9. PART DES PLUS DE 60 ANS	21 % de la population
10. PART DES PLUS DE 85 ANS	2 % de la population
11. TAUX DE MORTALITÉ	Hommes : 9,2 Femmes : 9,6
12. TAUX DE CROISSANCE DÉMOGRAPHIQUE 1981-2006	7,5 %

* 2005

Source : ONS (Bureau des Statistiques Nationales), 2008.

- The twentieth century witnessed two **baby booms**: one in 1942-1947 and a more major one in 1955-1964. These spurts can be partially explained by the creation of the **Welfare State** at the end of the World War II offering universal free health care. Thus, the **infant mortality rate** (the proportion of children born per year dying before their first birthday) decreased and the cost of bringing up children (partly thanks to free health care and **benefits**) was reduced. In 2007, the **infant mortality rate** stood at 4.8 deaths/1,000 live births (4.8‰).

  However, **population growth** levelled off at the end of the twentieth century. This phenomenon can be partially explained by the contraceptive pill becoming available at the end of the 1960s, combined with many other complex social and economic factors, including women opting for a career, work pressures and the higher rate of relationship breakdown.

- Overall, the **fertility rate** (the number of live births per 1,000 persons per year) dropped throughout the twentieth century and is continuing to do so today. According to the ONS, the **fertility rate** stood at 19 births/1,000 population (19‰) in 2001, the lowest rate for decades and it is now one of the lowest in Europe. There were 749,000 live births in the United Kingdom in 2006.

- **ONS** statistics also reveal that in 2006 the proportion of 45-year-old women without children (19%).

  In 2005 about 44% of births occurred outside marriage. The rate of pregnancies among 15 to 17 year-olds, stood at 40.4 per 1,000 conceptions (40.4‰) in 2007. The rate of **teenage pregnancy** in the UK has been decreasing since 1997, but it is the highest in the **European Union (EU)**.

D. UNE SOCIÉTÉ VIEILLISSANTE

- Le vingtième siècle a connu deux explosions démographiques : une en 1942-1947 et une autre plus importante en 1955-1964. Ces fortes hausses s'expliquent partiellement par la création de l'Etat providence à la fin de la Seconde Guerre mondiale mettant en place une couverture maladie universelle et gratuite. Aussi la mortalité infantile (part des enfants nés dans l'année décédés avant leur premier anniversaire) baissa, de même que la charge financière que représente l'éducation des enfants grâce au système d'allocations. En 2007, le taux de mortalité infantile était de 4,8 décès pour mille naissances (4,8‰).

  Toutefois, la croissance démographique a beaucoup ralenti à la fin du XXe siècle ; ce phénomène s'explique en partie par l'autorisation de la pilule contraceptive à la fin des années 1960, combinée avec d'autres facteurs socio-économiques complexes, parmi lesquels plus de femmes actives, plus de pression au travail et un taux plus élevé de séparations et divorces.

- Le taux de fertilité (nombre de naissances sur un an pour mille habitants) a chuté tout au long du XXe siècle et le phénomène perdure aujourd'hui. Selon l'ONS, le taux de fertilité se maintient à présent à 19 ‰, un des plus faibles du Royaume-Uni depuis des décennies, et aujourd'hui un des plus faibles d'Europe. Il y a eu 749 000 naissances vives au Royaume-Uni en 2006.

- Les données de l'ONS montrent également qu'en 2006 la proportion de femmes de 45 ans sans enfant était de 19 %.

  En 2005, environ 44 % des naissances ont eu lieu hors mariage. Enfin, la proportion de grossesses chez les 15-17 ans était de 40,4 pour 1 000 conceptions (40,4 ‰) en 2007. Le taux de conceptions chez les mineurs du Royaume-Uni est à la baisse depuis 1997 mais reste le plus élevé de l'Union européenne (UE).

- At the same time, **life expectancy** (or expectation of life) has been increasing rapidly. This progress is partly due to improvements in health care and living standards. Furthermore, there have not been any events like those of World Wars I & II impacting on **life expectancy**. In 2008, the average **life expectancy** was 81.5 years for women, 77.2 years for men.

  The **death rate** (or mortality rate), that is to say, the number of deaths per 1,000 inhabitants in the United Kingdom per year, stood at 10.35 deaths/1,000 population (10.35‰) in 2001.

  According to the **ONS**, on average, the United Kingdom's ethnic minorities have a much younger age profile than the white population. Thus, the average age for the white population surveyed in the 1997-1999 period was 37 years, but only 26 years for ethnic minorities.

- Due to the decline in the **fertility rate** and the increase in **life expectancy**, the United Kingdom has an **ageing population**. In 2001, for the first time, the number of people over 60 in the United Kingdom exceeded the number of children under 16. While from 1981 to 2001 the population aged over-60 increased from 16% to 21% of the total population, the proportion aged under-16 decreased from 24% to 20%. This means that more and more British people are **senior citizens (OAPs)** and fewer and fewer are workers. This has important long-term implications, in particular concerning the economics of **social security** (healthcare, **pensions**, etc.).

- There has been a big increase in the number of the very elderly, with 1.24 million people over 85, in 2007, compared with 0.2 million in 1951. Thus, those aged 85 and over now represent over 2% of the total population of the United Kingdom.

- Par ailleurs, l'espérance de vie a augmenté rapidement grâce aux progrès de la médecine et du niveau de vie. Cette évolution résulte de l'absence d'événements tels que les deux guerres mondiales. En 2008, l'espérance de vie était de 81,5 ans pour les femmes, 77,2 ans pour les hommes.

  Le taux de mortalité, mesuré en nombre de décès pour 1 000 habitants en une année au Royaume-Uni était de 10,35 ‰ en 2001.

  Selon le Bureau des Statistiques Nationales, l'âge moyen des minorités ethniques au Royaume-Uni est moins élevé que celui de la population blanche. Ainsi, il atteignait 37 ans pour la population blanche recensée entre 1997 et 1999, mais seulement 26 ans pour les minorités ethniques.

- En raison du déclin du taux de fécondité et de la progression de l'espérance de vie, le Royaume-Uni connaît un vieillissement de sa population. En 2001, pour la première fois, les personnes de plus de 60 ans étaient plus nombreuses que les jeunes de moins de 16 ans. Alors qu'en 1981, les plus de 60 ans représentaient 16 % de la population totale, ils atteignent en 2001 21 % ; à l'inverse, la part des jeunes de moins de 16 ans a baissé de 24 % à 20 %. Cela signifie que de plus en plus de Britanniques sont des retraités, et de moins en moins des actifs, ce qui a des conséquences importantes à long terme, notamment pour l'équilibre budgétaire du système de protection sociale (système de santé, financement des retraites, etc.).

- Il y a eu une forte augmentation des personnes très âgées, en 2007, 1,24 millions de personnes âgées de plus de 85 ans ; alors qu'elles n'étaient que 200 000 en 1951. Ainsi les plus de 85 ans représentent aujourd'hui plus de 2 % de la population totale.

E. A MULTICULTURAL SOCIETY

The UK is a multi ethnic, multicultural society. The main ethnic groups living there are English, Scottish, Irish, Welsh, West Indian, Indian and Pakistani.

- During the 18th century Protestants from Scotland and England settled in Ireland, hence the Protestant majority in Northern Ireland.
  Conversely, in the 19th century many **Irish** people emigrated to Scotland, which accounts for the large Catholic community there now (0.8 million).
  Thereby, in England, millions of inhabitants are descendants of those who migrated from Wales, Scotland and Ireland.

- There are also millions of people who came from former overseas **colonies**. Immigration into the UK reached a peak at the end of the 1950s when the British economy needed more people to fill largely unskilled jobs. It consisted primarily of immigrants from **British Commonwealth** countries (see ch. 15):

– West Indians from the Caribbean,
– Black Africans from East Africa and West Africa,
– Indians, Pakistanis and Bangladeshis from the South Asian sub-continent: i.e. from what used to be India before Independence. This group or community is sometimes called Asian Britons.
– Chinese from China and other South-East Asian countries.

There are Europeans too; many came from Eastern and central Europe, including Jews escaping Nazism and later **Communist** regimes.
Current immigration from Europe is mostly from the East of the continent, e.g. Poland, most of whom are Catholics. Most of them stay only one or two years to earn some money then return home.

E. UNE SOCIÉTÉ MULTICULTURELLE

La population du Royaume-Uni est multiéthnique et multiculturelle. Les principaux groupes ethniques sont les Anglais, les Ecossais, les Gallois, les Irlandais, les Antillais, les Indiens et les Pakistanais.

- Au XVIIIe siècle, des protestants d'Ecosse et d'Angleterre se sont installés en Irlande, d'où la majorité protestante en Irlande du Nord.
A l'inverse, au XIXe siècle, beaucoup d'Irlandais ont émigré en Ecosse, ce qui explique la forte communauté catholique là-bas (0,8 million).
Ainsi, en Angleterre, des millions de personnes descendent de personnes qui sont venues du pays de Galles, d'Ecosse ou d'Irlande.

- Il y a aussi des millions de personnes venues des anciennes colonies d'outre-mer. L'immigration au Royaume-Uni a atteint un sommet à la fin des années 1950 quand l'économie britannique eut besoin de main d'œuvre pour des travaux peu qualifiés. Il s'agissait principalement d'immigrants venant des pays du Commonwealth (voir chapitre 15) :

– des Antillais venant des Caraïbes
– des Noirs africains (d'Afrique de l'Est et de l'Ouest)
– des Indiens, des Pakistanais et des Bangladais du sous-continent indien : c'est-à-dire de ce qui constituait l'Empire des Indes avant l'indépendance. Ce groupe ou communauté est parfois appelé les "Britanniques indo-pakistanais".
– des Chinois de Chine et d'autres pays d'Asie du Sud-Est.

Il y a également des Européens, beaucoup venus d'Europe centrale et orientale, y compris des juifs, pour fuir le nazisme et les régimes communistes.
L'immigration européenne actuelle vient essentiellement du Sud et de l'Est du continent. La majorité de ces immigrants est de confession catholique. Ils viennent, le plus souvent, pour une ou deux années seulement, afin de gagner de l'argent.

E. A MULTICULTURAL SOCIETY

At the start of the 21st century, the issue of **asylum seekers** sparked a great deal of controversy, especially the issue of "**bogus asylum seekers**" (as opposed to "**genuine asylum seekers**") and **economic migrants**.

- Both immigration and emigration have increased since 2002. This has contributed to net international migration increasing to 198,000 in 2007, an increase of 36% on the mid-2002 figure of 148 000. This is partially due to the new global labour market which encouraged people to go abroad to live either temporarily or permanently.

- The Census 1991 was the first to ask people about their ethnic group. The Census 2001 found that 7.6% of the United Kingdom's population was non-white. More than half of those people who said they were not white were born in the United Kingdom.

- **Multiculturalism**
For decades Great Britain has experienced multiculturalism. According to this ideology, people from a variety of ethnic and religious origins live together harmoniously, side by side, in a society that accepts differences and allows people to maintain their cultural heritage. From an official standpoint, this means public service documents are translated into several languages, there are interpreters at the Social services, schoolchildren can display religious symbols, etc. Originally **multiculturalism** was supposed to help the integration of immigrants from the West Indies, India and other former colonies during the 1960s. Since the suicide bombings in London, in 2005, there are official doubts as regards whether it tends to fragment society too much. It is part of an ongoing debate on "**Britishness**" and the national identity.

E. UNE SOCIÉTÉ MULTICULTURELLE

Au début du XXIe siècle, la question des demandeurs d'asile a nourri un grand nombre de controverses, en particulier la question des faux demandeurs d'asile (en opposition aux véritables demandeurs d'asile) et des immigrés pour raisons économiques.

- L'immigration et l'émigration ont augmenté depuis 2002. Ces changements ont contribué à la montée du solde migratoire qui était de 198 000 personnes en 2007. C'est une augmentation de 36 % par rapport à 2002 quand le chiffre était de 148 000. Cette évolution est en partie en raison du nouveau marché mondial du travail qui incite les personnes à s'établir à l'étranger de façon temporaire ou permanente.

- Le recensement de 1991 fut le premier à interroger les personnes sur leur appartenance à un groupe ethnique. Il apparut que 7,6 % de la population n'était pas blanche. Plus de la moitié de ces personnes étaient nées au Royaume-Uni.

- **Multiculturalisme**
Depuis des décennies la Grande-Bretagne connaît le multiculturalisme. Selon cette idéologie, des individus de diverses origines ethniques et religieuses vivent harmonieusement, côte à côte, dans une société qui accepte et respecte les différences, tout en conservant leur culture d'origine. Ainsi, les documents officiels des services publics sont traduits en plusieurs langues. Il y a des services d'interprétariat dans les services sociaux. Les élèves des écoles publiques peuvent afficher des signes extérieurs de religion, etc. Le multiculturalisme était censé favoriser l'intégration des immigrés des Caraïbes, de l'Inde et des autres anciennes colonies pendant les années 1960. Depuis les attentats suicides à Londres de 2005, il est remis en question par le gouvernement qui a peur que le multiculturalisme ne fragmente pas trop la société. Ceci s'inscrit dans un débat actuel plus large sur identité britannique – la britannicité.

According to the Census 2001:

- **Regional Distribution**
In 2001/2, minority ethnic groups were more likely to live in England than in Wales or Scotland. In England they made up 9% of the total population compared with only 2% in both Scotland and Wales. Most non-white inhabitants live in urban areas. Half live in the South-East of England, with more than 50% of black British citizens and 40% of Indians in London. There are large concentrations of Asians in the Midlands, e.g. Leicester and West Yorkshire, e.g. Bradford which has a big Pakistani community.
- **Household Size**
Asian **households** tend to be larger than those from other ethnic groups. This is partially due to extended families living together and higher fertility rates. Bangladeshis have the largest **households**; in spring 2002, Bangladeshi **households** contained an average of 4.7 people, followed by Pakistani at 4.2 people.
- **Age Distribution**
Minority ethnic groups have a younger age structure than the white population, mainly due to higher fertility rates and the fact that most of those who immigrate to the United Kingdom are young men.
- **Low Income**
People from minority ethnic groups are more likely than white people to live in low-income **households**. In 2000/1, 60% of people of Bangladeshi origin were in low-income **households**.
- **Labour Market**
Bangladeshis have the highest unemployment rate at over 20%, whilst whites enjoy the lowest at under 5%.
- **Education**
Children of indian origin have the best **GCSE** results at school of all ethnic groups.

E. UNE SOCIÉTÉ MULTICULTURELLE

D'après le recensement 2001 :

- **La distribution régionale**
  En 2001/2, les minorités ethniques vivaient plutôt en Angleterre qu'au pays de Galles ou en Ecosse. En Angleterre, ils composent 9 % de la population, contre seulement 2 % en Ecosse et au pays de Galles. La plupart des personnes de couleur vivent en zone urbaine. La moitié vit au Sud-Est, avec plus de 50 % des citoyens britanniques noirs et 40 % des Indiens vivant à Londres. Les Indo-pakistanais sont également très nombreux dans les Midlands, en particulier à Leicester et le West Yorkshire, notamment à Bradford, qui a une forte communauté pakistanaise.
- **La taille des ménages**
  Les ménages indo-pakistanais tendent à être plus nombreux que ceux des autres groupes ethniques. Ceci est dû en partie au fait que beaucoup vivent dans le cadre de familles élargies (sous le même toit) et ont en général plus d'enfants. Les ménages bangladais sont les plus larges ; en 2002, ils comptaient en moyenne 4,7 personnes, suivis des Pakistanais avec 4,2 personnes.
- **La distribution par âge**
  Les groupes ethniques minoritaires ont une structure par âge plus jeune que la population blanche, en partie à cause des taux de fécondité plus élevés et du fait que la plupart de ceux qui immigrent au Royaume-Uni sont des jeunes hommes.
- **Bas revenus**
  Les ménages des minorités ethniques ont des revenus souvent plus bas que les blancs. En 2000/1, 60 % des Bangladais vivaient dans des ménages à faible revenu.
- **Le marché du travail**
  Les Bangladais ont le taux de chômage le plus élevé dépassant 20 %, alors que les Blancs ont le plus faible, à moins de 5 %.
- **Education**
  De tous les groupes ethniques, les enfants d'origine indienne ont les meilleurs résultats à l'école.

TABLE 4A: ETHNIC GROUPS, UK, 2001

ETHNIC GROUP	% TP	% EMP
1) WHITE	**92.2**	N/A
2) MIXED	**0.8**	**11.0**
3) ASIAN OR ASIAN BRITISH	**3.9**	**50.2**
including **INDIAN** (from the South Asian sub-continent)	1.7	21.7
including **PAKISTANI** (from the South Asian sub-continent)	1.3	16.7
including **BANGLADESHI** (from the South Asian sub-continent)	0.5	6.1
including **OTHER ASIAN**	0.4	5.7
4) BLACK OR BLACK BRITISH	**2.0**	**27.1**
including **BLACK CARIBBEAN** (WEST INDIANS) (from the Caribbean)	1.0	13.6
including **BLACK AFRICANS** (from Africa)	0.9	12.0
including **OTHER BLACK**	0.1	1.5
5) CHINESE OR CHINESE BRITISH (from China and other South-East Asian countries)	**0.3**	**4.2**
6) OTHER (including Europeans especially from central and Eastern Europe, including Jews; Respondents did not tick the White box)	**0.6**	**7.4**
NOT STATED	**0.2**	N/A
ALL MINORITY ETHNIC POPULATION	**7.6**	**100**

Source: Office for National Statistics (ONS), Census 2001.

% TP = Number of persons who declared they belonged to that ethnic group as a % of the total population of the UK.
% EMP = Percentage of Ethnic Minority Population.
N/A = Not Applicable.

TABLEAU 4B : GROUPES ETHNIQUES, ROYAUME-UNI, 2001

GROUPE ETHNIQUE	% PT	% PEM
1) BLANCS	**92,2**	–
2) MÉTIS	**0,8**	**11,0**
3) INDO-PAKISTANAIS (NES OU NON AU RU)	**3,9**	**50,2**
dont les **INDIENS** (originaires du sous-continent indien)	1,7	21,7
dont les **PAKISTANAIS** (originaires du sous-continent indien)	1,3	16,7
dont les **BANGLADAIS** (originaires du sous-continent indien)	0,5	6,1
dont les autres **INDO-PAKISTANAIS**	0,4	5,7
4) NOIRS (nés ou non au Royaume-Uni)	**2,0**	**27,1**
dont les **ANTILLAIS NOIRS** (originaires des Caraïbes)	1,0	13,6
dont les **NOIRS AFRICAINS** (originaires du continent africain)	0,9	12,0
dont les autres **NOIRS**	0,1	1,5
5) CHINOIS (NES OU NON AU ROYAUME-UNI) (originaires de Chine et des autres pays d'Asie du Sud-Est)	**0,3**	**4,2**
6) AUTRES (Dont les personnes originaires d'Europe, en particulier du centre et de l'Est, et parmi elles de nombreux juifs) les personnes interrogées n'ayant pas coché la case pour les Blancs	**0,6**	**7,4**
NON PRECISE	**0.2**	–
ENSEMBLE DES MINORITÉS ETHNIQUES	**7.6**	**100**

Source: Bureau des Statistiques Nationales, Recensement 2001.

% PT = nombre de personnes ayant déclaré appartenir à ce groupe ethnique par rapport à la population totale (en %).
% PEM = nombre de personnes ayant déclaré appartenir à ce groupe ethnique par rapport à la population de l'ensemble des minorités (en %).

F. A MULTIFAITH SOCIETY

Due to immigration, the United Kingdom is increasingly a multi ethnic society, which means that it is more and more a multifaith country.

- A large majority of people consider themselves to be **Christians** following **Christianity**. These are divided into **Protestants**, made up mainly of the **Church of England (C of E)** headed by the **monarch** and a small minority of **Roman Catholics**. **Catholicism** is the fastest growing religion due to immigration from eastern Europe.
  The main Christian churches in the UK are:
  Church of England (Protestant),
  Church of Scotland (Protestant),
  Free Churches, i.e. Dissenters or non-conformists: Methodists, Baptists, **United Reform Church** (Protestant),
  Roman Catholic Church.

- **Muslims** (Islam) form the largest non-Christian community (mostly from Pakistan & Bangladesh) others being **Hindus** (Hinduism), **Sikhs** (Sikhism), **Jews** (Judaism) and **Buddhists** (Buddhism).

- There are some religious extremists called **fundamentalists**. Conversely, some people claim to be a member of a particular religious group whilst not actively practising that religion. Others declare they adhere to no religious denomination in particular.

  Furthermore, it should not be forgotten that some people claim to have no religious faith. These include atheists (who reject belief in God or gods) and agnostics (who hold that knowledge of a God or gods is impossible).

F. UNE SOCIÉTÉ MULTI-CONFESSIONNELLE

En raison de l'immigration, le Royaume-Uni est une société de plus en plus multi-ethnique et donc de plus en plus une société multi-confessionnelle.

- Une grande majorité de personnes se considère comme chrétienne, adhérant au christianisme. Ils sont divisés entre protestants, surtout membres de l'Eglise d'Angleterre dirigée par le roi, et une petite minorité de catholiques. Le catholicisme est la religion qui connaît la plus forte croissance, en raison de l'immigration des pays de l'Europe de l'est.
Aussi, les principales Eglises chrétiennes du Royaume-Uni sont :
l'Eglise d'Angleterre (protestante),
l'Eglise d'Ecosse (protestante),
les Eglises protestantes libres c'est-à-dire dissidentes ou non-conformistes (méthodiste, baptiste, Eglise unie de la Réforme) et
l'Eglise catholique romaine.

- Les Musulmans (Islam) sont la communauté non-chrétienne la plus importante (la plus grande partie venant du Pakistan et du Bangladesh), les autres étant les Hindous (hindouisme), les Sikhs (religion sikh), les Juifs (judaïsme) et les Bouddhistes (bouddhisme).

- Certaines personnes sont des extrémistes religieux : des intégristes. A l'inverse, certains disent appartenir à telle ou telle religion, mais sans la pratiquer. D'autres enfin déclarent qu'ils n'adhèrent à aucune confession religieuse particulière.

De plus, il ne faut pas oublier que certaines personnes disent n'avoir aucune foi religieuse, athées (qui rejettent la croyance en un ou plusieurs dieux) ou agnostiques (qui pensent que toute connaissance d'un ou plusieurs dieux est impossible).

F. A MULTIFAITH SOCIETY

- For the first time since the 1851 Census, the Census 2001 asked voluntary questions about religion and so people were allowed to indicate their religious affiliation (if they had one). Over 92% of respondents chose to answer the question on religion. Of those 71.6% (42 million people) said they were Christians. After Christianity, Islam was the most common faith with 2.7% of people describing themselves as **Muslim** (1.6 million).
People in Northern Ireland were most likely to say that they identified with a religion (86%), compared with those in England and Wales (77%) and Scotland (67%).
Around 16% of respondents (7.7 million people) stated that they had no religion (including agnostics and atheists).

TABLE 5A: RELIGION, UK POPULATION, 2001

RELIGION	THOUSANDS OF POP.	% OF POP.
CHRISTIAN	42,079	71.6
MUSLIM	1,591	2.7
HINDU	559	1.0
SIKH	336	0.6
JEWISH	267	0.5
BUDDHIST	152	0.3
OTHER RELIGION	179	0.3
ALL RELIGIONS	45,163	76.8
NO RELIGION & NOT STATED	13,626	23.2
BASE	58,789	100

Source: Office for National Statistics (ONS), Census 2001.

People were asked: “What is your religion” and could tick one of the following boxes: “None; Christian; Buddhist; Hindu; Jewish; **Muslim**; Sikh; Any other religion, please write in”.

F. UNE SOCIÉTÉ MULTI-CONFESSIONNELLE

● Pour la première fois depuis 1851, le recensement 2001 comportait des questions volontaires sur la religion ; ainsi les personnes pouvaient indiquer leur appartenance religieuse, pour peu qu'ils en aient une. Plus de 92 % des personnes interrogées ont répondu à la question des religions. Parmi eux, plus de 71,6 % (42 millions de personnes) ont déclaré être chrétiens. Après le christianisme, l'Islam est la religion la plus répandue, 2,7 % s'étant déclarées musulmanes (1,6 millions).
En Irlande du Nord, davantage de personnes ont dit s'être identifiées à une religion (86 %) qu'en Angleterre et au pays de Galles (77 %) et en Ecosse (67 %).
Environ 16 % des personnes interrogées (7,7 millions de personnes) ont déclaré n'avoir aucune religion (agnostiques ou athées).

TABLEAU 5B : RELIGIONS AU ROYAUME-UNI EN 2001

RELIGION	Nombre (en milliers)	Part dans la pop. totale (en %)
CHRETIENS	42 079	71,6
MUSULMANS	1 591	2,7
HINDOUS	559	1,0
SIKHS	336	0,6
JUIFS	267	0,5
BOUDDHISTES	152	0,3
AUTRES RELIGIONS	179	0,3
TOTAL DES RELIGIONS	45 163	76,8
SANS RELIGION / NON PRECISE	13 626	23,2
TOTAL	58 789	100

Source: Bureau des Statistiques Nationales, Recensement 2001.

La question posée était “quelle est votre religion” et les personnes interrogées pouvaient cocher l'une des cases suivantes : “aucune ; chrétien, bouddhiste ; hindou ; juif ; musulman ; sikh ; pour toute autre religion, inscrivez-la s'il vous plaît”.

G. LANGUAGES

English is the United Kingdom's official language.

- However, about 25% of the population of Wales speak **Welsh** (a **Celtic** language from the Indo-European family) and it is the first language of 20% of the Welsh. Welsh-speakers live especially in the rural West and North-West of Wales. In the whole of Wales public notices are in both English and Welsh. Welsh is taught in most schools and there is a Welsh TV channel. There is also vibrant nationalist support of Wales and the Welsh language which is represented in the **House of Commons** by the nationalist **political party Plaid Cymru** (Welsh for "the Party of Wales").

- **Gaelic** (the language of the Celts in Scotland and Ireland) is spoken by about 60,000 people in Scotland (about 1.2% of the population) especially in the Western Highlands, where it is the mother tongue of a very small percentage of inhabitants. The number of people able to communicate in Gaelic is rapidly decreasing and it is in danger of dying out.

- A variety of other languages are spoken by Asian Britons, including **Bengali** (the official language of Bangladesh), **Gujarati** (the state language of Gujarat), **Hindi** (a language or group of dialects of North central India), **Punjabi** (the state language of the Punjab, NW India) and **Urdu** (an official language of Pakistan also spoken in India).

Other prominent minority languages spoken in the United Kingdom include **Arabic** and **Chinese**. It is said that over 300 different languages are spoken in London.

G. LES LANGUES

L'anglais est la langue officielle du Royaume-Uni.

- Cependant, à peu près 25% de la population du pays de Galles parle gallois (langue celtique appartenant à la famille indo-européenne) ; c'est même la première langue de 20% des Gallois. Ceux-ci vivent plus spécialement dans l'Ouest et le Nord-Ouest, parties rurales du pays de Galles. Tous les textes officiels sont rédigés à la fois en anglais et en gallois. Le gallois est enseigné dans la plupart des écoles et il existe une chaîne télévisée galloise. Il y a aussi un fervent courant nationaliste du pays de Galles et de la langue galloise, représenté à la Chambre des communes par le parti nationaliste *Plaid Cymru* (en langue galloise pour “parti du pays de Galles”).

- Le gaélique (langue des Celtes d'Ecosse et d'Irlande du Nord) est parlé par à peu près 60 000 personnes en Ecosse (environ 1,2% de la population), et particulièrement dans les Highlands de l'ouest, où c'est la langue maternelle d'un petit pourcentage d'habitants. Le nombre de personnes connaissant le gaélique est en baisse rapide et la langue est menacée d'extinction.

- Beaucoup d'autres langues sont parlées par les Britanniques indo-pakistanais, dont le bengali (langue officielle du Bangladesh), le gujarâti (langue officielle de l'Etat du Gujarat), le hindi (langue ou groupe de dialectes de l'Inde du centre-nord, le punjabi (langue officielle de l'Etat du Panjab, au nord-ouest de l'Inde) et l'urdu (une des langues officielles du Pakistan, également parlée en Inde).

Des langues d'autres minorités notables sont parlées au Royaume-Uni, notamment l'arabe et le chinois. On dit que plus de 300 langues différentes sont parlées à Londres.

- The political system of the United Kingdom is a **Constitutional Monarchy** (also called a **parliamentary monarchy** or **limited monarchy**). That is to say, there is a partnership between the **Crown** and **Parliament**. The **Crown** has executive authority and **Parliament** has the legislative authority. The **monarchy** governs according to the **constitution** that limits and defines the powers of the **sovereign**. This system was established when the **monarchy** was restored after the **interregnum** of 1649-1660.

- The United Kingdom does not have a written **constitution** in the form of one document that encodifies all the fundamental rules, principles and practices regarding the way in which the country is governed, as well as the rights and duties of its citizens. In this way, the United Kingdom is unusual, as most democratic countries in the world (other exceptions being Israel and New Zealand) do have a written **constitution**.

  Instead, in the United Kingdom some of these rules are laid out in various legal texts (**statutes**, **Acts of Parliament**, **laws**) going back over centuries. The others remain unwritten in the form of **common law**, **customs** and **conventions** (see below).

  As the **constitution** is not all gathered together in a single authoritative **statement** and is not even all written down, we often say that it is unwritten or **uncodified**.

  In this way, all the elements that make up the **uncodified constitution** can be readily modified by **Act of Parliament**, or by general agreement (for conventions). The **constitution** is therefore said to be flexible and evolutionary, changing over many centuries to suit circumstances. Some people consider the flexibility of the **constitution** to be a good characteristic, allowing it to adapt easily to modern times; others believe that the **constitution** is thus open to abuse by governments with large majorities.

04 LA CONSTITUTION

- Le système politique du Royaume-Uni est une monarchie constitutionnelle (appelée encore monarchie parlementaire ou bien monarchie tempérée). C'est-à-dire qu'il existe un contrat entre la Couronne et le Parlement. La Couronne dispose du pouvoir exécutif, le Parlement du pouvoir législatif. Le souverain gouverne en fonction de la constitution qui limite et définit ses prérogatives. Ce système a été mis en place quand la monarchie fut rétablie après l'Interrègne de 1649 à 1660.

- Le Royaume-Uni n'a pas de constitution écrite rassemblant en un seul document toutes les lois fondamentales, principes et pratiques de gouvernement, ainsi que les droits et devoirs des citoyens. En ce sens, le Royaume-Uni fait figure d'exception, puisque la plupart des grandes démocraties ont une constitution écrite (Israël et la Nouvelle-Zélande étant d'autres exceptions).

  Au lieu de cela, au Royaume-Uni, certaines lois sont contenues dans différents textes à valeur légale (lois écrites, lois parlementaires, lois) remontant à plusieurs siècles. Les autres ne sont pas écrites, telles que le droit coutumier, les coutumes et les conventions (voir plus bas).

  Puisque la constitution n'est pas rassemblée dans un seul texte faisant autorité et n'est pas même intégralement écrite, on parle souvent de constitution non écrite ou non codifiée.

  De ce fait, toute partie de cette constitution non codifiée peut être modifiée par un acte du Parlement (pour une loi) ou par un accord général (pour une convention) ; la constitution est donc très souple et évolutive, ayant changé au fil des siècles pour s'adapter aux circonstances. Certains considèrent que cette souplesse est un atout, permettant de l'adapter facilement à l'époque contemporaine ; d'autres pensent que la constitution est ainsi ouverte aux abus d'un gouvernement disposant d'une large majorité.

THE CONSTITUTION

A. PRINCIPLES OF THE CONSTITUTION

The two major principles or pillars of the United Kingdom's **constitution** are the **rule of law** and **parliamentary sovereignty**.

- The **Rule of Law** is the restriction of power by well-defined and established **laws**. All men and women are equal before the **law** regardless of their position. No man or woman can be punished unless he or she has broken the **law**.
  The **rule of law** also holds that the government can and should be legally limited in its powers and that its authority depends on enforcing those limitations.

- The **Sovereignty of Parliament** means that **Parliament** (consisting of **elected** representatives in the **House of Commons**, members of the **House of Lords** and the **monarch** via **Royal Assent**) is the supreme power of the state. It is not the **monarchy** alone, despite the fact that British people are subjects of the **Crown**. **Parliament** has legal supremacy to pass **laws**: **statute law**, which prevails over all other forms of **law**. The **courts** of justice enforce the **laws** passed by **Parliament**.

However, the **sovereignty** of the British **Parliament** is now affected by the fact that the United Kingdom became a member of the **European Union** (**EU**) and by the **enactment** of **devolution** of power to Wales, Scotland and Northern Ireland, as well as London.

A. LES PRINCIPES DE LA CONSTITUTION

Les deux piliers ou principes majeurs de la constitution du Royaume-Uni sont l'état de droit et la souveraineté du Parlement.

- L'**état de droit** est l'encadrement du pouvoir par des lois bien définies et établies. Tous les hommes et femmes sont égaux devant la loi, sans égard pour leur statut. Aucun ne peut être puni à moins d'avoir enfreint la loi.
  L'état de droit implique aussi que les pouvoirs du gouvernement peuvent et doivent être limités par la loi et que l'autorité de celui-ci dépend de son respect de ces mêmes dispositions.

- La **souveraineté du Parlement** signifie que le Parlement (composé des députés élus de la Chambre des communes, les membres de la Chambre des lords et le Monarque par le biais de l'assentiment royal) est le pouvoir suprême dans l'Etat, et non pas seulement la monarchie bien que les Britanniques soient sujets de la Couronne. Le Parlement a la suprématie légale pour voter les lois, lesquelles prévalent sur toute autre source de loi. Les tribunaux appliquent les lois votées par le Parlement.

Cependant, l'appartenance à l'Union européenne (en 1973) et la décentralisation d'une partie de ses prérogatives en 1999 (vers le pays de Galles, l'Ecosse et l'Irlande du Nord) ont entamé une partie de la souveraineté du Parlement.

There are three branches of the **constitution** in the United Kingdom.

The **Legislative branch**: the **Legislature.**
The **Executive branch**: the **Executive**.
The **Judicial branch**: the **Judiciary**.

- **LEGISLATIVE POWER = PARLIAMENT = House of Commons + House of Lords + Monarch**

The **legislature** is the body of persons vested with power to make, amend (change) and **repeal laws**.

- **EXECUTIVE POWER = Government + Cabinet + Prime Minister**

The **Executive** means the branch of power responsible for carrying out (executing, implementing) **laws**, **decrees**, etc., the administration.

- **JUDICIAL POWER = THE LAW = House of Lords + Courts**

The **judiciary** is the judicial authorities concerned with the administration and dispensing of justice.

The Law Lords will be replaced by a new Supreme Court, planned for 2009, due to the Constitutional Reform Act, 2005.

The **monarch** of the United Kingdom is officially **Head of State**. So since 6 February 1952 it has been HRH Queen Elizabeth II.

B. LA DISTRIBUTION DES POUVOIRS

La constitution britannique reconnaît trois pouvoirs :

le pouvoir législatif : le corps législatif
le pouvoir exécutif ; l'exécutif
le pouvoir judiciaire : la justice

- **LE POUVOIR LÉGISLATIF = LE PARLEMENT = La Chambre des communes + la Chambre des lords + le Roi** (monarque)

Le corps législatif rassemble les personnes ayant le pouvoir de faire, amender (modifier) et rejeter les lois.

- **LE POUVOIR EXÉCUTIF**
Gouvernement + Cabinet + Premier ministre

C'est le pouvoir responsable de la mise en application des lois, décrets, etc., l'administration

- **LE POUVOIR JUDICIAIRE = LA LOI = Chambre des lords + les tribunaux**

Il s'agit des autorités judiciaires chargées de la dispenser.

Une nouvelle cour suprême va remplacer le rôle actuel des lords juges prévue pour fin 2009, en raison de la Loi sur la réforme constitutionnelle, votée en 2005.

Le monarque du Royaume-Uni est officiellement le chef de l'Etat. Depuis le 6 février 1952, il s'agit de la reine Elisabeth II.

- Below are just some of the wide range of sources which make up the United Kingdom's **uncodified constitution**:
(1) Statute Law
(2) Common Law and Case Law
(3) Conventions and Customs
(4) European Union Law
(5) Authoritative Works

(1) Statute law
Statute **law** is comprised of various written **Acts of Parliament** (**statutes** or **laws**), i.e. legislation laid down by **Parliament** and enforced by **courts**. These **laws** include the following pieces of legislation:

a) The **Magna Carta** (Latin for "Great Charter"), signed by King John of England (1167-1216) at Runnymead in 1215, describes the rights and liberties of **sovereigns**, noblemen along with ordinary men and women (**commoners**). It was the first time that defined limitations to royal rights were established in written **law**. Abuses by King John caused a revolt of the nobles who compelled him to execute the **Magna Carta**. The **monarch**'s exploitation of the tax system and financial privileges were also curbed by the document. Thus, with the **Magna Carta**, King John placed himself and England's future **sovereigns** and magistrates (lawmakers) within the **rule of law**.

b) The **Petition of Rights** (1628), was issued by **Parliament**. It stipulates that there would be no taxation without the consent of the **House of Commons**. King Charles I (1600-1649) was obliged to allow the petition to become **law**.

● Ci-dessous, quelques-unes unes des diverses sources qui composent la constitution non codifiée du Royaume-Uni :
(1) Les Lois votées par le Parlement (le Droit écrit)
(2) Le Droit coutumier et la Jurisprudence
(3) Les Conventions et Coutumes
(4) La réglementation de l'Union européenne
(5) Les ouvrages faisant autorité

(1) Lois votées par le Parlement (le Droit écrit)
Le Parlement rédige les lois, les votes, et les tribunaux les font respecter.
Parmi les lois parlementaires figurent les textes législatifs suivants :

a) La **Grande Charte** (en latin *Magna Carta*) signée par le roi Jean (1167-1216) à Runnymead en 1215, indique les droits et libertés du souverain, nobles et roturiers. C'est la première fois que des limites au pouvoir royal ont été mises par écrit sous forme de loi. Les abus du roi Jean avaient provoqué la révolte des nobles qui le forcèrent à mettre en application cette Grande Charte. Le texte réduit également les prérogatives royales en matière d'impôts et de privilèges financiers. Ainsi, avec la Grande Charte, le roi se plaçait, lui, ses successeurs et tous les magistrats sous l'état de droit.

b) La **Pétition des droits**, fut promulguée par le Parlement en 1628. Elle stipule qu'il ne peut y avoir de levée d'impôt sans l'accord de la Chambre des communes. Le roi Charles Ier (1600-1649) fut contraint de donner à cette pétition force de loi.

c) The **Habeas Corpus Act** (1679), forbids arbitrary **arrests** and detentions and requires that a prisoner be brought before a **judge** and/or **jury** and that evidence be presented showing why he or she is "properly detained".
Habeas Corpus was an ancient **common law** writ issued by a **judge**, demanding that a prisoner be brought to **court**. **Parliament** passed the **Habeas Corpus Act** in 1679 bowing to public pressure. This was prompted by King Charles II's (1630-1685) abusive detention of persons in **jail** without legal authority, i.e. without either charges being pressed, or the right to demand **trial** and/or be set free.

d) The **Bill of Rights Act** (1689), does not deal with the **civil rights** of individuals, but rather it defines relations between the **Crown** and **Parliament**. It was a sort of contract that set out strict limits on the use of **Royal prerogatives** by the **sovereign**. The Act thus put an end to the "**Divine Right of Kings**", i.e. the concept that the **monarchy**'s power comes from God. The **Bill of Rights Act** also re-established the authority of **Parliament** over the **sovereign**. It made **kings** and **queens** subject to **laws** passed by **Parliament**, obliging them "to govern the people of this kingdom according to the **statutes** in **Parliament** agreed on and the **laws** and **customs** of the same". Consequently, the **Crown** is no longer able to **enact laws**, raise taxes, or keep an army without **Parliament**'s consent. The **Bill of Rights** was part of the "**Glorious Revolution**" 1688-1689 also known as the "Bloodless Revolution" as no blood was spilt during the repudiation of the governing regime. It resulted in King James II (1633-1701) being ousted due to his arbitrary rule and the establishment by **Parliament** of William III (1650-1702) ("William of Orange") and Mary II (1662-1694) as joint **monarchs**.

c) **La loi sur l'Habeas Corpus** (1679) interdit les arrestations et détentions arbitraires, exigeant qu'un prisonnier soit présenté devant un juge et/ou un jury et que des preuves soient fournies justifiant sa détention.
L'*Habeas corpus* est une ancienne assignation en justice de droit coutumier publiée par un juge, exigent qu'un prisonnier soit présenté devant un tribunal. Le Parlement lui a donné force de loi en 1679 sous la pression populaire ; les sujets étaient excédés par les détentions sans raison légale (c'est-à-dire sans accusation ni possibilité d'être jugé ou libéré) pratiquées de manière abusive par leur roi Charles II (1630-1685).

d) La **Déclaration des droits** (1689) ne porte pas sur les droits individuels et civils, mais définit les relations entre la Couronne et le Parlement. C'est une sorte de contrat qui fixe de manière précise les limites à l'exercice de ses prérogatives par le roi. Cette loi mit un terme à la "monarchie de droit divin", c'est-à-dire à l'idée selon laquelle le pouvoir du roi lui vient de Dieu. La Déclaration des droits rétablit également l'autorité du Parlement sur le souverain. Elle fait du roi et de la reine des objets des lois votées par le Parlement, les contraignant à "gouverner les sujets de ce royaume conformément aux lois votées par le Parlement et toutes lois et coutumes de la sorte". En conséquence, la Couronne n'a plus le pouvoir de promulguer des lois, lever des impôts ou d'avoir une armée sans l'accord du Parlement. La Déclaration des droits est née de la "Glorieuse Révolution" (également appelée en anglais littéralement "Révolution sans sang" puisque le changement de régime n'a donné lieu à aucune effusion de sang). Celle-ci aboutit à la déposition du roi Jacques II – détesté pour son gouvernement arbitraire – au profit de Guillaume III d'Orange (1650-1702) et de Marie II (1662-1694), appelés par le Parlement à gouverner comme co-monarques.

e) The **Act of Settlement** (1701), includes many important constitutional provisions, especially the succession to the throne. For example, it made **illegal** the succession of illegitimate, adopted or Catholic persons. Thus, the **monarch** has to be a Protestant. The Act is the only substantial piece of anti-Catholic legislation still remaining on the United Kingdom's **statute** books today. Since the recent adoption of the **European Convention on Human Rights** as part of British **law**, it has been argued that the discrimination against women (due to **primogeniture**), Roman Catholics and those born out of wedlock means that the rules of succession stipulated in the **Act of Settlement** are now **illegal**. Consequently, they have been legally challenged by The Guardian newspaper and **Private Members Bills (bills** proposed by **MPs**) have been introduced in **Parliament** in an attempt to get a **repeal**.

f) The **Act of Union**, 1707, which joined England and Wales with Scotland to form Great Britain.

g) The **Reform Acts** (1832), (1867), (1884) also known as **Representation of the People Acts**, deal with **parliamentary** reform. In particular, they changed voting rights, extending them to previously **disenfranchised** citizens. Thus, **Parliament** gradually became more representative of the country's citizens. The **Representation of the People Act**, 1918, **enfranchised** all men over 21 and women over 30. The **Equal Franchise Act**, 1928, gave the **vote** to all women over 21. Lastly, the **Representation of the People Act**, 1969, lowered the age of suffrage to 18, which is where it still stands today.

e) L'**Acte d'établissement** (1701) contient beaucoup de dispositions constitutionnelles, en particulier sur la question de la succession au trône. Par exemple, il en interdit la transmission à des personnes de naissance illégitime, adoptées ou de religion catholique. Le roi doit donc être protestant. Cette loi est la seule partie anti-catholique d'importance restant aujourd'hui dans le corpus législatif du Royaume-Uni.
Depuis l'intégration de la Convention européenne des droits de l'Homme au sein de la législation britannique, d'aucuns ont noté le caractère illégal des règles de succession de l'Acte d'établissement, du fait même de cette discrimination envers les femmes (en raison de la primogéniture), les catholiques et les personnes nées en dehors du mariage.
A ce titre, le journal The Guardian a entamé contre ce texte une action en justice, et des propositions de loi d'initiative individuelle (émanant d'un simple député) ont été introduites au Parlement en vue de l'abroger.

f) L'**Acte d'union** de 1707 unit l'Ecosse à l'Angleterre et au pays de Galles et crée la **Grande-Bretagne**.

g) Les **Lois de réforme** de 1832, 1867 et 1884, également appelées **Lois de représentation du peuple**, ont réformé le système parlementaire. En particulier, elles ont modifié le droit de vote, l'étendant aux citoyens qui en étaient auparavant privés. Ainsi, le Parlement devint progressivement plus représentatif des citoyens du pays.
La **Loi de représentation des citoyens** de 1918 ouvrit le droit de vote à tous les hommes de plus de 21 ans et aux femmes de plus de 30 ans. La **Loi d'égale franchise** de 1928 étendit le droit de vote à toutes les femmes de plus de 21 ans. Enfin, la **Loi de représentation** de 1969 abaissa l'âge minimum à 18 ans, ce qui est encore le cas aujourd'hui.

h) The **Parliament Act** (1911), dramatically cut the power of the **House of Lords** and asserted the legislative supremacy of the **House of Commons**. The **Lords** (**peers**) are no longer allowed to block the passage of "**money bills**" and their delaying powers on all other legislation are now restricted. Furthermore, the Act reduced the maximum length of time between two **general elections** from seven to five years, which is still the case nowadays. For sources of the British constitution dating from after 1997 see page 90.

(2) Common Law and Case Law
Common law and **case law** is established by custom and judicial precedent and is enforced by **courts**. Thus, a judicial decision that has been reached during one particular case will then serve as an authority to future similar cases.
Despite not being written down, **common law** and **case law** have "the binding force of **precedent**". **Precedent** can change the **law**, but may be overruled by a superior (or sometimes equal) **court**, or changed by legislation.
Common law includes the limits of **royal prerogative**, for example, **appointments**, **dissolution** of **Parliament**, pardons (the **royal pardon**) and reprieves (postponement or remission of punishment).

(3) Conventions and Customs
Conventions and **customs** are also laid down by **precedent** and to a lesser extent by constitutional texts. They are traditional practices that are so long established and so universal that they have acquired the force of **law**. However, **conventions** and **customs** are not **laws**, so in theory they have no legal value. They are only enforced by expectations and convenience. Many conventions and **customs** are linked to the **Crown**, for example, the **sovereign** will always give **Royal Assent** to a **bill** that has successfully passed through **Parliament**. Others are linked to **Parliament**, for example, that Ministers are individually and collectively responsible to **Parliament**.

h) La **Loi parlementaire** de 1911 réduisit considérablement le pouvoir de la Chambre des lords et assura la suprématie législative de la Chambre des communes. Les Lords (paires) n'eurent désormais plus le droit de bloquer le passage des lois de finance et leur pouvoir de retardement sur tous les autres textes fut également réduit. Par ailleurs, la loi limita le temps maximum entre deux élections législatives à non plus sept mais cinq ans, ce qui est encore le cas actuellement. Pour les sources de la constitution britannique ajoutées après 1997, voir page 91.

2) Le Droit coutumier et la Jurisprudence
La jurisprudence établie par la coutume et les précédents judiciaires est mise en application par les tribunaux. Ainsi, une décision judiciaire prise pour un cas particulier constitue un précédent pour les cas futurs de même ordre.
Bien que non écrit, le droit coutumier a "la force requérante du précédent". Un précédent peut modifier la loi, mais peut aussi être cassé par un tribunal de juridiction supérieure (ou même équivalente) ou bien encore par la loi.
Le droit coutumier comprend des limites aux prérogatives royales, notamment en ce qui concerne les nominations, le droit de dissoudre le Parlement ou le droit de grâce royale et les commutations de peine.

3) Les Conventions et Coutumes
Les coutumes et conventions sont aussi établies par les précédents et dans une moindre mesure par les textes constitutionnels. Certaines pratiques traditionnelles sont établies depuis si longtemps et de portée si générale qu'elles ont acquis force de loi. Cependant, les coutumes et les conventions ne sont pas des lois et n'ont aucune valeur légale. Elles sont seulement appliquées en vertu des attentes et de leur commodité. Beaucoup de coutumes et conventions sont relatives à la Couronne ; par exemple, le Souverain donne toujours son accord ("l'assentiment royal") à une loi votée par le Parlement. D'autres sont relatives au Parlement, comme le fait que les ministres soient individuellement et collectivement responsables devant le Parlement.

(4) European Union Law

The United Kingdom joined the **EEC** in 1973, now the **European Union** (**EU**). The **European Communities Act**, 1972, stipulates that European **law** takes precedence over all domestic sources of **law**. Thus, **laws** and trade agreements established by the **EU** are legally binding within the United Kingdom. So the United Kingdom has to abide by European legal texts. The United Kingdom also follows case **law** stemming from the **European Court of Justice** (**ECJ**).

Since signing the **Treaty on European Union** (**TEU**) also known as the **Maastricht Treaty**, in 1992, the United Kingdom has co-operated even more closely with its European partners in political, economic and legal affairs. This evolution has greatly affected people's rights in the United Kingdom, especially in the areas of employment.

The **European Convention on Human Rights** (**ECHR**), was adopted via the **Human Rights Act**, 1998, and became law in the United Kingdom in October 2000. If a legal decision made in the United Kingdom is thought to break the rules of the **European Convention on Human Rights** the case can be referred to the **European Court of Human Rights** (for a ruling to be made), which may overrule British **law**. The **Human Rights Act**, 1998, has been controversial in the United Kingdom. On the one hand, it guarantees some rights that people in the United Kingdom did not have previously, including certain rights to privacy. On the other hand, it has very definitely reduced the power of the United Kingdom's **central government** (see Chapter 16).

4) La réglementation de l'Union européenne
Le Royaume-Uni a intégré la CEE en 1973, aujourd'hui Union européenne. Le **Traité sur les communautés européennes** de 1972 précise que les directives européennes prévalent tout texte de loi national. Aussi la réglementation établie par l'Union européenne s'applique-t-elle au Royaume-Uni. De même, ce dernier respecte la jurisprudence de la Cour européenne de justice (CEJ).

Depuis la signature du **Traité de l'Union européenne**, également connu sous le nom de **Traité de Maastricht**, en 1992, le Royaume-Uni a coopéré de façon plus étroite avec ses partenaires européens en matière politique, économique et juridique. Cette évolution a beaucoup influencé les droits des personnes au Royaume-Uni, en particulier dans le domaine de l'emploi.

La **Convention européenne des droits de l'Homme** (CEDH) a acquis force de loi au Royaume-Uni par la **Loi sur les droits de l'Homme** de 1998, qui est entrée en vigueur en octobre 2000. Si on pense qu'une décision juridique prise au Royaume-Uni n'est pas conforme aux principes de la CEDH, le cas peut être porté devant la Cour européenne des droits de l'Homme pour jugement, lequel prévaudra sur la loi britannique. La **Loi sur les droits de l'Homme** de 1998, a provoqué de vifs débats au Royaume-Uni : si, d'une part, elle garantit certains droits, dont les personnes résidant au Royaume-Uni ne disposaient pas auparavant, y compris certains droits relatifs à la vie privée, elle a d'autre part réduit considérablement le pouvoir du gouvernement central du Royaume-Uni.

(5) Authoritative works
Attention is also paid to the opinions expressed by specialists in certain classic writings on the **constitution**. Such authoritative works include the following:
The English Constitution, 1867, by **Walter BAGEHOT** (1828-1877), English economist and journalist, editor of The Economist magazine (1860-1877).
Introduction to the Study of the Law of the Constitution, 1885, by **Albert Venn DICEY**, (1835-1922).
Treatise on the Law, Privileges, Proceedings and Usage of Parliament, 1844, by **Thomas Erskine MAY**, (1815-1886), English constitutional jurist and historian.
The British Constitution, 1967, by Ivor JENNINGS.
As well works by Vernon BOGDANOR, Robert HAZELL and Geoffrey MARSHALL.

Check and Balances
What **checks and balances** does the United Kingdom have to stop it from becoming "an **elective dictatorship**"?
– The **courts**: judicial review is a powerful check on the **Executive**.
– The official **Opposition**: **MPs** in the **Opposition** can **vote** against a **bill**, but if the government has a large **majority** any **Opposition** (from within or outside the party in power) will be ineffective.
– The media: journalists can point out problems and influence public opinion, although they cannot do much to stop a government which thinks it has the people's favour.
– Party discipline: party members can express approval or disapproval of a particular **policy** and this might have an influence.
– **General elections** allow the electorate to express their opinions.
– European **law**, the **European Court of Justice**, the Council of Europe and the **European Court of Human Rights**
However, there is no official constitutional check on **Parliament**.

5) Les ouvrages faisant autorité

On accorde également une certaine importance aux opinions que certains spécialistes ont formulées dans des ouvrages constitutionnels ayant valeur de classiques. Parmi ces travaux faisant autorité, figurent les titres suivants :

La Constitution anglaise (1867), par **Walter BAGEHOT** (1828-1877), économiste et journaliste anglais, rédacteur en chef de la revue The Economist (1860-1877).

Introduction à l'étude de la loi constitutionnelle, (1885), d'**Albert Venn DICEY** (1835-1922).

Traité des lois, privilèges, procédés et usages du Parlement, 1844, de **Thomas Erskine MAY** (1815-1886), historien, juriste et constitutionnaliste anglais.

The British Constitution, 1967, d'Ivor JENNINGS.

Ainsi que des travaux de Vernon BOGDANOR, Robert HAZELL, et Geoffrey MARSHALL.

Pouvoirs et contre-pouvoirs

Quels sont les moyens existants au Royaume-Uni pour éviter "la dictature élective" ?

– Les tribunaux : le contrôle judiciaire est un frein à la puissance du pouvoir exécutif.

– L'opposition officielle : les députés de l'opposition peuvent voter contre une loi ; mais en cas de majorité parlementaire très large, aucune opposition (qu'elle vienne de l'intérieur ou de l'extérieur du parti au pouvoir) n'est efficace.

– Les médias : les journalistes peuvent souligner certains problèmes et influencer l'opinion publique, mais ils ne peuvent pas grand chose contre un gouvernement qui pense bénéficier du soutien populaire.

– La discipline de parti : les membres d'un parti peuvent exprimer leur approbation ou désapprobation d'une politique particulière, ceci pouvant avoir une certaine influence.

– Les élections législatives permettent aux électeurs d'exprimer leur opinion. La réglementation de l'Union européenne et de la Cour européenne de justice

– Les textes du Conseil de l'Europe et la Cour européenne des droits de l'homme

Cependant, il n'y a aucun contrôle constitutionnel officiel du Parlement.

- The British political system of a **constitutional monarchy** has been a source of admiration over the years. It was considered to combine tradition, stability, authority, flexibility and adaptability. The very fact that it had lasted so long was proof for its defenders of the system's appropriateness and efficiency. Moreover, in more than 300 years, the United Kingdom has not experienced bloody revolution or **civil war**.

- However, in October 1976 Lord Hailsham declared that the United Kingdom had "moved towards a totalitarianism which [could] only be altered by a systematic and radical overhaul of our **constitution**". He went as far as to say that the British system of government was an "**elective dictatorship**" and called for change.

- Towards the end of the twentieth century there was growing disapproval of the United Kingdom's constitutional environment. Criticism focused on two main points. Firstly, governments with large majorities in the **House of Commons** were being over-powerful and thus able to pass radical legislation. Secondly, the too few **parliamentary checks and balances** to restrain them from doing so. Criticism was also made of the lack of individual **human rights** and **civil liberties**.

D. LES CHANGEMENTS CONSTITUTIONNELS

- Le système politique britannique de monarchie constitutionnelle suscite l'admiration depuis bien des années. On l'a vu comme un modèle combinant tradition, stabilité, autorité, flexibilité, souplesse et adaptabilité. Pour ses partisans, le simple fait qu'il ait duré aussi longtemps est une preuve de sa justesse et de son efficacité. En outre, le Royaume-Uni n'a connu en plus de 300 ans aucune révolution sanglante ou guerre civile.

- Toutefois, en octobre 1976, Lord Hailsham déclara que la nation du Royaume-Uni "s'était dirigée vers une forme de totalitarisme qui pouvait seulement être corrigée par une révision systématique et radicale de notre constitution". Il alla jusqu'à dire que le système anglais de gouvernement était une "dictature élective" et appela au changement.

- A la fin du XXe siècle on a constaté une montée des critiques de l'environnement constitutionnel. Celles-ci portent principalement sur deux points : d'une part, la puissance excessive des gouvernements lorsqu'ils disposent d'une majorité importante à la Chambre des communes et sont donc en mesure de voter des lois radicales ; d'autre part, la faiblesse des contre-pouvoirs parlementaires. La critique porte également sur certains manquements relatifs aux droits de l'Homme et aux libertés civiles.

- In 1988 a constitutional reform pressure group was created called **Charter 88**, thus commemorating the third centenary of the **Glorious Revolution** which established what was to become the United Kingdom's **sovereign** formula. It called for a new constitutional settlement. In particular, it claimed for a **Bill of Rights** enshrining **civil liberties**, an **electoral system** based on **Proportional Representation (PR)**, reform of the **House of Lords**, independence of the **Judiciary**, equitable distribution of power between local, regional and national government (**devolution**), as well as a written **constitution** anchored in the idea of universal citizenship incorporating the aforementioned reforms.

The **Labour Party's** 1997 **general election manifesto** proposed sweeping constitutional change. Following their **landslide victory**, Tony Blair became **Prime Minister**, a number of major constitutional **bills** were swiftly introduced into **Parliament**. The **Labour Party** had a very big majority in the **House of Commons** and so these **bills** became:

- En 1988, naquit un groupe de pression appelé “Charte 88”, pour commémorer le tricentenaire de la “Glorieuse Révolution” qui a établit ce qui allait devenir la formule de la souveraineté du Royaume-Uni. Il demandait une refonte de la constitution. En particulier, il demanda une loi protégeant les droits relatifs aux libertés individuelles, un mode de scrutin fondé sur la représentation proportionnelle, une réforme de la Chambre des lords, l'indépendance de la Justice, une distribution équitable du pouvoir entre les gouvernements locaux, régionaux et national, et enfin une constitution écrite, ancrée sur l'idée d'une citoyenneté universelle incorporant les précédentes réformes.

Le programme du parti travailliste pour les élections législatives de 1997 proposait des changements constitutionnels radicaux. A la suite de leur victoire écrasante Tony Blair est devenu Premier ministre, un grand nombre de projets de loi ont rapidement vu le jour. En raison notamment de la forte majorité travailliste à la Chambre des communes ces projets de loi sont devenus :

1) The Scotland Act, 1998, which set up a Scottish Parliament in Edinburgh with tax varying powers.
2) The Government of Wales Act, 1998, which established a National Assembly for Wales in Cardiff.
3) The Northern Ireland (Elections) Act, 1998, which set up the Northern Ireland Assembly in Belfast (Stormont).
4) The Human Rights Act, 1998, which came into force in 2000. It allows people in the UK to enforce in their own courts the European Convention on Human Rights. (see page 82).
5) The House of Lords Act, 1999, dramatically reduced the number of **hereditary peers** in the **House of Lords** to 92 in an attempt to make the **Upper House** less undemocratic. However, it remains that none of the members of the **House of Lords** are elected. Debates on further possible changes to the House of Lords are ongoing, but are far from being settled (see Chapter 6).
6) The Freedom of Information Act was voted on in 2000 and became effective in 2005. It enables people (individuals, politicians, journalists) to have greater access to information held by the government and public bodies.
7) The Constitutional Reform Act, 2005, changed the powers of The House of Lords. Above all, a new Supreme Court will take over the existing role of the **Law Lords** and the role of the Lord Chancellor will be reduced (planned for end of 2009).
8) The Government of Wales Act, 2006 gave more powers to the **Assembly for Wales** but did not turn it into a full parliament.

1) La Loi sur l'Ecosse, votée en 1998, instaure un Parlement écossais avec des prérogatives fiscales.
2) La Loi sur le gouvernement du pays de Galles, votée la même année, instaure une Assemblée nationale du pays de Galles.
3) La Loi sur l'Irlande du Nord (élections), votée en 1998, instaure l'Assemblée d'Irlande du Nord à Belfast.
4) La Loi sur les droits de l'Homme, votée en 1998, a acquis force de loi en 2000. Elle autorise les personnes résidant au Royaume-Uni à appliquer dans leurs propres tribunaux la Convention européenne des droits de l'homme (voir page 83).
5) La Loi sur la Chambre des lords, votée en 1999, réduit à 92 le nombre de pairs héréditaires à la Chambre des lords, afin de démocratiser la chambre haute. Il n'en demeure pas moins qu'aucun de ses membres n'est élu. Des discussions sur ce sujet ont été entamées mais ne semblent pas être près d'aboutir (voir chapitre 6).
6) La Loi sur la liberté de l'information votée en 2000 est entrée en vigueur en 2005. Elle permet à la population (individus, hommes politiques, journalistes) d'accéder aux informations détenues par le gouvernement et les organismes publics.
7) La Loi sur la réforme constitutionnelle, votée en 2005, change les pouvoirs de la Chambre des lords. Principalement, une nouvelle cour suprême va remplacer le rôle actuel des lords juges et le pouvoir du président de la chambre sera réduit (fin 2009).
8) La Loi sur la gouvernment du pays de Galles votée en 2006, donne plus de pouvoir à l'Assemblée du pays de Galles, mais elle ne l'a pas transformé en parlement.

F. POTENTIAL FOR CONSTITUTIONAL CHANGE

Whilst there has undeniably been substantial constitutional change in the United Kingdom, there is still plenty of scope for further developments.

Further transformation of the **House of Lords** is still on the agenda. It is not apparent yet what this would entail. But the future make-up of a modernised chamber would involve the election of some or all members.

Another issue is the possibility of the UK entering the Eurozone, i.e. giving up the **Pound Sterling** as the national currency and adopting the **euro**. **New Labour** originally promised a nation-wide **referendum** on the subject. It has reneged on its pledge and Gordon Brown is known to be against.

Further **devolution** of power from **central government** towards Scotland and Wales may occur if Scottish and Welsh nationalist support increases. The development of English regional assemblies was on the agenda. However following a referendum in NE England in 2004, it seems very unlikely to happen. There is considerable hostile public opinion as regards an "extra layer of bureaucracy".

Less probable is the prospect of **Proportional Representation (PR) for general elections** (rather than **FPTP** – see Ch.8) even though it is now the method used for **EU Parliament** elections held in the UK.

During the 10 years when **Tony Blair** was **Prime Minister** many constitutional changes were made. It remains to be seen whether the more traditional **Gordon Brown** will follow suit. In 2007, he launched an ongoing "Governance of Britain" process on constitutional reform.

F. RÉFORMES CONSTITUTIONNELLES ENVISAGEABLES

Même si le Royaume-Uni a déjà connu des changements constitutionnels notables, il reste encore beaucoup de perspectives en ce domaine.

Une nouvelle modernisation de la Chambre des lords est à l'ordre du jour. On ne sait pas quelle forme elle pourrait prendre, puisque les débats sont encore en cours. Toutefois, il est clair que la composition d'une chambre modernisée comprendrait des membres élus (tous ou seulement certains).

Autre sujet de débat, la perspective d'entrer dans la zone euro implique l'abandon de la Livre sterling comme monnaie nationale pour adopter l'euro. Le parti travailliste s'est engagé en 1997 à mettre en place un référendum national sur ce sujet. Il a failli à sa promesse et Gordon Brown y serait opposé.

La poursuite de la décentralisation d'une partie des pouvoirs du gouvernement central vers l'Ecosse et le pays de Galles pourrait avoir lieu si le soutien des nationalistes écossais et gallois continue d'augmenter. La création d'assemblées régionales en Angleterre était d'actualité, mais elle n'aura pas lieu en raison du résultat d'un référendum dans le nord-ouest en 2004. La majorité de la population est contre une "couche supplémentaire de bureaucratie".

Moins probable est, la perspective d'une représentation proportionnelle aux élections législatives, même si ce nouveau mode de scrutin est employé pour les élections au Parlement européen dans presque tout le Royaume-Uni.

Pendant les 10 années où de Tony Blair a été premier ministre de nombreux changements constitutionnels eurent lieu. Reste à voir si Gordon Brown, qui est moins réformistes, suivra la même voie. En 2007 il a lancé un processus appelé “La Gouvernance de la Grande-Bretagne” sur la réforme constitutionnelle.

- The **monarchy** is the oldest institution of government in the UK. However, since the **Glorious Revolution** of 1688-1689, the executive powers of the **Crown** have gradually been transferred to **Parliament**. This has resulted in today's **Constitutional Monarchy** where the **Queen** "reigns but does not rule". This means that the Legislative, **Executive** and Judicial powers, as well as the defence of the country, are mostly carried out by others in the **Queen**'s name. The **Queen** herself is supposed to be above party politics (she does not have the right to **vote** in **general elections**) and is not involved in the day to day running of the country. On almost all matters she acts on the advice of the government of the day. This can be seen in the 2006 film The Queen.

Queen Elizabeth II

Elizabeth Alexandra Mary WINDSOR was born in 1926 in London, the first born child of King George VI. Following her father's death in February 1952 she immediately succeeded to the throne becoming Elizabeth II, the **Queen** of Great Britain and Northern Ireland. She was **crowned** in June 1953. She married Prince Philip Mountbatten (who became the Duke of Edinburgh) in 1947, and a year later gave birth to a son, Charles. In 1950 she gave birth to a daughter, Anne. Her second son, Andrew, was born in 1960 and a third, Edward, in 1964. She became a grandmother in 1977 with the birth of Peter, the son of her only daughter Anne. In 2002 she celebrated her Golden Jubilee for fifty years on the throne. In the same year both her mother (the **Queen Mother**) and only sister (Princess Margaret) died. She was 80 in 2006.

05 LA MONARCHIE

- La monarchie est l'institution de gouvernement la plus ancienne du Royaume-Uni. Cependant, à la suite de la "Glorieuse Révolution" de 1688 à 1689, les pouvoirs exécutifs de la Couronne ont progressivement été transférés au Parlement. Ce qui a donné la monarchie constitutionnelle actuelle où le souverain "règne mais ne gouverne pas". Cela signifie que les pouvoirs législatifs, exécutifs, judiciaires, ainsi que la responsabilité de la défense du pays sont pour la plupart assurées par d'autres au nom du souverain. Le souverain lui-même est supposé être au-dessus des stratégies politiques (il n'a pas le droit de voter aux élections législatives) et n'est pas impliqué dans la gestion quotidienne du pays. Sur presque tous les points, il agit sur le conseil du gouvernement en place.

La Reine Elisabeth II

Elisabeth, Alexandra, Marie WINDSOR est née en 1926 à Londres, premier enfant du roi Georges VI. Après la mort de son père en février 1952, elle accéda immédiatement au trône, devenant Elisabeth II, reine de Grande-Bretagne et d'Irlande du Nord. Elle a été couronnée en juin 1953. Elle épousa en 1947 le prince Philippe Mountbatten (lequel devint duc d'Edimbourg), et un an plus tard donna naissance à un fils, Charles. En 1950, elle mit au monde une fille, Anne. Son second fils, Andrew, est né en 1960 et son troisième, Edward en 1964. Elle devint grand-mère en 1977 avec la naissance de Peter, le fils de sa fille Anne. En 2002, elle célébra son jubilé d'or marquant ses cinquante ans de règne. La même année, sa mère (la reine mère) et son unique sœur (la princesse Margaret) décédèrent. Elle a fêté ses 80 ans en 2006.

THE MONARCHY

A. ROLES OF THE MONARCHY

The primary role of Queen Elizabeth II's is being a symbol of unity and continuity of the United Kingdom within the **Commonwealth of Nations**. Some of the large number of the **Monarch**'s constitutional and ceremonial **duties** are summarised below.

- **Head of State**
The **Monarch** acts as a focus for the nation to join together; he/she stands over ceremonial occasions, visits local communities (including **walkabouts** where he/she comes in contact with "ordinary subjects") and represents the United Kingdom around the world.
The British monarch is also the Head of State of Australia, New Zealand and Canada.

- **Head of the Commonwealth**
The **Monarch** is also Head of the **British Commonwealth**. During her reign Queen Elizabeth II has visited all the **British Commonwealth** countries throughout the world (see Chapter 15).

- **Head of the Armed Forces**
The **Monarch** is the Head of the **Armed Forces** and formally declares war and peace. Members of the **Armed Forces** swear **allegiance** to the **Crown**.

- **Head of the Church of England and the Church of Scotland.**
As well as being the **Head of State** the **Monarch** is also Head the **Church of England** (**C of E**) and Scotland, thus the State and the Church are not separate. Moreover, the reigning **Monarch** must be a member of the **Anglican Church** (and not the **Catholic Church**).

- **Head of the Executive**
The **Monarch** is the source of all **Executive** power in the United Kingdom. However, in reality, the **Monarch** does not exercise these powers; the Government, the **Cabinet** and the **Prime Minister** carry out executive functions in the name of the **Crown**.

A. LES RÔLES DU MONARQUE

Certains des très nombreux devoirs constitutionnels et cérémoniels du souverain sont résumés ici, son rôle premier étant de symboliser l'unité du Royaume-Uni à l'intérieur du Commonwealth des nations.

- **Chef de l'Etat**
  Le souverain réunit le pays autour de sa personne ; il préside certaines cérémonies officielles, va sur le terrain où il rencontre des “sujets ordinaires”, prenant même à l'occasion des bains de foule. Par ailleurs, il représente le Royaume-Uni partout dans le monde.
  Le souverain britannique est également le chef d’Etat de l’Australie, la Nouvelle-Zélande et le Canada.

- **Chef du Commonwealth**
  Le souverain est également chef du Commonwealth. Pendant son règne la Reine Elisabeth II a visité tous les pays du Commonwealth à travers le monde (voir chapitre 15).

- **Chef des forces armées**
  Le souverain est chef des forces armées et formellement il déclare la guerre et fait la paix. Les membres des forces armées font un serment d'allégeance à la Couronne.

- **Chef de l'Eglise d'Angleterre et de l'Eglise d'Ecosse**
  Chef de l'Etat, le souverain est également chef de l'Eglise d'Angleterre et d'Ecosse ; ainsi l'Eglise et l'Etat ne sont pas séparés. De plus, le monarque en exercice doit appartenir à l'Eglise anglicane (et non à l'Eglise catholique).

- **Chef du pouvoir exécutif**
  Le souverain est source exclusive du pouvoir exécutif au Royaume-Uni. Dans la réalité cependant, il n'exerce pas ses pouvoirs ; le gouvernement, le Cabinet et le Premier ministre assurent les fonctions de l'exécutif au nom de la Couronne.

A. ROLES OF THE MONARCHY

- **Opening of Parliament**

  Each autumn the **Monarch** opens the new **parliamentary** session at the Palace of **Westminster**. During the ceremony of the "**State Opening of Parliament**" in the **House of Lords**, the Monarch addresses both Houses via the **King's/Queen's Speech (speech from the throne)** in which the Government's programme for the forthcoming session of **Parliament** is outlined. In fact, the speech is written by the **Prime Minister**.

- **Dissolution of Parliament**

  Before a **general election** is held and after a major defeat of a government in the **House of Commons**, the **Monarch** must give permission for **Parliament** to be dissolved. The **opening and dissolution of Parliament** is really carried out at the **Prime Minister**'s wishes.

- **Royal Assent**

  The **Monarch** formally approves a **parliamentary bill** that has passed through the **House of Commons** and **House of Lords** by giving it **Royal Assent**. It is the last stage a **bill** goes through before becoming a **law**. Queen Anne in 1707 was the last **monarch** not to respect this convention.

- **Appointments and Dismissals**

  Officially, the **Monarch appoints** and dismisses Ministers including the **Prime Minister**. Thus, in theory, after a **general election** the **Monarch** decides whom to call to form a Government. This is usually the leader of the party which has obtained the largest number of **seats**. But in practice the **Monarch** plays no real role in the choice of the **head of government** unless there is a **hung Parliament**.

- **Liaison with the Prime Minister**

  The **Monarch** usually meets with the **Prime Minister**, during "an audience" at **Buckingham Palace** once a week, usually Tuesday, in order to discuss current issues.

A. LES RÔLES DU MONARQUE

- **L'ouverture du Parlement**
Chaque automne, le souverain ouvre la nouvelle session parlementaire au palais de Westminster. Durant la cérémonie officielle “d'ouverture du Parlement” à la Chambre des lords, le souverain adresse aux deux chambres le “discours du trône” dans lequel il donne les grandes lignes du programme gouvernemental pour la session parlementaire à venir. Dans les faits, ce discours est rédigé par le Premier ministre.

- **La dissolution du parlement**
Avant les élections législatives ou après une défaite majeure du gouvernement à la Chambre des communes, le souverain doit autoriser la dissolution du Parlement. En réalité, l'ouverture et la dissolution de celui-ci répondent à la demande du Premier ministre.

- **L'assentiment royal**
Le souverain approuve formellement tout projet de loi qui a été votée par la Chambre des communes et la Chambre des lords en donnant son assentiment royal. C'est la dernière étape qu'un projet de loi franchit avant de devenir une loi. La reine Anne en 1707 fut la dernière à ne pas respecter cette convention.

- **Droit de nomination et de révocation**
Officiellement, le souverain nomme et révoque les ministres, y compris le Premier ministre. Ainsi, en théorie, après les élections législatives, la reine décide à qui elle va faire appel pour former le gouvernement : en général, il s'agit du chef du parti qui a obtenu le plus grand nombre de sièges. En pratique pourtant, la reine ne joue pas de vrai rôle dans le choix du chef de l'exécutif, à moins qu'aucun parti n'ait obtenu la majorité au Parlement.

- **Liaison avec le Premier ministre**
Le souverain rencontre généralement le Premier ministre en “audience” au palais de Buckingham une fois par semaine, le mardi, afin de discuter des affaires courantes.

A. ROLES OF THE MONARCHY

- **Royal Pardon**

The **Monarch** can give the **Royal Pardon**. This is an official order that stops the punishment of a person accused of a **common law** crime. It originates from an era when the **monarch** was considered to be above the **courts**. Nowadays it is very rarely put to use.

- **Attribution of Honours**

The **Monarch** confers honours, e.g. **knighthoods**, **OBE**s (Officer of the Order of British Empire), **MBE**s (Member of the Order of the British Empire) and other decorations, to people who have made a significant contribution in a particular walk of life. In fact, most honours are granted on the advice of the **Prime Minister**, although a small number are the personal choice of the **Monarch,** for example, the **Order of the Garter** (the highest British order of knighthood).

- **Ceremonial duties and pageantry**

The **Monarch** takes part in many historical ceremonies throughout the year, one of the most well known is the **Trooping of the Colour** parade which is currently held each year mid-June to celebrate the **Queen**'s official birthday (which is not the same day as her real birthday, the 21 April).

Other members of the **Royal Family** also carry out duties that are mainly ceremonial and diplomatic.

A. LES RÔLES DU MONARQUE

- **Le pardon royal**
  Le souverain peut accorder sa grâce royale. C'est un ordre officiel qui met un terme à la peine en cours d'une personne accusée d'un délit de droit commun. Cela vient de l'époque où le roi était considéré comme étant au-dessus des lois. Aujourd'hui ce droit est très rarement mis en pratique.

- **L'attribution de récompenses**
  Le souverain octroie des distinctions honorifiques, par exemple, titres de chevaleries, d'officier ou de membre de l'Ordre de l'Empire britannique (respectivement *OBE* et *MBE)* et autres décorations à des personnes auteurs d'une action ou d'une œuvre notable dans un domaine particulier. En fait, la plupart des honneurs sont attribués sur conseil du Premier ministre ; au demeurant, un petit nombre d'entre eux relèvent du seul choix du roi, par exemple, l'Ordre de la jarretière (ordre de chevalerie le plus élevé en Grande-Bretagne).

- **Les cérémonies officielles et l'apparat**
  La reine Elisabeth II prend part à beaucoup de cérémonies traditionnelles pendant l'année, une des plus connues étant la Cérémonie du salut au drapeau qui se tient chaque année mi-juin pour célébrer l'anniversaire officiel de la reine (qui n'est pas le même jour que son anniversaire de naissance, le 21 avril).

  Echoient aux autres membres de la famille royale un certain nombre d'obligations, pour la plupart d'entre elles cérémonielles ou diplomatiques

B. THE ROYAL FAMILY'S MONEY

Apart from benefiting from her **personal wealth and income**, the **Queen** obtains money from the **Civil List**. These are the annuities (annual **grant** of money) coming from public money **voted** by **Parliament** for the upkeep of the royal **household** and the **Royal Family** (e.g. entertaining and stationery).

- Part of the **Civil List** is the **Privy Purse** for the **Queen**'s personal expenses. **Grants-in-Aid** is money granted by the Government to provide money for the royal palaces and travel. In 1993 it was announced that the **Queen** would pay taxes on her personal income in reaction to public and **parliamentary** pressure. Since then efforts have been made to reduce the spending of the Royal **Household** (especially travel). The same year the **Civil List** was severely reduced, thus the only **Royal Family** members now receiving money from the public purse directly are the **Queen** and her husband Prince Philip the Duke of Edinburgh (and prior to her death the **Queen Mother**). Since 1994, payments to other **Royal Family** members have been paid by the **Queen** from her personal funds. Prince Charles (the Prince of Wales) lives off money earned from his estate, the Duchy of Cornwall, which is estimated to be more than £4 million a year.
- Revenue from the **Crown Estate** (e.g. from charging the public to visit **Buckingham Palace**) is surrendered by the **Queen** to the Exchequer, in return for **Parliament** agreeing to fund the **Civil List** and other **Head of State** expenditure. Furthermore, the **Queen** agreed, in 2000, to freeze the **Civil List** at £7.9 million annually for the following 10 years. Lastly, in a bid for transparency, the **Royal Family**'s annual accounts have been published since 2001. In this way, it is now argued that the **Royal Family** does not cost British taxpayers anything.

These changes are all part of an attempt to modernise the **Royal Family** in order to improve its foundering ratings in **opinion polls**. It has also taken on a public relations officer to help it to ameliorate its image.

B. LES REVENUS DE LA FAMILLE ROYALE

Mis à part le bénéfice de sa fortune et de ses revenus personnels, la reine reçoit de l'argent de la Liste Civile. Il s'agit d'annuités (rentes annuelles) provenant de l'argent public et votées par le Parlement pour l'entretien de la Maison royale et de la famille royale (frais de réception, de correspondance officielle).
La bourse privée est une partie de la Liste civile plus spécifiquement consacrée aux dépenses personnelles de la reine. D'autres bourses sont attribuées par le gouvernement pour les palais et déplacements royaux.

- En 1993, on décida que la reine devrait payer des impôts sur ses revenus personnels en réponse à la pression du Parlement et de l'opinion publique. Depuis lors, des efforts ont été faits pour réduire les dépenses de la Maison royale. La même année, la Liste civile a été sévèrement réduite, de sorte que la reine et son mari le prince Philippe sont désormais les seuls membres à recevoir directement de l'argent de la bourse privée (ainsi que la reine mère avant son décès). Depuis 1994, les allocations aux autres membres de la Famille royale sont directement versées par la reine à partir de ses revenus personnels. Le prince Charles, prince de Galles, vit des revenus de ses états du duché de Cornouailles, lesquels sont estimés à plus de quatre millions de livres sterling chaque année.
- Les revenus des Etats de la Couronne (par exemple le paiement des visites publiques du palais de Buckingham) sont reversés par la reine au ministère des Finances, en contrepartie de l'accord du Parlement pour la Liste civile et les autres dépenses du chef de l'Etat. De plus, la reine a accepté en 2000 de geler le montant annuel de la Liste civile à 7,9 millions de livres sterling pour les 10 ans à venir. Enfin, dans un souci de transparence, les comptes annuels de la famille royale ont été publiés à partir de 2001. Aussi, on dit que la famille royale britannique ne coûte plus rien au contribuable britannique.

Ces changements s'inscrivent dans une tentative de modernisation de la famille royale pour augmenter sa popularité chancelante dans les sondages d'opinion. Celle-ci a d'ailleurs fait appel aux services d'un chargé des relations publiques pour l'aider à améliorer son image.

C. SUCCESSION TO THE THRONE

- When a **sovereign** dies, or **abdicates**, a successor is immediately decided according to rules laid down as the **Act of Settlement** of 1701. In this way, due to **primogeniture**, the eldest son ascends to the throne, and passes it to his eldest son, with the **Coronation** ceremony taking place approximately one year later. If the **monarch** has no sons it is the eldest daughter who **ascends to the throne**, as was the case for Elizabeth II. In this way, Princess Anne is the **Queen**'s second oldest child but she is only number eight in line to the throne (see below).

  The current heir apparent is Prince Charles first son of Queen Elizabeth II.

1. Prince Charles (born 1948)
   The Prince of Wales
2. Prince William (born 1982)
   eldest son of Prince Charles
3. Prince Henry (Harry) (born 1984)
   younger son of Prince Charles
4. Prince Andrew (born 1960)
   second son of Queen Elizabeth II
5. Princess Beatrice (born 1988)
   elder daughter of Prince Andrew
6. Princess Eugenie (born 1990)
   younger daughter of Prince Andrew
7. Prince Edward (born 1964)
   youngest child of Queen Elizabeth II
8. Princess Anne (born 1950)
   only daughter of Queen Elizabeth II
9. Peter Phillips (born 1977)
   only son of Princess Anne
10. Zara Phillips (born 1981)
    only daughter of Princess Anne

C. LA SUCCESSION AU TRÔNE

● Quand un souverain meurt ou abdique, un successeur est immédiatement désigné selon les règles établies dans l'Acte d'établissement de 1701. Ainsi, en raison de la primogéniture, le fils aîné accède au trône et le transmet à son fils aîné, la cérémonie du couronnement intervenant environ un an après. Si le monarque n'a pas de fils, c'est sa fille aînée qui accède au trône, comme ce fut le cas pour Elisabeth II. Ainsi, la princesse Anne est le second enfant de la reine, mais elle arrive seulement en huitième position pour le trône (voir ci-dessous).

L'héritier en titre est le prince Charles, premier fils de la reine Elisabeth II.

1. Prince Charles (né en 1948),
   Prince de Galles
2. Prince William (né en 1982),
   Fils aîné du Prince Charles
3. Prince Henry, appelé Harry (né en 1984),
   Fils puîné du Prince Charles
4. Prince Andrew (né en 1960),
   Second fils de la reine Elisabeth II
5. Princesse Béatrice (née en 1988),
   Fille aînée du Prince Andrew
6. Princesse Eugénie (née en 1990),
   Fille puînée du Prince Andrew
7. Prince Edward (né en 1964),
   4e et dernier enfant de la reine Elisabeth II
8. Princesse Anne (née en 1950),
   Unique fille de la reine Elisabeth II
9. Peter Phillips (né en 1977),
   Unique fils de la princesse Anne
10. Zara Phillips (née en 1981),
    Unique fille de la Princesse Anne

D. THE NATIONAL ANTHEM

- Opinions differ regarding the source of the **National Anthem**. According to the **Royal Family**'s official internet website the source of the words and tune are anonymous, dating back possibly to the seventeenth century. Apparently, in September 1745 the "Young Pretender" to the British Throne, Prince Charles Edward Stuart, defeated the army of King George II at Prestonpans, near Edinburgh. In a fit of patriotic fervour after news that the Prestonpans had reached London, the leader of the band at the Theatre Royal, Drury Lane, arranged "**God Save The King**" for performance after a play. It was a tremendous success and was repeated nightly thereafter. This practice soon spread to other theatres, and the custom of greeting the **monarch** with the song as he or she entered a place of public entertainment was thus established. "**God Save The King**" came to be referred to as the "**National Anthem**" from the beginning of the nineteenth century.

- There is no authorised version of the "**God Save the Queen**" as the words are a matter of tradition. It has never been proclaimed the **National Anthem** by an **Act of Parliament** or a Royal Proclamation. Additional verses have been added down the years, but these are rarely used. The words now used are those sung in 1745, substituting "Queen" for "King" where appropriate. On official occasions, only the first verse is usually sung, as follows:

  God save our gracious Queen!
  Long live our noble Queen!
  God save the Queen!
  Send her victorious,
  Happy and glorious,
  Long to reign over us:
  God save the Queen!

D. L'HYMNE NATIONAL

● Les opinions divergent sur l'origine de l'hymne officiel. Selon le site internet officiel de la famille royale, la source des paroles et de la mélodie est anonyme, remontant peut être au XVIIe siècle. Apparemment, en septembre 1745, le "jeune prétendant" au trône anglais, le prince Charles Edward Stuart défit l'armée du roi Georges II à Prestonpans, près d'Edimbourg. Dans un élan de ferveur patriotique après que la nouvelle de Prestonpans ait atteint Londres, le chef d'orchestre du théâtre royal, Drury Lane, arrangea le morceau "Vive le Roi" pour qu'il fût joué après la pièce. Celui-ci eut un immense succès et on le joua toutes les nuits qui s'ensuivirent. La pratique s'étendit bientôt aux autres théâtres, et la coutume de saluer le roi avec cette musique pour son entrée dans une place publique était née. "Vive le Roi" commença à être appelé hymne national au début du XIXe siècle.

● Il n'existe pas de version officielle du "Vive la reine" ("*God Save the Queen*") puisque les paroles sont nées de la tradition. Aucune loi du parlement ni acte royal ne l'a jamais proclamé hymne national. Quelques vers supplémentaires ont été ajoutés au cours des ans, mais ils sont rarement utilisés. Les paroles usitées actuellement sont celles-là mêmes que l'on chanta en 1745, remplaçant "roi" par "reine" au besoin. Dans les cérémonies officielles, on chante seulement le premier couplet, comme suit :

Dieu préserve notre gracieuse reine !
Longue vie à notre noble reine !
Vive la reine !
Rendez la victorieuse,
Heureuse et glorieuse,
Long règne sur nous :
Vive la reine !

TABLE 6A: MONARCHS IN SINCE 1066

House of Normandy	REIGN
William I	1066 - 1087
William II	1087 - 1100
Henry I	1100 - 1135
Stephen	1135 - 1154
Henry II	1154 - 1189
Plantagenets, Houses of Lancaster & York	
Richard I	1189 - 1199
John	1199 - 1216
Henry III	1216 - 1272
Edward I	1272 - 1307
Edward II	1307 - 1327
Edward III	1327 - 1377
Richard II	1377 - 1399
Henry IV	1399 - 1413
Henry V	1413 - 1422
Henry VI	1422 - 1461
Edward IV	1461 - 1483
Edward V	1483 - 1483
Richard III	1483 - 1485
Houses of Tudor and Stuart	
Henry VII	1485 - 1509
Henry VIII	1509 - 1547
Edward VI	1547 - 1553
Mary I	1553 - 1558
Elizabeth I	1558 - 1603
James I	1603 - 1625
Charles I	1625 - 1649
interregnum	-
Charles II	1660 - 1685
James II	1685 - 1688
William III & Mary II	1688 - 1702
Anne	1702 - 1714
House of Hanover	
George I	1714 - 1727
George II	1727 - 1760
George III	1760 - 1820
George IV	1820 - 1830
William IV	1830 - 1837
Victoria	1837 - 1901
Edward VII	1901 - 1910
House of Windsor	
George V	1910 - 1936
Edward VIII	1936 (Jan.-Dec.)
George VI	1936 - 1952
Elizabeth II	1952 -

TABLE 7A: MONARCHS SINCE 1837

monarch	born - died	married	accession	coronation	children
H.M. Queen **Victoria**	24 May **1819** - 22 Jan. **1901**	10 February **1840** Prince Albert of Saxe-Coburg & Gotha	20 June **1837**	28 June **1838**	Victoria 1840-1901 **Edward** 1841-1910 Alice 1843-1878 Alfred 1844-1900 Helena 1846-1923 Louise 1848-1939 Arthur 1850-1942 Leopold 1853-1884 Beatrice 1857-1944
H.M. King **Edward VII**	9 Nov. **1841** - 6 May **1910**	10 March **1863** H.R.H. Princess Alexandra	22 Jan. **1901**	9 Aug. **1902**	Albert 1864-1892 **George** 1865-1936 Louise 1867-1931 Victoria 1868-1935 Maud 1869-1938
H.M. King **George V**	3 June **1865** - 20 Jan. **1936**	6 July **1893** H.R.H. Princess Mary of Teck	6 May **1910**	22 June **1911**	**Edward** 1894-1972 (Albert) **George** 1895-1952 Mary 1897-1965 Henry 1900-1974 George 1902-1942 John 1905-1919
H.M. King **Edward VIII**	23 June **1894** - 28 May **1972**	3 June **1937** Mrs Wallis Simpson	20 Jan. **1936**	--- abdic. 11 Déc. **1936**	
H.M. King **George VI**	14 Déc. **1895** - 6 Feb. **1952**	26 April **1923** Lady Elizabeth Bowes-Lyon	11 Dec. **1936**	12 May **1937**	**Elizabeth 1926** Margaret 1930-2002
H.M. Queen **Elizabeth II**	21 April **1926** - ---	20 Nov. **1947** Philip Duke of Edinburgh	6 Feb. **1952**	2 June **1953**	**Charles 1948** (The Prince of Wales) Anne 1950 (The Princess Royal) Andrew 1960 (The Duke of York) Edward 1964 (The Earl of Wessex)

LEGISLATIVE POWER = PARLIAMENT =
House of Commons + House of Lords + Monarch

The legislature is the body of persons vested with power to make, amend and **repeal laws**.

FIGURE 3: PALACE OF WESTMINSTER

LE POUVOIR LÉGISLATIF = PARLEMENT = Chambre des communes + Chambres des lords + Monarque

Le corps législatif comprend les personnes investies du pouvoir de faire, amender et abroger les lois.

FIGURE 4 : LA CHAMBRE DES COMMUNES

THE LEGISLATIVE POWER

A. PARLIAMENT

In the United Kingdom the legislative power is held by **Parliament** which has **legal sovereignty**, except regarding certain **European Union** (**EU**) **laws** since 1993.

The main roles of **Parliament** are:
a) to examine proposals for new **laws**,
b) to make **law**, including the amending and abolishing of **laws**,
c) to scrutinise government **policy** and administration, including proposals for expenditure,
d) to provide, by voting for taxation, the means of carrying on the work of government,
e) to debate the major issues of the day,
f) to examine **European Union** (**EU**) legislation,
g) to protect the public and safeguard the rights of individuals,
h) to hear **appeals** in the **House of Lords**, the highest **Court of Appeal** in the United Kingdom.

Since 1999, there has been a **devolved Parliament** in Scotland as well as **devolved** Assemblies in Wales and Northern Ireland. These were created by legislation (1998) passed by the Westminster **Parliament** of the UK following a referenda in Wales, Scotland and NI (but not England). They **vote** on **laws** specific to each of the nations in question. England has neither its own separate parliament, nor regional assemblies.

When carrying out its business **Parliament** should take into account precedent, the "**rule of law**" and other conventions.

06

LE POUVOIR LÉGISLATIF

A. LE PARLEMENT

Au Royaume-Uni, le pouvoir législatif est détenu par le Parlement. Celui-ci a la souveraineté légale à l'exception depuis 1993 certaines réglementation de l'Union européenne.

Les principales prérogatives du Parlement sont :
a) examiner les propositions de loi,
b) faire des lois, ce qui comprend le pouvoir d'amendement et d'abrogation des lois,
c) examiner la politique du gouvernement et de l'administration, ce qui comprend l'examen les propositions de dépenses,
d) confier, en votant l'impôt, les moyens au gouvernement de travailler,
e) débattre des sujets majeurs d'actualité,
f) examiner la réglementation de l'Union européenne,
g) protéger le public et les droits des individus,
h) entendre les appels à la Chambre des lords, la plus haute juridiction d'appel du Royaume-Uni.

En 1999 il y a eu création d'un parlement dévolu en Ecosse, ainsi que des Assemblées au pays de Galles et en Irlande du Nord. Ceux-ci ont été instaurés par des lois votées par le Parlement du Royaume-Uni après un référendum au pays de Galles, en Ecosse, en Irlande du nord (mais pas en Angleterre). Ces parlements ne votent que sur des lois spécifiques à chaque nation. En Angleterre il n'y a ni parlement spécifiquement anglais, ni assemblée régionale.

Lors de son travail, le Parlement doit tenir compte des précédents, de l'état de droit et d'autres conventions.

A. PARLIAMENT

Organisation

- The **parliamentary** system in the United Kingdom is **bicameral**. That is to say, since the 14th century, **Parliament** has been comprised of two Chambers that sit separately: the **elected House of Commons** (also called the **Lower House** and to a lesser extent the **First House**) and the **unelected House of Lords** (also named the **Upper House** or the **Second House**). The **monarch** too forms part of **Parliament**, although he/she only goes to **Parliament** for the official **State Opening of Parliament** held each year at the start of the **Parliamentary** session in the autumn. During the ceremony the **monarch** makes the **King's/Queen's Speech** from the throne in which he/she announces the legislative agenda of the forthcoming **parliamentary** session (in fact it is written by the **Prime Minister**). This is the only occasion when the two Chambers and the **monarch** meet all together.

- A **Parliament** can last up to five consecutive years, although it usually goes on for less, being dissolved by the **monarch** (according to the advice of the **Prime Minister**) prior to a **general election**. On very rare occasions in the past it has been extended beyond five years, for example, due to a national emergency (World Wars I and II). However, **Parliament** is not dissolved if the **Prime Minister** dies or resigns during his/her term in office (e.g. in 1990, when Margaret Thatcher was replaced by John Major, or in 2007, when Tony Blair was replaced by Gordon Brown, both without a general election taking place). The same applies if an **MP** dies or resigns; there is just a **by-election** in that **constituency** for that particular **seat**.

Organisation

- Le système parlementaire du Royaume-Uni est bicaméral ; c'est-à-dire que depuis le XIVe siècle, le Parlement est composé de deux chambres qui siègent séparément : la Chambre des communes, élue (également appelée Chambre basse et parfois aussi Première Chambre), et la Chambre des lords, non élue (également appelée Chambre haute ou Seconde chambre). Le monarque appartient aussi au Parlement bien qu'il ne s'y rende que pour la cérémonie officielle d'ouverture du Parlement, laquelle se tient chaque année au début de la session parlementaire. Au cours de cette cérémonie, le souverain prononce le discours du trône dans lequel il annonce le calendrier de la session parlementaire à venir (le discours est écrit par le Premier ministre). C'est le seul moment où les deux chambres et le monarque se rencontrent tous les trois.

- Un même Parlement peut siéger pendant cinq années consécutives. Mais la plupart du temps, ce maximum n'est pas atteint, le monarque l'ayant dissout auparavant (sur demande du Premier ministre), en vue d'organiser de nouvelles élections législatives. Il est déjà arrivé par le passé, mais très rarement, que son mandat dépasse cinq ans, en raison notamment d'une situation de crise d'ampleur nationale ou internationale (Première et Seconde Guerres mondiales). Toutefois, le Parlement n'est pas dissout en cas de décès ou de démission du Premier ministre (par exemple en 1990 quand Margaret Thatcher a été remplacée par John Major, ou en 2007, quand Tony Blair a été remplacé par Gordon Brown, sans élections législatives, dans les deux cas). Il en va de même lorsqu'un député décède ou démissionne ; n'est alors organisée qu'une élection partielle dans sa circonscription pour son seul siège.

B. THE HOUSES OF PARLIAMENT

- The **Houses of Parliament** are based in **Westminster** in the centre of London, on the North bank of the River **Thames**; hence its other name the **Palace of Westminster**.

The origins of the Old Palace can be traced to the middle of the 11th century, but it was nearly completely destroyed by fire in 1834. The oldest remaining part of the Old Palace is **Westminster** Hall, which was built between 1097 and 1099 by William Rufus. The famous hammer-beam roof was built between 1394 and 1399.

The new Palace of **Westminster** was built from 1840 to 1870 and officially opened in 1852. On 10 May 1941 the **House of Commons** Chamber was destroyed by World War II bombs and a fire. The architect, Sir Giles Gilbert Scott, rebuilt it after the conflict.

BIG BEN
Big Ben is the name used for both the large clock inside the clock tower 316 ft (96.3m) above the **Houses of Parliament**, as well as the large bell (the Great Bell) inside it which weighs 13.8 tonnes. The chimes of **Big Ben** are used by the **British Broadcasting Corporation (BBC)**. It was probably named after Sir Benjamin Hall, the First Commissioner of Works when the bell was cast in 1856 and whose name is inscribed on the bell.

B. LES CHAMBRES DU PARLEMENT

- Les Chambres du Parlement son établies à Westminster, au centre de Londres, au nord de la Tamise ; d'où leur autre nom de Palais de Westminster.

On trouve encore des traces du palais originel datant du milieu du XIe siècle, mais celui-ci fut presque complètement détruit par les flammes en 1834. La partie la plus ancienne qui existe encore est la salle de Westminster, qui fut édifiée entre 1097 et 1099 par William Rufus. La célèbre charpente de poutres apparentes a été édifiée entre 1394 et 1399.

Le nouveau palais de Westminster fut élevé entre 1840 et 1870, son inauguration datant de 1852. Le 10 mai 1941, la salle de la Chambre des communes fut détruite par les bombes de la Seconde Guerre mondiale et un incendie. L'architecte Sir Gilbert Scott la reconstruisit après le conflit.

Big Ben
Big Ben est le nom utilisé à la fois pour la grande horloge et l'énorme cloche (13,8 tonnes). Elle sonne les heures du haut de la tour qui domine de ses 316 pieds (96,3m) les Chambres du Parlement ; son carillon est utilisé par la BBC. On l'a probablement appelé ainsi quand la cloche fut coulée en 1856, du nom de sir Benjamin Hall, le premier commanditaire des travaux, dont le nom est inscrit sur la cloche.

C. THE HOUSE OF COMMONS

- The **House of Commons** is where the elected **Members of Parliament** (**MP**s) officially meet to debate. Technically speaking, all members of both the **House of Commons** and the **House of Lords** are **Members of Parliament**. However, according to convention, the term **MP** only applies to members of the **House of Commons**; that is to say; those representatives who are democratically **elected** directly by popular **vote** in a **general election** or **by-election**. **MP**s are directly responsible to the electorate (an **MP's** constitutents) and are supposed to represent the people during debates and **votes** in the **House of Commons**. Each **MP** fills one **seat** and one **seat** represents one **constituency**. For the 1997 and 2001 **general elections** there were 659 constituencies and so the same number of **MP**s. In 2005, there were 646 constituencies. England: 529, Wales: 40, Scotland: 59, Northern Ireland: 18.

- **Organisation**
  The **House of Commons** is made up of two blocks of rows of green leather covered benches (427 **seats**) which face each other. This is an unusual arrangement as many parliaments are based on a horseshoe shaped.
  At the centre of the chamber is the **Table of the House** on which is the **Mace** (when the **House of Commons** is sitting) and the **Dispatch boxes**. The **Mace** is a ceremonial staff of office (stick) which is there as a symbol of the power and authority the **Crown** delegated to the **House of Commons** in the past. The two **Dispatch Boxes** (each containing a Bible), one on either side of the **Table of the House**, are used as lecterns by **ministers** and **shadow ministers** when they are addressing the **House of Commons**. Confusingly, dispatch box is also the term used for the red leather cases used by ministers for carrying official documents.

C. LA CHAMBRE DES COMMUNES

- La Chambre des communes est le lieu où les députés élus se rencontrent officiellement pour débattre. Au sens strict, tous les membres de la Chambre des communes et de la Chambre des lords sont membres du Parlement. Toutefois, selon une convention, le terme Membre du Parlement s'applique seulement aux députés de la Chambre des communes, c'est-à-dire des représentants élus démocratiquement et directement par le suffrage populaire au cours des élections législatives générales ou partielles. Les députés sont directement responsables devant leur électorat (les électeurs de la circonscription d'un député) et ont pour mandat de représenter le peuple au cours des débats et votes aux Communes. Chaque député occupe un siège, et chaque siège représente une circonscription électorale. Pour les élections législatives de 1997 et 2001, il y avait 659 circonscriptions et donc le même nombre de députés. En 2005, il y avait 646 circonscriptions : Angleterre : 529, pays de Galles : 40, Ecosse : 59, Irlande du Nord : 18.

- **Organisation**

  La Chambre des communes est composée de deux ensembles parallèles de bancs de cuir vert (427 sièges) qui se font face. C'est une disposition peu commune, beaucoup de parlements ayant une forme d'hémicycle.

  Au centre de la salle, la Table de la Chambre sur laquelle reposent la massue (quand les Communes siègent) et deux tribunes. La massue est un bâton de maître de cérémonie, symbole du pouvoir et de l'autorité que la Couronne a un jour au passé transmis aux Communes. Les deux tribunes (chacune contenant une bible), une de chaque côté de la table, sont utilisées comme lutrins par les ministres du gouvernement et du cabinet fantôme lorsqu'ils s'adressent à la Chambre des communes. Le mot *"dispatch box"* désigne aussi les valises officielles de cuir rouge utilisées par les ministres pour transporter les documents officiels (ce qui prête à confusion).

C. THE HOUSE OF COMMONS

- The **Speaker** of the House is the presiding officer of the **House of Commons** and he/she wears black ceremonial robes. He/she acts as chairperson during debates, keeping order and making sure the rules are obeyed ("Order, Order !"). **Elected** by members of the **House of Commons** at the beginning of each new **Parliament** (i.e. after a **general election**), or when the previous **Speaker** resigns or dies, the **Speaker** is usually a senior **MP**. But once **elected** the **Speaker** is no longer allowed to represent any **political party**. By convention, the **Speaker** does not take part in debates and must remain impartial, only voting if there is a tie, thus giving the casting **vote**. The **Speaker** sits on a raised leather **seat** at the top end of the **Table of the House** that divides the **House of Commons**, the **Government** to his/her right, the **Opposition** to his/her left. The first woman **Speaker** was **Labour MP** Betty Boothroyd who presided over debates from 1992 to 2000.
  Thus, on one side of the **House of Commons** sit all the **MPs** belonging to the party in power: the government; facing them sit the **MPs** of all the other parties.

- On the front benches (the benches nearest the **Floor of the House**), on both sides of the **House of Commons**, sit the **frontbenchers**. These are the most important members of the **Government** and the **Opposition**. The **Prime Minister** is surrounded on the **frontbench** by his/her **Cabinet**.
  MPs who do not hold office in the government, or are not an official **Opposition spokesperson** are called **backbenchers**, for they sit on the benches at the back of the **House of Commons**.

MPs' PAY
In 1971 the principle was established that an independent review body (the Senior Salaries Review Body (SSRB)) should make recommendations on **MPs** pay, the final decision resting with the **House of Commons** itself. For the financial year beginning 1 April 2008 normal **MPs parliamentary** salary was £63,291, on which thcy paid tax.

C. LA CHAMBRE DES COMMUNES

- Le *"Speaker"* préside la Chambre des communes et porte des vêtements de cérémonie noirs. Il préside les débats, assure l'ordre et vérifie le respect des règlements. Elu par les députés au début du mandat de chaque Parlement (i.e. après les élections législatives), ou quand le *Speaker* précédent démissionne ou décède, le *Speaker* est en général un député siégeant depuis longtemps. Une fois élu, il ne peut plus représenter aucun parti politique. Par convention, il ne prend pas part aux débats et doit rester impartial, votant seulement s'il y a égalité, son vote déterminant le résultat. Il s'assoit sur un siège de cuir rouge surélevé placé à une extrémité de la table de la Chambre qui sépare les Communes ; le gouvernement est à sa droite, l'opposition à sa gauche. La première femme *Speaker* fut la députée travailliste Betty Boothroyd qui présida les débats de 1992 à l'an 2000.
  Ainsi, d'un côté de la Chambre des communes siègent tous les députés appartenant au parti au pouvoir ; face à eux, les députés de tous les autres partis.

- Sur les premiers bancs (les plus proches du parterre central) de chaque côté, siègent les "hommes des premiers bancs", en l'occurrence les membres les plus éminents de la majorité et de l'opposition. Au premier rang, le Premier ministre est entouré de son Cabinet.
  Les députés qui n'ont pas un poste important dans le gouvernement ou dans l'opposition officielle sont appelés les "hommes des bancs du fond" puisqu'ils siègent dans les derniers rangs de la Chambre des communes.

La rémunération des députés

En 1971, le principe fut établi qu'un corps indépendant d'inspection (le SSRB) devait faire des recommandations sur la rémunération des députés ; la décision finale restant le fait de la Chambre des communes elle-même. Depuis avril 2008, le salaire d'un député atteignait 63 291 livres sterling, sur lequel celui-ci paie des impôts.

C. THE HOUSE OF COMMONS

- The main **political party** that does not have the **majority** in the **House of Commons** is called "**His/Her Majesty's Opposition**" or just the **Opposition**. It sits to the **Speaker**'s left opposite "**His/Her Majesty's Government**". **MP**s who are in neither the party forming the **Government**, nor the official **Opposition** also sit facing the government benches. The **Leader of the Opposition** is the head of the main party forming the **Opposition** and he/she sits directly opposite the **Prime Minister**. The **Leader of the Opposition** is surrounded by the **Shadow Cabinet**, which gathers the opposite numbers for all the ministers in the **Government**. For example, there is a **Shadow** Secretary of State for Education and Skills as well as a **Shadow** Secretary of State for Culture, Media and Sport, etc. Such a set-up facilitates debates in the **House of Commons** and enables the **Opposition** to have a specialist in each field. It also allows a swift changeover following a **general election** when there is a change of **Government**. In this way, the **Shadow Cabinet** is a sort of government-in-waiting.

- Up above the **Speaker's Chair** there is a raised **press gallery** for journalists and on the opposite side there is a **public gallery** for visiting members of the public. There is also a VIP **gallery** as well as extra seating for **MP**s.

- The **Leader of the House of Commons** is a member of the **Cabinet appointed** by the **Prime Minister**. He/she is officially responsible for initiating and arranging legislative business in the **House of Commons** and also presides over certain **committees**, in particular, the **Cabinet Committee** on Legislation. The **Leader of the House of Commons** is a non-statutory and non-**Crown appointed** post. There is also a **Shadow Leader of the House of Commons**.

C. LA CHAMBRE DES COMMUNES

- Le principal parti politique qui ne dispose pas de la majorité à la Chambre des communes est appelé l'Opposition de sa Majesté ou plus simplement l'Opposition. Il siège à la gauche du *Speaker* et face au gouvernement de sa Majesté. Les députés qui n'appartiennent ni au parti du gouvernement ni à l'opposition officielle siègent également face aux bancs du gouvernement. Le chef de l'Opposition est le chef du principal parti formant l'Opposition et siège à l'exact opposé du Premier ministre. Il est entouré du Cabinet fantôme, qui rassemble l'équivalent de chaque ministre du gouvernement. Par exemple, il existe un ministre fantôme pour l'Education et la Formation, un ministre fantôme pour la Culture, les médias et les sports, etc. Un tel dispositif facilite les débats aux Communes et permet à l'Opposition de disposer d'un spécialiste pour chaque domaine. Au besoin, il facilite aussi le changement rapide de gouvernement après les élections législatives. En ce sens, le cabinet fantôme est une forme de gouvernement en attente.

- Au-dessus du siège du *Speaker*, se trouve la “galerie de la presse” destinée aux journalistes et de l'autre côté une “galerie publique” pour les visites publiques. Il existe également une galerie pour les personnalités de même que des sièges supplémentaires pour les députés.

- Le président de la Chambre des communes appartient au Cabinet, nommé par le Premier ministre. Il est responsable officiellement de l'initiative et de la tenue des travaux législatifs à la Chambre des communes et préside également certains comités, en particulier le Comité du Cabinet sur la législation. Sa charge n'est pas fixée par un statut et ne dépend pas d'une nomination de la Reine. Il existe également un président fantôme de la Chambre des communes.

C. THE HOUSE OF COMMONS

- The **Father of the House** is the title bestowed on the **MP** with the longest unbroken service in the **House of Commons**. When two **MPs** have served for an identical length of time, the one who took the **Oath of allegiance** in the **House of Commons** first takes the title.

HANSARD
The Official Report (**Hansard**) is an edited verbatim report of proceedings of the British **Parliament**. **MP**s' words are reported with repetitions and redundancies omitted and with obvious mistakes corrected. It is published in daily, weekly and bound editions. It was named after the private printer Luke Hansard (1752-1828) and his descendants who compiled the reports until 1889.

- The **Parliamentary** Calendar is divided into sessions. Each one usually lasts one year and since 2003 they begin mid-September and end mid-July. On average, the **House of Commons** sits for 155 days a year. Since January 2003, the working hours of the **House of Commons** have become more "sociable", the **parliamentary** day now starts earlier and in theory finishes earlier. Although not all **MPs** think it is an improvement. Previously debates often went on through the night, although all-night sittings are still technically possible. The new sitting hours are Mondays: 2.30pm to 10.30pm, Tuesdays and Wednesdays: 11.30am to 7.30pm, Thursdays: 11.30am to 6.00pm and Fridays (selected dates only) 9.30am to 3.00pm.
  The proceedings of the **House of Commons** have been broadcast on the radio since 1978 and have been televised on the **BBC** on a permanent basis since 1989.

- **Prime Minister's Question Time** (**PMQT**) takes place once a week on a Wednesday, during the **parliamentary** session. It takes place towards lunchtime and lasts half an hour; during this period **MPs** field questions to the **Prime Minister**. Prior to 1997 **PMQT** was held two afternoons a week for fifteen minutes.

C. LA CHAMBRE DES COMMUNES

- Le député siégeant depuis le plus longtemps aux Communes de façon ininterrompue reçoit le titre de doyen de la Chambre. Quand deux députés ont servi aussi longtemps, le titre échoit au premier ayant prêté serment.

Le Hansard

Le rapport officiel (Hansard) est un rapport textuel des débats du Parlement britannique. Les paroles des députés y sont rapportées sans les répétitions et redondances et avec correction des erreurs les plus évidentes. Il est publié en éditions quotidiennes, hebdomadaire et reliée. On l'a appelé ainsi du nom de l'imprimeur privé Luke Hansard (1752-1828) ; lui et ses descendants ont compilé ces rapports jusqu'en 1889.

- Le calendrier parlementaire est divisé en sessions. Chacune d'entre elles dure le plus souvent une année et depuis 2003 commence à la mi-septembre pour s'achever à la mi-juillet. En moyenne, la Chambre siège 155 jours par an. Depuis janvier 2003, les horaires de travail de la Chambre sont devenus plus “supportables”, la journée parlementaire commence à présent plus tôt pour finir en théorie plus tôt également. Cependant tous les députés ne considèrent pas qu'il s'agit là d'une amélioration. Auparavant, les débats duraient souvent toute la nuit, même si les séances de nuit sont encore techniquement possibles. Les heures de séance sont à présent pour le lundi de 14 h 30 à 22 h 30, le mardi et le mercredi de 11 h 30 à 19 h 30, le jeudi de 11 h 30 à 18 h et le vendredi (ponctuellement) de 9 h 30 à 15 h.
  Les débats aux Communes sont retransmis à la radio depuis 1978 et à la télévision de façon permanente depuis 1989.

- La séance des questions au Premier ministre a lieu une fois par semaine le mercredi, pendant la session parlementaire. Elle dure une demi-heure en fin de matinée, et, pendant ce temps, les députés peuvent poser des questions au Premier ministre. Avant 1997, elle avait lieu deux après-midi par semaine pendant 15 minutes.

D. THE HOUSE OF LORDS

- The **House of Lords** is the second (upper) chamber of the **Houses of Parliament**. It began to sit as a separate house in the 14th century. The **House of Lords** is the debating chamber of Members of the **House of Lords** who are known as **peers**.

  The role of the **House of Lords** is to complement the work of the **House of Commons**, considering and revising legislation, debating issues of importance and providing a forum for government ministers to be questioned.

  However, since the **Parliament Act** of 1911, **peers** cannot debate and amend money **bills** (i.e. get involved in matters of taxation and finance). The Act also reduced the **House of Lords** ability to delay other **bills**. Further restrictions were introduced in 1949: **peers** can still deliberate and put forward suggestions for amendments to non-finance **bills** but they cannot **veto** them, just delay them.

- The **House of Lords** is also the highest **Court of Appeal** for **civil cases** in the UK and for criminal cases in England, Wales and Northern Ireland. In theory, the **House of Lords** in its entirety fulfils this role. In reality, judicial decisions are made by the nine **Lords of Appeal** (**Law Lords**) who have all held senior judicial office. They are appointed by the **Prime Minister** and are under the chairmanship of the **Lord Chancellor**. They form a quorum of three to five when they hear **appeal** cases.

- **Peers** and **peeresses** are not paid for their **parliamentary** work. They are however, **entitled** to get their expenses reimbursed (travel, food and secretarial costs). They usually sit about 160 days a year.

D. LA CHAMBRE DES LORDS

- La Chambre des lords est la seconde chambre du Parlement (Chambre haute). Elle commença à siéger de façon séparée au XIVe siècle. Elle est le lieu de débat des lords appelés pairs.

  Le rôle de la Chambre des lords est de compléter le travail de la Chambre des communes, examiner et réviser la législation, débattre des sujets d'importance et fournir un forum où les membres du gouvernement peuvent être interrogés.

  Cependant, depuis la Loi parlementaire de 1911, les pairs ne peuvent plus débattre ni amender les lois de finance. La loi réduit également leurs prérogatives en matière de ralentissement des autres lois. D'autres restrictions ont été introduites en 1949 : les pairs peuvent toujours délibérer, émettre des suggestions et proposer des amendements aux projets de lois non financiers, mais ils ne peuvent pas y opposer leur veto, au mieux ils peuvent les retarder.

- La Chambre des lords est également la plus haute cour d'appel civile pour tout le Royaume-Uni et pénale pour l'Angleterre, le pays de Galles et l'Irlande du Nord. En théorie, l'intégralité de la Chambre des lords exerce cette prérogative. Mais en réalité, les décisions judiciaires sont prises par les neuf lords d'appel (les “lords de la loi”) qui ont tous exercé une charge judiciaire importante. Ils sont nommés par le Premier ministre et placés sous la présidence du lord Chancelier. Ils constituent un quorum de trois à cinq quand ils entendent les appels.

- Pairs et pairesses ne sont pas rémunérés pour leur travail parlementaire. Toutefois, ils sont autorisés à se faire rembourser leurs dépenses (frais de déplacement, de nourriture et de secrétariat). En général, ils siègent à peu près 160 jours par an.

Organisation of the House of Lords

- In the **House of Lords** the **Lord Chancellor** fulfils the role of **Speaker** (chairperson), although his powers are rather limited. When presiding, the **Lord Chancellor** sits on the **Woolsack** (the cushion on the chair filled with wool). **Peers** and **Peeresses** sit on red leather benches.

- The **Leader of the House of Lords** is a member of the **Cabinet** whose job is to oversee the organisation of government business in the **House of Lords**.

There are two types of **peers**: the **Lords Temporal** and the **Lords Spiritual**. No **peers** are **elected** directly by the people.

I) The **Lords Temporal** (lay **peers**):

a) **Hereditary peers and peeresses** who have inherited their title from their forefathers and who will pass on their title to their **next of kin** (the eldest son but if there is no son, the eldest daughter). An **hereditary peer** has the right to give up his/her title in order to be able to stand for **election** in the **House of Commons** (due to the Peerage Act, 1963). Indeed, he/she cannot sit in both houses at the same time.

b) **Life peers and peeresses** who are **appointed** by the **Prime Minister** in the name of the **Queen**, generally in recognition of distinguished service. They cannot pass on their title. These include the nine **Lords of Appeal (Law Lords)** who act as the supreme court of appeal, but this will soon change due to the Constitutional Reform Act, 2005.

II) The **Lords Spiritual** (clergymen) who are the Archbishops of Canterbury and York, along with 24 senior **Anglican** bishops of the **Church of England**.

D. LA CHAMBRE DES LORDS

Organisation de la Chambre des lords

- Au sein de la Chambre des lords, le lord Chancelier remplit le rôle de *"Speaker"* (président) bien que ses pouvoirs soient plutôt limités. Quand il préside, le lord Chancelier est assis sur le "Sac de laine" (coussin rempli de laine posé sur sa chaise). Pairs et pairesses siègent eux sur des bancs recouverts de cuir rouge.

- Le président de la Chambre des lords appartient au Cabinet ; il lui revient de surveiller les affaires du gouvernement lors de leur passage à la Chambre des lords.

Il y a deux sortes de lords : lords temporels et lords spirituels. Aucun pair n'est directement élu par les citoyens.

I) Les lords temporels (pairs laïcs) :

a) Les pairs et pairesses héréditaires ont hérité de la charge de leurs parents et la transmettront à leurs descendants. Un pair héréditaire a le droit de l'abandonner afin de pouvoir se présenter aux élections à la Chambre des communes (<u>Loi sur la pairie</u>, 1963). En effet, il ne peut pas siéger à la fois aux deux Chambres.

b) Les pairs et pairesses à vie sont nommés par le Premier ministre au nom de la Reine, généralement en reconnaissance de services éminents. Ils ne peuvent pas transmettre leur titre. En font partie les lords juges d'appel ("lords de la loi") qui agit comme le cours d'appel suprême du pays, mais cette situation va bientôt changer, en raison de <u>la loi sur la réforme constitutionnelle</u> de 2005.

II) Les lords spirituels (clercs) sont les archevêques de Canterbury et York, ainsi que 24 évêques de premier ordre appartenant à l'Eglise anglicane.

Until 1999 there were approximately 1200 **peers**, including more than 750 **hereditary peers**.

- Following the 1997 **general election**, the **Labour Party** led by Tony Blair, honoured its **manifesto pledge** to introduce a **bill** on **House of Lords** reform, in order to remove the automatic right of **hereditary peers** to sit and **vote**. **Labour** considered the system to be outdated and undemocratic. Other adversaries of the **House of Lords**, including the constitutional reform group **Charter 88**, accused the upper chamber of being unrepresentative of the population as a whole: **hereditary peers** being mostly conservative, elderly, white males, only there because of their inherited privilege. Moreover the separation of powers (executive, legislative and judicial) is undermined.

- Support for the **House of Lords** and, thus, opposition to reform is based on two points:
  First, the belief that the **House of Lords** has functioned more or less satisfactorily for centuries, so there is no need to change the system.
  Second, that the **House of Lords** is supposed to be above party politics, thus fairer, in a way that any new chamber probably would not be.
  Furthermore, the age of the **peers** is seen as a source of experience and wisdom. The **House of Lords** also carries out a lot of debates which frees time for the **House of Commons**.
  Lastly, the **House of Lords** is considered to be a useful because it can amend or slow down the passage of radical legislation initiated by governments with big majorities.

Jusqu'en 1999, le Royaume-Uni comptait environ 1 200 pairs, dont plus de 750 pairs héréditaires.

- A la suite des élections législatives de 1997, le parti travailliste mené par Tony Blair honora la promesse de son manifeste, en introduisant un projet de loi sur la réforme de la Chambre des lords, dans le but de faire disparaître le droit automatique des pairs héréditaires à siéger et prendre part au vote. Le parti travailliste considérait ce système comme dépassé et non démocratique. D'autres adversaires de la Chambre des lords, parmi lesquels le groupe de réforme constitutionnelle Charte 88, accusent la Chambre haute de n'être pas représentative de la population dans son intégralité : les pairs sont majoritairement des hommes blancs âgés, conservateurs, leur présence étant due à la seule transmission d'un privilège. De plus, la séparation des pouvoirs (exécutif, législatif et judiciaire) n'est pas vraiment respectée.

- Les partisans de la Chambre des lords font valoir deux points :
  – le fait que la Chambre des lords fonctionne plutôt bien depuis des siècles ; aussi il n'y pas de raison de changer le système.
  – la Chambre des lords est supposée être au-dessus des partis politiques, plus équitable qu'une chambre nouvellement créée ne pourra jamais l'être.

  L'âge des pairs est vu comme source d'expérience et de sagesse. En outre, la Chambre des lords prend en charge un certain nombre de débats, ce qui libère du temps aux Communes.

  Enfin, la Chambre des lords est vue comme un moyen efficace d'amendement ou de ralentissement du vote de lois radicales initiées par des gouvernements disposant de fortes majorités.

D. THE HOUSE OF LORDS

- The House of Lords Act 1999 removed most (666) **hereditary peers** from the **House of Lords**. An amendment enabled 92 **hereditary peers** to remain until the **House of Lords** was fully reformed. In this way, **life peers** became more numerous than **hereditary peers**. In total, there were 738 peers at the end of 2007, including 620 life peers.

- In January 2000 a **Royal Commission** report A House for the Future was published which included various options for a new composition of the **House of Lords**. These all involved varying numbers of **appointed** and **elected** members in a new chamber of about 550 members. It recommended that there should be between 65 and 195 **elected** members from the regions along with other members chosen by an independent **appointments** commission to reflect the make-up of British society. The Commission rejected the idea of a completely **elected** chamber for the **Upper House**.

- In 2001 a government **White Paper** entitled The House of Lords, Completing the Reform proposed a partially **elected House of Lords** along with a complete end to **hereditary peers**.
  But in February 2003 a **vote** took place in the **House of Commons** to decide on a new set-up of the **House of Lords**. Seven options were proposed, however, **MPs** could not decide at all which one was the best. As part of the government's reform plans, there was further parliamentary debate in 2007. MPs voted in favour of 80%, or 100% elected members of a reformed upper chamber in the future. They also voted for removal of the 92 remaining hereditary peers. The House of Lords rejected these possibilities which will not pass into law as they were only held to inform future government policy.

D. LA CHAMBRE DES LORDS

- La Loi sur la Chambre des lords votée en 1999 supprime la plupart des paieries héréditaires (666). Un amendement a permis à 92 pairs héréditaires de continuer de siéger jusqu'à ce que la Chambre des lords soit totalement réformée. Ainsi, les pairs à vie sont devenus plus nombreux que les pairs héréditaires. Au total, à la fin de 2007, il y avait 738 pairs, comprenant 620 pairs à vie.

- En janvier 2000, une Commission royale publia un rapport intitulé Une Chambre pour l'avenir dans lequel elle proposait diverses options pour une nouvelle composition de la Chambre des lords. Toutes incluaient un nombre variable de membres nommés et élus dans une nouvelle assemblée de 550 membres environ. La commission recommandait qu'il y ait entre 65 et 195 membres élus au niveau régional, les autres membres étant choisis par une commission indépendante de nomination censée refléter la société. La commission rejeta l'idée d'une chambre intégralement composée de membres élus.

- En 2001, un livre blanc du gouvernement ayant pour titre La Chambre des lords, l'achèvement de la réforme proposa une Chambre des lords en partie élue et n'ayant plus aucun pair héréditaire.
  En février 2003, la Chambre des communes devait voter la nouvelle composition de la Chambre des lords. Sept propositions avaient été formulées, mais les députés n'ont pas su déterminer la meilleure. Dans la continuité des réformes constitutionnelles du gouvernement, un débat parlementaire a eu lieu en 2007. Les députés ont voté en faveur d'une future Chambre des lords réformée, avec 80 %, voire 100 % de membres élus. Ils ont également voté pour l'abolition des 92 paires héréditaires qui restent. La Chambre des lords a voté contre. Cette réforme ne restera qu'en l'état de projet de loi pour l'instant.

E. LAWMAKING

- A **law** starts off as a **parliamentary bill** of which there are four main types:
  a) Government Bills: these are the most important form of legislation. They are introduced by a government minister and thus represent Government **policy**. When a government has a big **majority Government Bills** almost always become **law**.
  b) Private Members' Bills: these are introduced by an individual **backbench MP** or **peer** of any **political party**. They have relatively little chance of becoming **law** because less **Parliamentary** time is dedicated to discussing such **bills**.
  c) Private Bills: these are proposed by an individual or an organisation (an association, a company, local communities) seeking specific, usually local, powers. This sort of **bill** is presented to **Parliament** following a petition.
  d) Hybrid Bills: these are **Public Bills** and they may be introduced by the Government or by a **backbencher**. This sort of **bill** is very rare.

- Once **bills** have been debated in the **House of Commons** by **MPs** they go to the **House of Lords** for further discussion by **Peers**. **Peers** are allowed to offer suggestions for revisions and amendments on all legislation, with the exception of finance **bills** (raising taxation). All amendments must be agreed on by both Chambers. The **House of Lords** can delay legislation, but since 1911 it no longer has the right to reject **laws** outright. If **peers** do not **vote** in favour of a **bill**, the government is allowed to present it to the **Sovereign** for **Royal Assent** (a mere formality) anyway after one year (in a new **parliamentary** session). Following the obligatory **Royal Assent**, a **bill** becomes an **Act of Parliament** and goes on the **statute books**. There is no judicial review of **Acts of Parliament** within the United Kingdom; but British legislation is increasingly subject to review by **European Court of Justice**.

E. LE VOTE DES PROJETS DE LOI

- Il existe quatre types de projets de loi :
  a) Les projets de lois gouvernementaux : ce sont les éléments les plus importants de la législation. Ils sont introduits sur initiative d'un ministre du gouvernement et donc font partie intégrante de la politique du gouvernement. Quand un gouvernement dispose d'une large majorité, les projets de loi gouvernementaux aboutissent quasiment toujours.
  b) Les projets de lois présentés par un député à titre individuel : ils sont introduits par un simple député ou par un pair, quelque soit son parti politique. Ils ont peu de chance d'aboutir car peu de temps est consacré à leur discussion.
  c) Les projets de lois privés : ils sont proposés par un individu ou une organisation (association, compagnie, collectivité locale) demandant des pouvoirs particuliers, en général à l'échelle locale. Ce genre de projet de loi est présenté au Parlement à la suite d'une pétition.
  d) Les projets de lois hybrides : il s'agit de projets de loi publics, introduits par le gouvernement ou un député. Ils sont très rares.

- Une fois débattus aux Communes par les députés, les projets de loi sont transmis à la Chambre des lords pour une seconde discussion par les pairs. Ceux-ci peuvent faire des suggestions de révisions ou d'amendements sur toute législation, à l'exception des projets de loi de finance. Tous les amendements doivent être votés par les deux chambres. La Chambre des lords peut repousser la législation mais depuis 1911, n'a plus le pouvoir de rejeter les lois. De toute façon, même si les pairs ne votent pas un projet de loi, le gouvernement peut le présenter à la Reine pour l'assentiment royal après un délai d'un an (au cours d'une nouvelle session parlementaire). Une fois obtenu le nécessaire assentiment royal, un projet de loi devient loi et est enregistré. Il n'existe pas d'examen juridique des lois parlementaires. La législation britannique est de plus en plus soumise à examen de la Cour de justice de l'Union européenne.

F. HOW A BILL BECOMES A LAW

Inspiration
(from government departments, political parties,
pressure groups, associations, expert bodies, etc.)
▼
Formulation
(by ministers and civil servants)
▼
Preliminary **White Paper**
or **Green Paper** (Consultation Document)
▼
<u>HOUSE OF COMMONS</u>
▼
First Reading
(or formal introduction of bill + vote)
▼
Second Reading
(general principles are debated + vote)
▼
Committee Stage
(detailed discussions held and amendments made)
▼
Report Stage
(or the "Consideration"
detailed examination carried out and amendments made)
▼
Third Reading
(formal and final debate + vote)
▼
<u>HOUSE OF LORDS</u>
▼
<u>SOVEREIGN</u>
(Royal Assent)
▼
<u>ACT OF PARLIAMENT</u>
▼
Implementation

F. COMMENT UN PROJET DE LOI DEVIENT LOI

Inspiration
(ministères, partis politiques,
groupes de pression, associations, experts, etc.)
▼
Formulation
(ministres et fonctionnaires)
▼
Livre préliminaire (blanc ou vert)
▼
CHAMBRE DES COMMUNES
▼
Première lecture
(introduction formelle du projet de loi + vote)
▼
Seconde lecture
(débat des principaux articles + vote)
▼
Niveau Comité
(discussions détaillées et amendements)
▼
Niveau rapport
(examen détaillé et amendements)
▼
Troisième lecture
(débat formel et final + vote)
▼
CHAMBRE DES LORDS

MONARQUE
(Assentiment Royal)
▼
LOI PARLEMENTAIRE
▼
Promulgation

EXECUTIVE POWER =
Government + **Cabinet** + **Prime Minister**

The **Executive** means the branch of power responsible for carrying out (executing, implementing) **laws**, **decrees**, etc.; it is the administration.

In the United Kingdom the **Executive Power** is **wielded** by the **Government**, the **Cabinet** and the **Prime Minister**.

FIGURE 5: TONY BLAIR

POUVOIR EXÉCUTIF =
Gouvernement + Cabinet + Premier ministre

L'exécutif désigne la branche du pouvoir responsable de l'application des lois, décrets, etc. ; c'est l'administration.

Au Royaume-Uni, le pouvoir exécutif est détenu par le Gouvernement, le Cabinet et le Premier ministre.

FIGURE 6 : 10 DOWNING STREET

A. THE GOVERNMENT

Following a **general election** the **political party** which has won the most **seats** in the **House of Commons** forms the ruling government. But not every **Member of Parliament** (**MP**) in the winning party becomes a member of the Government. **The Government** is made up of all the **Senior Ministers** and **Junior Ministers**, **Private Secretaries** and **Whips**. They are called **frontbenchers** because during debates in the **House of Commons** they sit on the benches at the front. These are **appointed** by the **monarch** on the advice of the **Prime Minister**. **MP**s without a particular post are called **backbenchers**. The size of a Government varies according to the number of **Departments** (**Ministries**) and the number of ministers established by the **Prime Minister**. It has increased considerably since the nineteenth century.

Whips

The term "**whip**" originated in 18th century coming from "whipper-in" the name for a huntsman's assistant who uses a whip to control the dogs. A **whip** is an official of a **political party** appointed to organise and discipline the members of his/her party. They especially make sure that **MP**s attend and **vote** in key debates. There is more than one **whip** in each party (about 14 for the main parties), key positions being the Government Chief **Whip** and the **Opposition** Chief **Whip**.

A **whip** is also the term used for the written notices a **whip** issues through the "**usual channels**" to **MP**s requesting their attendance for voting. These **whips** have varying degrees of urgency. Each week a legislative agenda of business of the **House of Commons** is sent to party members. Each item on it underlined to indicate its importance. One line means that it is a routine item: a **one-line whip**. Two lines indicate that the item is fairly important: a **two-line whip**. Three lines denote that the item is very important and so every party member must attend the **vote** according to the party line: a **three-line whip**.

A. LE GOUVERNEMENT

A l'issue des élections législatives, le parti politique qui a remporté le plus de sièges à la Chambre des communes constitue le gouvernement. Mais tout député appartenant au parti vainqueur ne devient pas membre du gouvernement. Celui-ci est constitué des ministres de premier et de second rang, des secrétaires particulières et des *"whips"*. On les appelle les "hommes des bancs de devant" parce qu'ils siègent sur les premiers bancs lors des débats aux Communes. Ils sont nommés par le monarque sur recommandation du Premier ministre. Les députés sans poste sont appelés les "hommes des bancs du fond". La taille du gouvernement varie selon le nombre de départements (ministères) et le nombre de ministres choisis par le Premier ministre. Ceux-ci ont considérablement augmenté depuis le XIXe siècle.

LES *WHIPS*, CHEFS DE FILE PARLEMENTAIRES

Le terme anglais "*whip*" est né au XVIIIe siècle du terme anglais *whipper-in* pour piqueur, assistant du chasseur équipé d'un fouet pour contrôler les chiens. Un *Whip* est en poste officiel au sein d'un parti politique dont il est chargé d'organiser et de discipliner les membres. Il doit s'assurer que les députés siègent et votent lors les débats clés. Il y a plus d'un *whip* par parti (14 environ pour les grands partis), les plus stratégiques étant le *whip* principal du parti au gouvernement et le *whip* principal de l'opposition.
Le terme *whip* est également usité pour les notes rédigées par les *whips* et envoyées par les "filières habituelles" pour demander aux députés d'assister et prendre part au vote. Ces *whips* comportent différents degrés selon l'urgence. Chaque semaine, un calendrier des affaires traitées aux Communes est envoyé aux membres des partis. Chaque article est souligné de manière à indiquer son importance. Une seule ligne signifie que c'est un article de routine. Deux lignes veulent dire que l'article est assez important. L'article est souligné trois fois lorsqu'il est très important et que chaque membre du parti doit participer au vote en fonction des directives.

B. THE CABINET

- The **Cabinet** is made up of the Government's senior ministers, who mostly come from the **House of Commons** but some of whom come from the **House of Lords** (e.g. the **Lord Chancellor**). They are chosen by the **Prime Minister** who is the head of the **Cabinet**.

  The **Cabinet** meets in private, generally once or twice a week, in the **Cabinet Room** at **10 Downing Street** in **cabinet meetings** chaired by the **PM**. During **Cabinet Meetings cabinet members** discuss, debate and determine government **policy**.

- Once they have agreed a course of action **Cabinet** members are bound by two constitutional conventions. The first is **cabinet responsibility** (also called **collective responsibility**), to accept and publicly support any decision taken by the **Cabinet** as a whole. If a minister does not, he or she should resign so that the **Cabinet** is unified. The second is that **cabinet ministers** have **ministerial responsibility**, i.e. they are supposed to be responsible for everything that happens inside their **Department** (**Ministry**) and should resign in the event of a substantial error.

- The **Cabinet** is supported by a large number of **Cabinet Committees** that improve its efficiency by looking at specific issues in detail, whilst the full **Cabinet** tends to concentrate on major issues and decisions since it is the most important part of the Government. When the **Prime Minister** changes the composition of the **Cabinet**, it is called a **Cabinet reshuffle**.

Cabinet Committees

There are two main types of **Cabinet Committees** that are both **appointed** by the **PM**. On the one hand, there are **Ad hoc Committees** which are temporary **committees** established to deal with a specific issue. On the other hand, there are **Standing Committees** which are permanent **committees**.

- Le cabinet est constitué des ministres de premier rang, issus pour la plupart de la Chambre des communes, mais pour certains de la Chambre des lords (notamment le Lord Chancelier). Ils sont désignés par le Premier ministre qui dirige le Cabinet.

  Le Cabinet se réunit en privé, en général une à deux fois par semaine, dans la salle du Cabinet au 10, *Downing Street* sous l'autorité du Premier ministre. Durant ces réunions (conseils des ministres), les membres du cabinet discutent, débattent et déterminent la politique du gouvernement.

- Une fois d'accord sur les lignes d'action à adopter, les membres du cabinet sont liés par deux conventions constitutionnelles : d'une part la responsabilité du Cabinet (également appelée responsabilité collective) d'accepter et supporter publiquement toute décision prise par le cabinet dans son ensemble ; si un ministre ne le fait pas, il ou elle doit démissionner afin que le cabinet reste uni. D'autre part, les ministres du cabinet ont une responsabilité ministérielle, en l'occurrence ils sont responsables de tout ce qui arrive à l'intérieur de leur ministère et doivent démissionner en cas d'erreur grave.

- Le cabinet est épaulé par un grand nombre de comités de Cabinet, qui augmentent son efficacité en regardant en détail les questions spécifiques, pendant que le Cabinet lui-même se concentre sur les domaines et décisions majeurs en tant que partie la plus importante du gouvernement. Lorsque le Premier ministre modifie la composition du Cabinet, on parle de remaniement du cabinet.

LES COMITÉS DE CABINET

Il existe deux grands types de comités de cabinet tous deux constitués par le Premier ministre. D'une part, les comités temporaires, créés pour traiter une affaire précise ; d'autre part, les comités permanents.

On becoming Prime Minister, Gordon Brown removed certain posts from the Cabinet (e.g. Deputy Prime Minister), changed the names of some posts (e.g. Minister for Education and Skills) and created some new posts (e.g. Minister for Women).

The **Cabinet** of Her Majesty's Government was made up of the following posts at the end of 2008:

Prime Minister, First Lord of the Treasury, Minister for Civil Service;
Chancellor of the Exchequer;
Chief Secretary to the Treasury;
Leader of the House of Lords (and Lord President of the Council);
Minister for Women and Equality;
Secretary for Culture, Media and Sport;
Secretary of State for Business, Enterprise and Regulatory Reform;
Secretary of State for Children, Schools and Families;
Secretary of State for Communities and Local Government;
Secretary of State for Defence;
Secretary of State for Energy and Climate Change;
Secretary of State for Environment, Food and Rural Affairs;
Secretary of State for Foreign & Commonwealth Affairs;
Secretary of State for Health;

Secretary of State for Home Affairs (for the Home Department;
Secretary of State for Innovation, Universities and Skills;
Secretary of State for International Development;
Secretary of State for Justice and Lord Chancellor;
Secretary of State for Northern Ireland;
Secretary of State for Scotland;
Secretary of State for Transport;
Secretary of State for Wales;
Secretary of State for Work & Pensions.

The following also attend Cabinet meetings:
Chief Whip (Parliamentary Secretary to the Treasury);
Minister for the Cabinet Office; and Chancellor of the Duchy of Lancaster;
Minister of State (Housing), Department for Communities and Local Government;
Minister of State (Employment), Department for Work and Pensions, and Minister for London:
Minister of State, Foreign and Commonwealth Office;
Minister of State, Department for Innovation, Universities and Skills;
Minister for the Olympics and Paymaster General;
Attorney General;
Minister of State (Europe), Foreign and Commonwealth Office;
Minister of State, Department for Children Schools and Families:

Source: www.number10.gov.uk

C. THE PRIME MINISTER

- The **Prime Minister (PM)** of the UK is **Gordon BROWN** (born 1953). He replaced Anthony (Tony) BLAIR who became **Labour Party** leader in 1994 and was PM from 2 May 1997 to 27 June 2007. Following Tony Blair's resignation, there was neither a party leadership contest (there were no other contenders) nor a **general election**.

- The **Prime Minister** is the Head of the Government of the United Kingdom.
  Officially, the **sovereign** chooses the **Prime Minister**; but in reality, he or she is usually the leader of the **political party** with the majority of **seats** in the **House of Commons**. Thus, the **Prime Minister** is not directly **elected** by the **voters**.

  <u>**Roles of the Prime Minister**</u>
  The World political scene
  He/she plays a role on the world political scene.
  The Parliament
  He/she dissolves **Parliament** (although it is officially carried out by the **monarch**).
  He/she decides the date of the **general election**.
  He/she attends **Prime Minister's Question Time** (**PMQT**) once a week in the **House of Commons** every week during the **Parliamentary** session.
  The Government
  The **Prime Minister** is the Head of the Government. In this way, he/she fashions the Government by determining priorities, strategy and deciding **policy**.
  The **Prime Minister** is ultimately responsible for the **policy** and decisions made by the Government.
  The Cabinet
  As head of the **Cabinet** he/she organises the **Cabinet**, is responsible for its agenda, picks the **Cabinet Committee** members and chairs **Cabinet** meetings.

C. LE PREMIER MINISTRE

- Le premier ministre du R-U est Gordon BROWN (né en 1953). Il succède à Tony BLAIR, qui devint le chef du parti travailliste en 1994 et le premier ministre de 1997 à 2007. Quand Tony Blair démissionna, il n'y eut pas de vote pour élire le nouveau chef du parti (faute de candidats). Il n'y eut pas non plus d'élection législative.

- Le Premier ministre est le chef du gouvernement du Royaume-Uni. Officiellement, la souveraine choisit le Premier ministre ; mais en réalité, c'est en général le chef du parti politique qui détient la majorité des sièges aux Communes. Ainsi, le Premier ministre n'est pas directement désigné par les électeurs.

Rôles du Premier ministre

La scène politique internationale

Il joue un rôle sur la scène politique mondiale.

Le Parlement

Il dissout le parlement (bien qu'officiellement ce soit la prérogative du monarque)

Il décide de la date des élections législatives.

Il prend part à la séance des questions au Premier ministre à la Chambre des communes, et ce, chaque semaine de la session parlementaire.

Le gouvernement

Le Premier ministre est le chef du gouvernement. En ce sens, il oriente le gouvernement en décidant des priorités, de la stratégie et de la politique.

Le Premier ministre est responsable en dernier ressort de la politique et des décisions prises par le gouvernement.

Le cabinet

En qualité de chef du cabinet, il/elle doit organiser le Cabinet, est responsable de son ordre du jour, choisit les membres des comités du cabinet, préside les réunions du Cabinet, etc.

C. THE PRIME MINISTER

- **The Ministries**
  The **Prime Minister** decides the number and organisation of the Ministries (**Departments**).
- **The Civil Service**
  He/she is not head of the **Civil Service** but plays a role in its organisation and **appointments** (see below).
- **The Party**
  The **Prime Minister** is the leader of his/her party.

To conclude, the **Prime Minister (PM)** is a **Member of Parliament (MP)**, a Party leader, the head of the **Cabinet**, the National leader and an International figure.

- **Powers of the Prime Minister**
  The powers of the **Prime Minister** are not written down anywhere in **statute** form. They are the outcome of **parliamentary** conventions that have developed over the centuries.
  The Power of Appointment and Patronage
  The **Prime Minister appoints** around 100 **parliamentary** figures:

– The members of his/her **Cabinet** (approximately 20 ministers), **Ministers of State**, **Under-Secretaries** and the **Whips**. Most of these come from the **House of Commons** with a few others coming from the **House of Lords**.
  The **Prime Minister** also **appoints** various people to key jobs outside **Parliament**:
– Top **Civil Servants**: **Permanent Secretaries**, **Deputy Secretaries** and Heads of the security services.
– Top members of the **Judiciary** and the **Armed Forces**, bishops of the **Church of England (C of E)**, Chairpersons of the **Royal Commissions** and **Committees of Enquiry**, the Director of the **BBC**, the Chairpersons of the nationalised industries and of important tribunals and numerous **quangos** (Quasi-autonomous national government / non-governmental organisations).
– The **Prime Minister** also plays a role in the **appointments** made by the **Crown**, for example, **knighthoods**, **peerages**, and various honours, such as, Commanders of the British Empire (**CBE**), Members of the Order of the British Empire (**MBE**), etc.

C. LE PREMIER MINISTRE

- **Les ministres**
  Le Premier ministre décide du nombre et de l'organisation des ministères (départements).
- **La fonction publique**
  Il n'est pas le chef de la fonction publique, mais joue un rôle important dans son organisation et les nominations aux postes de hauts fonctionnaires.
- **Le parti**
  Le Premier ministre est le chef de son parti.

  Pour conclure, le Premier ministre est membre du Parlement, chef de parti, chef du Cabinet, un dirigeant national et un personnage international.

- **<u>Les Pouvoirs du Premier ministre</u>**
  Les pouvoirs du Premier ministre ne sont écrits nulle part sous forme statutaire. Ils sont le résultat des conventions parlementaires développées au long des siècles.

Le pouvoir de nomination et de protection

Le Premier ministre nomme environ 100 parlementaires à des postes de hauts fonctionnaires :

– Les membres de son Cabinet (environ 20 ministres), ministres d'Etat, sous-secrétaires et les *whips*. La plupart viennent de la Chambre des communes, une minorité de la Chambre des lords.

Le Premier ministre nomme également diverses personnes à des postes clés hors du Parlement :

– Les hauts fonctionnaires : secrétaires permanents, secrétaires des députés et chefs des services de sécurité.
– Les hauts magistrats et les chefs des forces armées ; les évêques de l'Eglise d'Angleterre, les présidents des commissions royales et des comités d'enquête, le directeur de la BBC, les présidents des entreprises nationalisées, des tribunaux les plus importants et des organismes autonomes d'Etat.
– Le Premier ministre joue aussi un rôle dans les nominations faites par la Couronne, par exemple les titres de chevalerie, paieries et autres honneurs, comme Commandeur de l'Empire britannique (CBE) et membre de l'Ordre de l'Empire britannique (MBE), etc.

C. THE PRIME MINISTER

TABLE 8A: PMS & GOVERNMENTS SINCE 1902

PERIOD IN OFFICE	**PRIME MINISTER**	**GOVERNMENT**
12.07.**1902** - 04.12.**1905**	Arthur **BALFOUR**	CONSERVATIVE
05.12.**1905** - 05.04.**1908**	Henry **CAMPBELL-BANNERMAN**	LIBERAL
05.04.**1908** - 25.05.**1915**	Herbert **ASQUITH**	LIBERAL
25.05.**1915** - 05.12.**1916**	Herbert **ASQUITH**	COALITION
06.12.**1916** - 23.10.**1922**	David **LLOYD-GEORGE**	COALITION
23.10.**1922** - 20.05.**1923**	Andrew Bonar **LAW**	CONSERVATIVE
22.05.**1923** - 22.01.**1924**	Stanley **BALDWIN**	CONSERVATIVE
22.01.**1924** - 03.11.**1924**	Ramsay **MacDONALD**	LABOUR
04.11.**1924** - 04.06.**1929**	Stanley **BALDWIN**	CONSERVATIVE
05.06.**1929** - 24.08.**1931**	Ramsay **MacDONALD**	LABOUR
24.08.**1931** - 07.06.**1935**	Ramsay **MacDONALD**	NATIONAL
07.06.**1935** - 28.05.**1937**	Stanley **BALDWIN**	NATIONAL
28.05.**1937** - 10.05.**1940**	Neville **CHAMBERLAIN**	NATIONAL
10.05.**1940** - 23.05.**1945**	Winston **CHURCHILL**	COALITION

C. LE PREMIER MINISTRE

PERIOD IN OFFICE	PRIME MINISTER	GOVERNMENT
23.05.**1945** - 26.07.**1945**	Winston **CHURCHILL**	CARETAKER
26.07.**1945** - 26.10.**1951**	Clement **ATTLEE**	LABOUR
26.10.**1951** - 05.04.**1955**	Winston **CHURCHILL**	CONSERVATIVE
06.04.**1955** - 09.01.**1957**	Anthony **EDEN**	CONSERVATIVE
10.01.**1957** - 13.10.**1963**	Harold **MACMILLAN**	CONSERVATIVE
18.10.**1963** - 16.10.**1964**	Alexander (Alec) **DOUGLAS HOME**	CONSERVATIVE
16.10.**1964** - 19.06.**1970**	Harold **WILSON**	LABOUR
19.06.**1970** - 04.03.**1974**	Edward (Ted) **HEATH**	CONSERVATIVE
04.03.**1974** - 05.04.**1976**	Harold **WILSON**	LABOUR
05.04.**1976** - 04.05.**1979**	Leonard James (Jim) **CALLAGHAN**	LABOUR
04.05.**1979** - 28.11.**1990**	Margaret **THATCHER**	CONSERVATIVE
28.11.**1990** - 02.05.**1997**	John **MAJOR**	CONSERVATIVE
02.05.**1997** - 27.06.**2007**	Anthony (Tony) **BLAIR**	LABOUR
27.06.**2007** -	Gordon **BROWN**	LABOUR

There are various types of **elections** held in the United Kingdom, the main ones are the following:

(a) A **General election** is held to **elect** Members of **Parliament** (**MPs**) who sit in the **House of Commons** in Westminster, London.

(b) A **local election** takes place to **elect local councillors** for **local government**.

(c) A **By-election** occurs during the life of a **Parliament** (between two **general elections**) to fill a vacant **seat** in the Commons when the person in office dies, **retires** or is dismissed.

(d) Regional elections: these are held (since **devolution** in 1999) to **elect** Members of the **Scottish Parliament** (MSPs) to the **Scottish Parliament** situated in Edinburgh, Assembly Members (AMs) to the **National Assembly for Wales** (*Cynulliad* in **Welsh**) based in Cardiff, Assembly Members to the **Northern Ireland Assembly** (when operational) in **Stormont**, as well as Assembly Members of the **Greater London Assembly** (**GLA**) and the **London Mayor**.

(e) European elections: these are to **elect** European **Members of European Parliament** (**MEPs**) to the **European Parliament**, the assembly of the **European Union** (**EU**).

08 LE SYSTÈME ÉLECTORAL

Il existe différents types d'élections au Royaume-Uni, les principaux étant les suivants :

(a) Les élections législatives : on y élit les députés qui siègent à la Chambre des communes à Westminster, Londres.

(b) Les élections locales : elles sont organisées pour désigner les conseillers locaux du gouvernement local.

(c) Les élections partielles : elles interviennent pendant le mandat d'un Parlement (entre deux élections législatives) pour pourvoir un siège aux Communes laissé vacant par un député qui décède, démissionne ou perds ses fonctions en cours de mandat.

(d) Les élections régionales : y sont élus (depuis la décentralisation des pouvoirs en 1999) les membres du Parlement écossais situé à Edimbourg, les membres de l'Assemblée nationale du pays de Galles (*Cynulliad* en gallois) siégeant à Cardiff, ceux de l'Assemblée d'Irlande du Nord à Stormont (quand elle n'est pas suspendue), et les membres de l'Assemblée du Grand Londres ainsi que le maire de Londres.

(e) Les élections européennes : on y élit les membres du Parlement européen, assemblée de l'Union européenne (UE).

THE ELECTORAL SYSTEM

A. GENERAL ELECTIONS

- A **general election** is held to **elect Members of Parliament** (**MPs**) to the **House of Commons**. The **Prime Minister** is the leader of the **political party** which wins the **election**. **General elections** are not held at fixed times, unlike in France and the USA. The decision to hold a **general election** is made by the **Prime Minister** in office, after consultation with the **monarch**. The maximum period allowed between two **general elections** is five years, unless there is a national emergency. Since WWII, the shortest length of time separating **general elections** has been less than 8 months between February 1974 and October 1974. Once the date of the next **general election** has been decided, the **monarch** dissolves **Parliament**. A **Prime Minister** need give only 3 weeks warning that a **general election** is to be held.

- To stand as a **candidate** in a **general election**, one must be over 21 years old and a citizen of the United Kingdom, another **British Commonwealth** country or the **Republic of Ireland**. Certain people are not eligible to be **elected** to the **House of Commons**: members of the **House of Lords**, specific members of the clergy, persons sentenced to more than one year in prison and a variety of public servants. Most **candidates** are backed by a **political party** which picks him/her following a selection process and which he/she represents, but there are usually independent **candidates** too.

- For electoral purposes the United Kingdom is divided into **constituencies**. The precise number of **constituencies** is decided upon by the **Boundary Commission**. In the 2005 there were 646 **constituencies**: England: 529, Wales: 40, Scotland: 59, Northern Ireland: 18. Each **constituency** returns one **Member of Parliament** (**MP**) to a **seat** in the **House of Commons**. At the next **general election** there will be 650, with only 533 in England.

LE SYSTÈME ÉLECTORAL

A. LES ÉLECTIONS LÉGISLATIVES

- Les élections législatives permettent d'élire les membres du Parlement qui siègent à la Chambre des communes. Elles ne se tiennent pas à date fixe, à la différence de la France et des Etats-Unis. La décision de les organiser est prise par le Premier ministre en fonction après consultation du souverain. La période maximale entre deux élections législatives ne doit pas dépasser cinq ans, sauf en cas de situation d'urgence nationale. Depuis la Seconde Guerre mondiale, le temps le plus court entre deux élections a été de moins de huit mois, entre février 1974 et octobre 1974. Une fois la date des prochaines élections législatives arrêtée, le souverain dissout le Parlement. Un Premier ministre doit seulement respecter un délai de trois semaines pour prévenir que de nouvelles élections législatives vont avoir lieu.

- Pour être éligible aux élections législatives, il faut avoir plus de 21 ans et être citoyen du Royaume-Uni, d'un autre pays du Commonwealth ou de la République d'Irlande et résider au Royaume-Uni. Certaines personnes ne sont pas éligibles à la Chambre des communes : les membres de la Chambre des lords, certains membres du clergé, les personnes condamnées à plus d'un an de prison et certains fonctionnaires. La plupart des candidats sont soutenus par un parti politique qui les a sélectionnés et qu'ils représentent ; mais il existe aussi régulièrement des candidats indépendants.

- Le Royaume-Uni est divisé en circonscriptions électorales. Leur nombre précis est décidé par la Commission de découpage électoral. Aux élections législatives de 2005 il y avait 646 circonscriptions : 529 en Angleterre, 40 au pays de Galles, 59 en Ecosse et 18 en Irlande du Nord. Chaque circonscription élit un député à la Chambre de communes. Aux prochaines élections, il n'y aura que 650 circonscriptions, dont 533 en Angleterre.

THE ELECTORAL SYSTEM

A. GENERAL ELECTIONS

- Each **constituency** represents approximately 60,000 inhabitants, although some remote **constituencies** (for example in Scotland) contain many fewer people. Cities are divided up into several **constituencies** and these are also called **wards**, e.g. Greater London is separated into more than 60 constituencies.

- Citizens over 18 from the UK, other **British Commonwealth** countries, along with citizens of the **Republic of Ireland** (**Eire**) resident in the UK may **vote** in a **general election**. Since 1918, all men over 21 and women over 30 have had the right to **vote**. Prior to that year voting was the "privilege" of wealthy men. In 1928 all women over 21 were **enfranchised**. Finally, the voting age for all was lowered from 21 to 18 in 1969. People barred from voting include the **monarch,** members of the **House of Lords**, persons serving prison sentences and persons sectioned in hospital for mental health reasons.

- **Voters** go to the **polls** on a Thursday. Inside the **polling station** (often schools and church halls) the **elector** takes one **ballot paper** and goes into a **polling booth** because voting is by **secret ballot**. On the **ballot paper** there is a list of the names and parties of the **candidates** for that **constituency**. The elector selects one **candidate** and **votes** by drawing a "X" in the box next to the **candidate**'s name of his/her choice. A spoilt **ballot paper** is one that has been tampered with, for example, distinguishing marks or comments, etc. have been added to it; in such circumstances it does not count.

- People eligible and willing to **vote**, but who cannot physically get to the **polling station** on the day, for example, because they are physically handicapped, live abroad, or on holiday, have two possibilities open to them. Either they can **vote** by **proxy**, so someone else goes to the **polling station** for them and officially **votes** on their behalf, or they can use a **postal vote**. Voting by post is becoming increasingly utilised. If someone authorised to **vote** chooses to refrain from doing so they **abstain**. Voting in a **general election** is not obligatory.

LE SYSTÈME ÉLECTORAL

A. LES ÉLECTIONS LÉGISLATIVES

- Chaque circonscription compte environ 60 000 habitants, bien que certaines circonscriptions isolées (notamment en Ecosse) en aient beaucoup moins. Les agglomérations sont découpées en plusieurs circonscriptions qu'on appelle également sections électorales. Le Grand Londres par exemple est découpé en plus de 60 circonscriptions.

- Les citoyens de plus de 18 ans du Royaume-Uni, d'autres pays du Commonwealth ou de la République d'Irlande (Eire) résidant au Royaume-Uni peuvent participer aux élections législatives. Depuis 1918, tous les hommes de plus de 21 ans et toutes les femmes de plus de 30 ans ont le droit de vote, date avant laquelle voter constituait le privilège des seuls hommes riches. En 1928, toutes les femmes de plus de 21 ans acquirent ce droit. L'âge minimum fut finalement abaissé pour tous de 21 à 18 ans en 1969. Le monarque, les membres de la Chambre des lords, les personnes emprisonnées et celles hospitalisées pour raisons mentales ne jouissent pas du droit de vote.

- Les électeurs se rendent aux urnes un jeudi. A l'intérieur du bureau de vote (souvent une école ou une salle paroissiale), l'électeur prend un bulletin de vote, se rend dans l'isoloir car le scrutin est secret. Sur le bulletin de vote figure une liste des noms et des partis des candidats de la circonscription. L'électeur choisit un candidat et vote en mettant une X dans la case face à son nom. Un bulletin est nul quand il a été altéré, par exemple, par des marques distinctives ou des commentaires, etc. ayant été ajoutés : dans ce cas, il ne compte pas.

- Les personnes ayant le droit de vote, désirant l'exercer mais ne pouvant pas se rendre au bureau de vote à la date fixée, par exemple parce qu'elles sont handicapées physiques, vivent à l'étranger ou sont en vacances, ont deux possibilités qui s'offrent à elles. Soit elles votent par procuration, c'est-à-dire qu'une personne se rend pour elles au bureau de vote et vote officiellement en leur nom, ou bien elles peuvent avoir recours au vote par correspondance. Cette forme de participation se répand. Si une personne ayant le droit de voter choisit de ne pas le faire, on dit qu'elle s'abstient. Le vote aux élections législatives repose sur le volontariat.

THE ELECTORAL SYSTEM

A. GENERAL ELECTIONS

- The **electoral system** of the United Kingdom for a **general election** is based on obtaining a simple **majority** and not an absolute **majority**. The **candidate** who obtains the most **votes** in the **constituency** where he/she stands is **elected** to the **House of Commons** and so becomes or remains an **MP**. He/she does not need to gain more than 50% of the **votes** in order to win the **seat**.

TURNOUT
Voter turnout (the percentage of the population eligible to **vote** that exercises its right) from 1979-1997 stood on average at around 74.6%. The exact figures are 1979: 76.0%, 1983: 72.7%, 1987: 75.3%, 1992: 77.7% and 1997: 71.5%. However, the 2001 and 2005 **general election** saw the number of abstentions increase dramatically so that **turnout** dropped to 59.3% and 61.3%. This very low participation rate (high **voter apathy**) was especially prevalent among women and young persons. It was attributed to various factors, such as people being fed up with **politics** in general and **politicians** in particular, the feeling that voting would change nothing and the belief that all the main parties resembled each other, etc.

- The **political party** which gains the most constituencies, thus obtaining the most **seats** in the **House of Commons**, wins the **general election** and goes on to form "**His/Her Majesty's Government**". Hence the name given to the **electoral system**: "**First-Past-The-Post**" (**FPTP**) (like in a horse race). It is not necessary for the winning party to obtain 50% of the constituencies in order to win the **election**, although usually it does (an exception being the **general election** of February 1974). On the very rare occasions when no party wins a majority of the **seats** there is a **hung Parliament**. When this occurs, the party winning the most **seats** usually forms a coalition government with a minor party (Feb. 1974).

A. LES ÉLECTIONS LÉGISLATIVES

- Le système électoral pour les élections législatives est fondé sur la majorité simple, et non sur la majorité absolue. C'est un scrutin uninominal majoritaire à un seul tour. Le candidat qui obtient le plus de voix dans la circonscription dans laquelle il s'est présenté est élu à la Chambre des communes et devient ainsi ou reste député ; Il n'a pas besoin d'obtenir plus de 50% des votes pour gagner le siège.

La participation électorale

La participation des électeurs (% de population ayant le droit de vote et l'exerçant) entre 1979 et 1997 était en moyenne de 74,6 %. Les chiffres exacts sont 76 % en 1979, 72,7 % en 1983, 75,3 % en 1987, 77,7 % en 1992, 71,5 % en 1997. Toutefois en 2001 et en 2005, les élections ont vu une forte augmentation du nombre des abstentions, à un point tel que le taux de participation est tombé à 59,3 % et 61,3 %. Ce chiffre très faible (forte apathie des votants) a été particulièrement marqué chez les femmes et les jeunes. Plusieurs facteurs expliquent ce phénomène, comme la lassitude à l'égard de la politique en général et des politiciens en particulier, le sentiment que voter ne changerait rien, la croyance que tous les partis se ressemblent, etc.

- Le parti politique qui gagne le plus de circonscriptions, obtient ainsi le plus de sièges à la Chambre des communes, gagne les élections législatives et forme le "gouvernement de sa Majesté". D'où le nom en anglais du système électoral : littéralement "le premier à passer le poteau" comme dans une course hippique, c'est donc un système majoritaire à un tour. Il n'est pas nécessaire pour le parti vainqueur d'obtenir 50 % des voix des circonscriptions pour remporter l'élection, même si c'est souvent le cas (à l'exception notable des élections législatives de février 1974). Dans les cas très rares où aucun parti ne remporte la majorité des sièges, on parle de "Parlement sans majorité". Quand cela arrive, le parti ayant le plus de sièges forme en général une coalition avec le parti minoritaire (par exemple, 02/1974).

THE ELECTORAL SYSTEM

A. GENERAL ELECTIONS

- The term **parliamentary majority** is used to refer to the number of **seats** by which the winning party beats the combined total number of **seats** obtained by all the other parties winning **seats**. The **Labour Party** headed by Tony Blair obtained a massive **majority** of 179 in 1997 and 167 in 2001. In comparison, the **Conservative Party** obtained its greatest **majority** since WWII with Margaret Thatcher in 1983: a substantial 144 **seats**.

- It should be noted that the winning party does not need to gain 50% of the **popular vote** in order to win the **general election**. It is the number of **constituencies** won that is important, not the number of **votes**. This set-up creates anomalies, as in February 1974, when the **Labour Party** won the **general election** with 301 out of 635 **seats**, i.e. 47.4% of the **constituencies**. The **Conservative Party** obtained 297 **seats**, the equivalent of 46.3% of the **constituencies**. However, the **Labour Party** had not won the most **votes**. In fact it only obtained 37.1% of the **votes cast** (11,639,243 **votes**) whereas the **Conservative Party** obtained 37.9% of the **votes cast** (11,868,906 **votes**), i.e. 0.8% more (229,663 **votes**).

- The previously chosen leader of the **political party** which wins the most **seats** at a **general election** is, by convention, invited by the **monarch** to form the new government: "**His/Her Majesty's Government**".

  Intrinsic to the United Kingdom's "**First-Past-The-Post**" (**FPTP**) voting system is the difficulty for minor parties to win constituencies. **Proportional Representation (PR)** - as called for by the **Liberal Democrat Party** - would allow smaller parties to gain more representation in the **House of Commons**.

LE SYSTÈME ÉLECTORAL

A. LES ÉLECTIONS LÉGISLATIVES

- L'expression majorité parlementaire est employée en référence au nombre de sièges dont le parti majoritaire dispose de plus que le total des sièges de tous les autres partis représentés. Le parti travailliste dirigé par Tony Blair a obtenu une très grande majorité de 179 sièges en 1997, et 167 en 2001. En comparaison, la majorité la plus forte obtenue par le parti conservateur depuis la Seconde Guerre mondiale fut de 144 sièges en 1983 sous la direction de Margaret Thatcher.

- Le parti vainqueur n'a pas besoin de remporter plus de 50 % des suffrages pour gagner l'élection législative. C'est le nombre de circonscriptions enlevées qui importe, pas le nombre de votes. Cet état de fait crée des anomalies, comme en février 1974, où le parti travailliste a remporté les élections législatives, avec 301 sièges sur un total de 635, soit 47,4 % des circonscriptions. Le parti conservateur obtenait lui 297 sièges, soit l'équivalent de 46,3 % des circonscriptions. Pourtant, ce n'était par le parti travailliste qui avait remporté le plus de suffrages. En fait, il n'avait même obtenu que 37,1 % des suffrages (11 639 243 votes), alors que le parti conservateur avait obtenu 37,9 % des suffrages (11 868 906 votes), soit 0,8 % de plus (229 663 votes).

- Le chef en place du parti ayant remporté les élections législatives est par convention invité par le monarque à former un nouveau gouvernement : “le gouvernement de sa Majesté”.

Du fait des caractéristiques du système électoral britannique, les partis minoritaires ont des difficultés à emporter des circonscriptions. Un système de représentation proportionnelle – comme le demande le parti libéral-démocrate – permettrait aux petits partis d'être davantage représentés à la Chambre des communes.

THE ELECTORAL SYSTEM

A. GENERAL ELECTIONS

TABLE 9A: DATES OF GENERAL ELECTIONS, 1900-2010

DATE	WINNING PARTY
28.09 - 24.10.**1900**	CONSERVATIVE
12.01 - 07.02.**1906**	LIBERAL
14.01 - 09.02.**1910**	LIBERAL
02.12 - 19.12.**1910**	LIBERAL
14.12.**1918**	COALITION
15.11.**1922**	CONSERVATIVE
06.12.**1923**	LABOUR
29.10.**1924**	CONSERVATIVE
30.05.**1929**	LABOUR
27.10.**1931**	CONSERVATIVE
14.11.**1935**	CONSERVATIVE
05.07.**1945**	LABOUR
23.02.**1950**	LABOUR
25.10.**1951**	CONSERVATIVE
26.05.**1955**	CONSERVATIVE
08.10.**1959**	CONSERVATIVE
15.10.**1964**	LABOUR
31.03.**1966**	LABOUR
18.06.**1970**	CONSERVATIVE
28.02.**1974**	LABOUR
10.10.**1974**	LABOUR
03.05.**1979**	CONSERVATIVE
09.06.**1983**	CONSERVATIVE
11.06.**1987**	CONSERVATIVE
08.04.**1992**	CONSERVATIVE
01.05.**1997**	LABOUR
07.06.**2001**	LABOUR
05.05.**2005**	LABOUR
Before 06.2010	?

TABLE 10A: GENERAL ELECTION RESULTS, 1945-2005

	NO. SEATS	% SEATS	NO. VOTES	% VOTES
05.07.1945				
CONSERVATIVES	213	33.3	09,988,306	39.8
LABOUR (majority = 146)	393	61.4	11,995,152	47.8
LIBERALS	12	1.9	02,248,226	9.0
OTHERS	22	3.4	854,294	3.4
TOTAL	**640**	100.0	**25,085,978**	100.0
VOTER TURNOUT			**72.7%**	
23.02.1950				
CONSERVATIVES	298	47.6	12,502,567	43.5
LABOUR (majority = 5)	315	50.4	13,266,592	46.1
LIBERALS	9	1.4	2,621,548	9.1
OTHERS	3	0.48	381,964	1.3
TOTAL	**625**	100.0	**28,772,671**	100.0
VOTER TURNOUT			**84.0%**	
25.10.1951				
CONSERVATIVES (majority = 17)	321	51.4	13,717,538	48.0
LABOUR	295	47.2	13,948,605	48.8
LIBERALS	6	0.96	730,556	2.5
OTHERS	3	0.48	198,969	0.7
TOTAL	**625**	100.0	**28,595,668**	100.0
VOTER TURNOUT			**82.5%**	
26.05.1955				
CONSERVATIVES (majority = 58)	344	54.6	13,286,569	49.7
LABOUR PARTY	277	43.9	12,404,970	46.4
LIBERAL PARTY	6	0.95	722,405	2.7
OTHERS	3	0.47	346,554	1.2
TOTAL	**630**	100.0	**26,760,498**	100.0
VOTER TURNOUT			**76.7%**	
08.10.1959				
CONSERVATIVES (majority = 100)	365	57.9	13,749,830	49.4
LABOUR PARTY	258	41.0	12,215,538	43.8
LIBERAL PARTY	6	0.95	1,638,571	5.9
OTHERS	1	0.2	255,302	0.9
TOTAL	**630**	100.0	**27,859,241**	100.0
VOTER TURNOUT			**78.8%**	

THE ELECTORAL SYSTEM

A. GENERAL ELECTIONS

	NO. SEATS	% SEATS	NO. VOTES	% VOTES
15.10.1964				
CONSERVATIVES	304	48.2	12,001,396	43.4
LABOUR PARTY (majority = 4)	317	50.3	12,205,814	44.1
LIBERAL PARTY	9	1.42	3,092,878	11.2
OTHERS	00	0.00	355,286	1.3
TOTAL	**630**	100.0	**27,655,374**	100.0
VOTER TURNOUT			**77.1%**	
31.03.1966				
CONSERVATIVES	253	40.2	11,418,433	41.9
LABOUR PARTY (majority = 96)	363	57.6	13,064,951	47.9
LIBERAL PARTY	12	1.90	2,327,533	8.5
OTHERS	2	0.32	452,689	1.7
TOTAL	**630**	100.0	**27,263,606**	100.0
VOTER TURNOUT			**75.8%**	
18.06.1970				
CONSERVATIVES (majority = 30)	330	52.4	13,145,123	46.4
LABOUR PARTY	287	45.5	12,179,341	43.0
LIBERAL PARTY	6	0.95	2,117,035	7.5
OTHERS	7	1.11	903,299	3.1
TOTAL	**630**	100.0	**28,344,798**	100.0
VOTER TURNOUT			**72.0%**	
28.02.1974				
CONSERVATIVES	297	46.8	11,868,906	37.9
LABOUR PARTY (majority = 33)	301	47.4	11,639,243	37.1
LIBERAL PARTY	14	2.20	6,063,470	19.3
OTHERS	23	3.61	1,761,607	5.6
TOTAL	**635**		**31,333,226**	100.0
VOTER TURNOUT			**78.7%**	
10.10.1974				
CONSERVATIVES	277	43.6	10,464,817	35.9
LABOUR PARTY (majority = 03)	319	50.2	11,457,079	39.2
LIBERAL PARTY	13	2.05	5.346,754	18.3
OTHERS	26	4.09	1,920,528	6.6
TOTAL	**635**	100.0	**29,189,178**	100.0
VOTER TURNOUT			**72.8%**	

LE SYSTÈME ÉLECTORAL

A. LES ÉLECTIONS LÉGISLATIVES

	NO. SEATS	% SEATS	NO. VOTES	% VOTES
03.05.1979				
CONSERVATIVES (majority = 43)	339	53.3	13,697,690	43.9
LABOUR PARTY	269	42.3	11,532,148	36.9
LIBERAL PARTY	11	1.73	4,313,811	13.8
OTHERS	16	2.51	1,676,361	5.4
TOTAL	**635**	100.0	31,220,010	100.0
VOTER TURNOUT			**76.0%**	
09.06.1983				
CONSERVATIVES (majority = 144)	397	61.1	13,012,315	42.4
LABOUR PARTY	209	32.2	8,456,934	27.7
ALLIANCE	23	3.54	7,780,949	25.3
OTHERS	21	3.23	1,420,938	4.6
TOTAL	**650**	100.0	**30,671,136**	100.0
VOTER TURNOUT			**72.7%**	
09.06.1987				
CONSERVATIVES (majority = 102)	376	57.9	13,763,066	42.3
LABOUR PARTY	229	35.2	10,029,778	30.8
ALLIANCE	22	3.38	7,341,633	22.6
OTHERS	23	3.54	1,395,091	4.3
TOTAL	**650**	100.0	**32,529,568**	100.0
VOTER TURNOUT			**75.3%**	
08.04.1992				
CONSERVATIVES (majority = 21)	336	51.6	14,092,891	41.9
LABOUR PARTY	271	41.6	11,559,735	34.4
LIB. DEMS.	20	3.07	5,999,384	17.8
OTHERS	24	3.69	1,960,683	5.8
TOTAL	**651**	100.0	**33,612,693**	100.0
VOTER TURNOUT			**77.7%**	
01.05.1997				
CONSERVATIVES	165	25.0	9,600,940	30.7
LABOUR PARTY (majority = 179)	419	63.6	13,517,911	43.2
LIB. DEMS.	46	7.0	5,243,440	16.8
OTHERS	29	4.4	2,925,411	9.3
TOTAL	**659**	100.0	**31,287,702**	100.0
VOTER TURNOUT			**71.5%**	

THE ELECTORAL SYSTEM

A. GENERAL ELECTIONS

	NO. SEATS	% SEATS	NO. VOTES	% VOTES
07.06.2001				
CONSERVATIVES	166	25.1	8,357,622	31.7
LABOUR PARTY (majority = 167)	413	62.6	10,724,895	40.7
LIB. DEMS.	52	4.2	4,812,833	18.2
OTHERS	28	12.0	2,473,448	09.4
TOTAL	**659**	100.0	**26,368,798**	100.0
VOTER TURNOUT			**59.3%**	
05.05.2005				
CONSERVATIVES	198	30.6	8,772,598	32.3
LABOUR PARTY (majority = 66)	356	55.1	9,562,122	35.3
LIB. DEMS.	62	09.5	5,981,874	22.1
OTHERS	30	04.8	2,793,678	10.3
TOTAL	**646**	100.0	**27,110,727**	100.0
VOTER TURNOUT			**61.3%**	

Conservatives includes the Ulster Unionist Party (UUP) 1945-1970.

Liberal Party 1945-1979; Liberal-SDP Alliance 1983-1987; **Liberal Democrat Party** since 1992.

Majority = the number of **seats** by which the strongest party beats the combined opposition. So in 2005, it was 356 – 290 = 66

Source: adapted from David BUTLER, Gareth BUTLER, British Electoral Facts. London, Macmillan, 1999 and the BBC: bbc.co.uk

A. GENERAL ELECTIONS

TABLE 11A: GENERAL ELECTION RESULTS, THE UK, 2005

POLITICAL PARTY & PARTY LEADER IN MAY 2005	NO. SEATS/646	% VOTES
Labour Party (+ Co-operative Party) Anthony (Tony) BLAIR	356	35.3
The Conservative Party (Conservative and Unionist Party) Michael HOWARD	198	32.3
Liberal Democrat Party Charles KENNEDY	62	22.1
Democratic Unionist Party (DUP) Reverend Ian PAISLEY	9	0.9
Scottish National Party (SNP) John SWINNEY	6	1.5
Sinn Féin Gerry ADAMS	5	0.6
Plaid Cymru (Party of Wales) Elfyn LLWYD	3	0.6
Social Democratic and Labour Party (SDLP) John HUME	3	0.5
Ulster Unionist Party (UUP) David TRIMBLE	1	0.5
Respect (Independent)	1	0.3
Independent	1	0.5
Health Concern (Independent)	1	0.1
United Kingdom Independence Party (UKIP)	-	2.2
Green Party of England and Wales	-	1.0
British National Party (BNP)	-	0.7
Others	-	0.9

In 1999, following referenda, the UK **Parliament** agreed to considerable **devolution** of power to **Wales**, **Scotland** and **Northern Ireland**, as well as to **London**. It represented a major constitutional change in the distribution of power within the Union. Now, voters in **Wales**, **Scotland** and **Northern Ireland** not only vote in general elections for MPs to Westminster, but also for representatives who sit their own national chambers. (See Chapter 14). The Westminster MPs and the regional representatives are not the same people.

- The **National Assembly for Wales** (*Cynulliad* in **Welsh**) in Cardiff was established by the Government of Wales Act, 1998. The first **elections** to the **Welsh Assembly** were held on 6 May 1999. Each elector has 2 **votes**. The 60 Assembly Members (AMs) are **elected** for a term of 4 years: 40 by the **First-Past-The-Post (FPTP)** method using the same constituencies as for **general elections** and 20 by **Proportional Representation (PR)**. There are 4 AMs in each of the 5 **Welsh Euro-constituencies**.
  In 1999 **Labour** won 28 **seats**, **Plaid Cymru** (Party of Wales) 17 **seats**, the **Conservative Party** 9 **seats** and the **Lib Dems** 6 **seats**. In this way, Alun Michael from the **Labour Party** was **elected** as the first **First Minister** of Wales.

  The next **elections** were held on 1 May 2003; the results were as follows:
  Labour 30 **seats**, **Plaid Cymru** 12 **seats**, the **Conservative Party** 11 **seats**, the **Liberal Democrat Party** 6 **seats** and independent candidates: 1 **seat** (= 60 seats in total).

  The outcome of the third election of **Welsh Assembly** Members held on 3 May 2007 was:
  Labour 26 **seats**, **Plaid Cymru** 15 **seats**, the **Conservative Party** 12 **seats** and the **Liberal Democrat Party** 6 **seats** and independent candidates: 1 seat (= 60 seats in total).

B. LES ÉLECTIONS RÉGIONALES

En 1999, à la suite de référendaires, le Parlement du Royaume-Uni a décentralisé une partie de ses pouvoirs au pays des Galles, à l'Ecosse et l'Irlande du Nord, ainsi qu'à Londres. C'est un changement considérable dans la distribution des pouvoirs à l'intérieur de l'Union du Royaume-Uni. Des lors, les électeurs du pays de Galles, l'Ecosse et l'Irlande du nord votent non seulement dans les élections législatives pour le Parlement de Westminster, mais aussi pour des représentants qui siègent dans leur propre chambre nationale. (voir chapitre 14). Les députés siégeant à Londres ne sont pas les mêmes personnes que les députés régionaux.

- L'Assemblée nationale du pays de Galles (*Cynulliad* en gallois) siégeant à Cardiff est née de la Loi sur le gouvernement du pays de Galles de 1998. Les premières élections pour cette assemblée se sont tenues en mai 1999. Chaque électeur vote deux fois. Les soixante membres appelés membres de l'assemblée sont élus pour quatre ans : 40 par scrutin majoritaire à un tour, à partir des mêmes circonscriptions électorales que pour les élections législatives, et 20 sur le mode proportionnel, à hauteur de quatre pour chacune des cinq circonscriptions européennes.

En 1999, le parti travailliste a remporté 28 sièges, le *Plaid Cymru* 17, les conservateurs neuf et les libéraux démocrates six. Dans ces conditions, c'est le travailliste Alun Michael qui a été élu premier Premier ministre du pays de Galles.

De nouvelles élections se sont tenues le 1er mai 2003 avec les résultats suivants :
le parti travailliste : 30 sièges, le Plaid Cymru 12, les conservateurs 11, les libéraux démocrates 6 et un candidat indépendant (60 sièges au total).

Les résultats des élections de 2007 ont été les suivants :
le parti travailliste : 26 sièges, le Plaid Cymru 15, les conservateurs 12, les libéraux démocrates 6 et un candidat indépendant (60 sièges au total).

B. REGIONAL ELECTIONS

The **Scottish Parliament** situated in Edinburgh was created by the Scotland Act, 1998. The first **elections** took place on 6 May 1999. Altogether the **Scottish Parliament** has 129 **elected** members called **Members of the Scottish Parliament** or MSPs for short. Each elector has two **votes**. Seventy-three MSPs are elected by the **First-Past-The-Post (FPTP)** method using the same constituencies as for **general elections** and 56 by **Proportional Representation (PR)**, there being 7 MSPs for each of the 8 Scottish **Euro-constituencies.**

In 1999, the **Labour Party** won 56 **seats**, the **SNP** 35 **seats**, the **Conservative Party** 18 **seats**, the **Liberal Democrat Party** 17 **seats** and 3 **seats** went to other parties (= 129). In this way Donald Dewar from the **Labour Party** was **elected** as the first **First Minister** of Scotland. The **Scottish Parliament** met for the very first time on 13 May 1999.

New **elections** were held on 1 May 2003; the results were as follows: **Labour** 50 **seats**, **SNP** 27 **seats**, the **Conservative Party** 18 **seats**, the **Liberal Democrat Party** 17 **seats**, the **Green Party** 7 **seats**, the Scottish Socialists 6 **seats** and independent candidates 4 **seats** (= 129).

The outcome of the third election of Members of the Scottish Parliament (MSPs) held on 3 May 2007 was: **SNP** 47 seats, **Labour** 46 seats, the **Conservative Party** 17 seats, the **Liberal Democrat Party** 16 **seats**, **Scottish Green Party** 2 seats and independent candidates: 1 **seat** (= 129).
The majority thus changed hands from **Labour** to the **SNP**, with Alex Salmond becoming the first nationalist **First Minister** of **Scotland** (see Ch. 14).

B. LES ÉLECTIONS RÉGIONALES

Le Parlement d'Ecosse qui siège à Edimbourg, est né de la Loi sur l'Ecosse de 1998. Les premières élections se sont tenues le 6 mai 1999. En tout, le Parlement d'Ecosse compte 129 membres élus que l'on appelle Membres du Parlement d'Ecosse. Chaque électeur vote deux fois. 73 députés sont directement élus par scrutin majoritaire à un tour, à partir des mêmes circonscriptions électorales que pour les élections législatives ; 56 sont élus au scrutin proportionnel, à hauteur de sept pour chacune des huit circonscriptions européennes d'Ecosse.

En 1999, le parti travailliste a remporté 56 sièges, le parti national écossais 35, le parti conservateur 18, le parti libéral-démocrate 17 et les autres partis trois. Dans ces conditions, le travailliste Donald Dewar a été élu premier Premier ministre d'Ecosse. Le Parlement d'Ecosse a siégé pour la première fois le 13 mai 1999.

De nouvelles élections se sont tenues le 1 mai 2003 ; les résultats ont été les suivants : le parti travailliste : 50 sièges, le parti national écossais *(SNP)* : 27, le parti conservateur : 18, le parti libéral-démocrate : 17, les verts : 7, les socialistes écossais : 6 et les candidats indépendants : 4.

Les résultats des élections de 2007 ont été les suivants : Le parti national écossais a remporté 47 sièges, le parti travailliste 46 sièges, le parti conservateur 17, le parti libéral-démocrate 16 et les autres partis trois. Le parti nationaliste SNP a donc obtenu la majorité pour la première fois. Alex Salmond est devenu le Premier premier ministre nationaliste de l'Ecosse. (Voir chapitre 14).

B. REGIONAL ELECTIONS

- The **Northern Ireland Assembly**, based in **Stormont** Castle on the outskirts of Belfast, came into being on 25 June 1998. 108 members were **elected** using the **Single Transferable Vote** (**STV**) system of **Proportional Representation** (**PR**).

  The first **elections** for the new **Greater London Assembly** (**GLA**) and the **London Mayor** were held on 5 May 2000 using a new voting system. **Voters** have two **ballot papers** and are able to **cast** 4 **votes**: 2 for the **GLA** and 2 for the **London Mayor**.

- The **Greater London Assembly** comprises 25 members, 14 of whom are **elected** by the **First-Past-The-Post** (**FPTP**) method using the same constituencies as for **general elections** and the remaining 11 by **Proportional Representation** (**PR**). Electors **cast** one **vote** for each of the two parts.

- The method to **elect** the **London Mayor** is known as the **Supplementary Vote** (**SV**) system using the concept of preferential voting. **Voters** are asked to **cast** a **vote** for their preferred **candidate** in the left-hand column. Then they place a second **vote** in the next column for their second choice for **London Mayor**. If a **candidate** wins more than half of the total first choice **votes cast**, he/she is **elected Mayor**. If, however, no **candidate** obtains more than half the **votes**, all but the top two **candidates** are eliminated. Second preference **votes** for the two remaining **candidates** on **ballot papers** of the eliminated **candidates** are then counted. The **candidate** with the most first choice and second choice **votes** is **elected Mayor**. Ken Livingstone was **elected** the first **London Mayor** in 2000 and re-elected in 2004. There are **elections** every 4 years. In 2008, the colourful Conservative Boris Johnson was elected the new London Mayor.

B. LES ÉLECTIONS RÉGIONALES

- L'Assemblée d'Irlande du Nord, siégeant au château de Stormont dans la banlieue de Belfast a vu le jour le 25 juin 1998. Les 108 membres ont été élus au scrutin de liste à représentation proportionnelle.

  Les premières élections pour la nouvelle Assemblée du Grand Londres et pour le maire de Londres se sont tenues le 5 mai 2000 sur un scrutin nouveau. Les votants avaient à leur disposition deux bulletins pour quatre votes : deux pour le conseil et deux pour le Maire.

- L'Assemblée du Grand Londres comprend 25 membres, dont 14 sont élus par scrutin majoritaire à un tour, à partir des mêmes circonscriptions électorales que pour les élections législatives, et les 11 autres sur le mode proportionnel. Les électeurs votent une fois pour chacun des deux scrutins.

- La méthode pour élire le maire est appelée système du vote complémentaire, sur le concept du vote préférentiel. Dans la colonne de gauche, les électeurs votent pour leur candidat préféré. Dans l'autre colonne, ils placent leur second choix pour le maire. Si un candidat remporte plus de la moitié des premiers choix, il est élu maire. Si ce n'est le cas pour aucun des candidats, tous sont éliminés à l'exception des deux ayant le plus de voix. C'est alors que l'on compte les votes de second choix. Le candidat ayant le plus de votes de premier et second choix est élu maire. Ken Livingstone a été élu maire en 2000 et réélu en 2004. Les élections doivent avoir lieu tous les quatre ans. Le conservateur, haut en couleur, Boris Johnson a été élu comme nouveau maire de Londres en 2008.

C. EUROPEAN ELECTIONS

- There have been direct **elections** to **elect Members of the European Parliament** (**MEPs**) to the **European Parliament** since 1979. These are held on a fixed date every five years. Originally the UK was divided up into **Euro-constituencies** and the **First-Past-The-Post** (**FPTP**) **electoral system** was used. However, in 1999 two important changes were made. First, a new system of larger Euro-regions was introduced. Thus, the UK is now divided up into 12 Euro regions (England: 9, Wales: 1, Scotland: 1, Northern Ireland: 1) and each elects a certain number of **MEPs**, according to the number of people living in the region, the total being 87 **MEPs**. Second, the **Proportional Representation** (**PR**) voting method was introduced in Great Britain (84 **MEPs**), whilst Northern Ireland uses the **Single Transferable Vote** (**STV**) system (3 **MEPs**). (See Ch.16).

- A **candidate** for the **European Elections** must be over 21 years old and a resident of any **European Union** (**EU**) country. Those eligible to **vote** in **European Elections** include citizens of the United Kingdom over 18 as well as any **EU** citizen living in the United Kingdom.

  Voting for European elections takes place on a Thursday, as for a **general election**. However, counting does not take place until after all the other **EU** countries have finished voting on the following Sunday evening. **Voter** apathy among the British is high for **European Elections** and so **turnout** is very low. For example, in 1999 only 24.1% of those eligible to **vote** in the United Kingdom did so.

  In 2004 the United Kingdom **elected** 27 **Conservative Party** MEPs, 19 **Labour Party** MEPs, 12 **Liberal Democrat Party** MEPs, 12 **UK Independence Party (UKIP)** MEPs, 2 **Green Party** MEPs, 2 **Scottish Nationalist Party** MEPs, 1 **Plaid Cymru** MEP, and 3 other MEPs.

C. LES ÉLECTIONS EUROPÉENNES

- Des élections se tiennent au suffrage universel direct depuis 1979 pour élire les députés européens. Elles ont lieu à date fixe tous les cinq ans. A l'origine, le Royaume-Uni était divisé en circonscriptions européennes et on utilisait le scrutin majoritaire à un tour. Cependant en 1999, deux changements importants ont eu lieu. D'abord un nouveau système de régions plus vastes a été adopté. Ainsi le Royaume-Uni est désormais divisé en 12 régions européennes (neuf en Angleterrc, unc au pays de Galles, une en Ecosse une en Irlande du Nord) et chacune élit un certain nombre de députés européens, en fonction du nombre de personnes vivant dans la région, pour un total de 87 sièges. En second lieu, la méthode de la représentation proportionnelle a été introduite en Grande-Bretagne (84 députés européens), alors que l'Irlande du Nord utilise toujours le scrutin de liste à représentation proportionnelle (trois députés européens).

- Un candidat aux élections européennes doit être âgé de plus de 21 ans et résider dans un pays de l'Union européenne. Les personnes ayant le droit de vote aux élections européennes sont les citoyens du Royaume-Uni de plus de 18 ans et tout citoyen de l'Union européenne résidant au Royaume-Uni.

  Le vote se tient un jeudi, comme pour les élections législatives. Mais, le compte des voix n'intervient pas avant la clôture des votes dans les autres pays de l'Union, le dimanche soir qui suit. L'abstention est forte pour les élections européennes et le taux de participation très bas. Par exemple en 1999, seulement 24,1% des électeurs ont participé au scrutin.

  En 2004, le Royaume-Uni a élu 27 **conservateurs**, 19 **travaillistes**, 12 **libéraux-démocrates**, 12 membres du **parti pour l'indépendance du Royaume-Uni**, 2 verts, 2 membres du **parti national d'Ecosse**, 1 membre du **parti national de pays de Galles** (Plaid Cymru), plus 3 autres.

09 POLITICAL PARTIES

- The **political party** system that exists in the United Kingdom dates back to the 17th century. Although there are a number of **political parties** represented in the **House of Commons**, the United Kingdom has basically been a **two-party system** for over one hundred years. That is to say, since the 1900s power has alternated between two main **political parties**. Governments were either formed from the **Conservative Party** or the **Liberal Party** until the 1920s. Since then, power has been held either by the **Conservative Party** or the **Labour Party**.

- Until recent years it was easy to separate the two main parties. Traditionally, the **Conservative Party** was **right-wing**, primarily advocating **Conservatism** and traditionalism. The **Labour Party** was **left-wing** being principally in favour of **Socialism** and change. However, the lines between the two parties are now somewhat blurred, especially due to the **Labour Party**'s move towards the centre ground under the leadership of modernising Tony Blair. The political landscape has become further complicated by the emergence of a sizeable third party, in the form of the **Liberal Democrat Party**, which also now occupies the centre ground. Thus, positions held by the 3 biggest parties overlap and there is definitely some common ground.

- The dominance of two parties is mainly due to three factors. First, the nature of the **First-Past-The-Post** (**FPTP**) voting system used in **general elections** because it favours large parties (see Chapter 8). Second, political tradition holds that **voters** like having two opposing parties forming strong governments (rather than weaker coalitions). Third, the main **political parties** are "broad churches" having inclusive ideologies. That is to say, **political parties** usually encompass widely different viewpoints centred around a core ideology. For example, the traditionally left-wing **Labour Party** includes supporters who consider themselves to be centre-left, as well as those who would be defined as **Communists** in other countries.

09 LES PARTIS POLITIQUES

- Le système des partis politiques qui existe actuellement au Royaume-Uni remonte au XVIIe siècle. Bien qu'il existe beaucoup de partis représentés aux communes, le Royaume-Uni connaît un système à tendance bipartite depuis plus de 100 ans. C'est-à-dire que depuis les années 1900, le pouvoir a échu de façon alternée aux deux grands partis politiques ; jusqu'aux années 1920, les gouvernements ont été formés soit par le parti conservateur ou le parti libéral. Depuis lors, le pouvoir est détenu par le parti conservateur ou le parti travailliste.

- Jusqu'il y a peu de temps, il était facile de séparer les deux principaux partis. Traditionnellement, le parti conservateur était à droite, défendant le conservatisme et les traditions. Le parti travailliste était à gauche, en faveur surtout du socialisme et du changement. Toutefois, les lignes de partage entre les deux partis sont aujourd'hui beaucoup moins nettes, en grande partie à cause de l'évolution vers le centre du parti travailliste sous la présidence du modernisateur Tony Blair. Le paysage politique est devenu encore plus complexe avec l'émergence d'un troisième parti de taille, en l'occurrence le parti libéral-démocrate, lequel occupe également le centre de l'échiquier politique. Aussi les positions des trois principaux partis se chevauchent-elles et il existe une réelle base commune.

- La domination des deux partis s'explique principalement par trois facteurs. En premier lieu, la nature du système électoral “le premier à passer le poteau” (voir chapitre 8), utilisé dans les élections législatives favorise les grands partis. En second lieu, la tradition politique montre que les électeurs aiment qu'il y ait deux partis opposés formant des gouvernements solides, plutôt que des coalitions fragiles. En troisième lieu, les grands partis politiques sont de “grandes Eglises” avec des idéologies ouvertes. C'est-à-dire que les partis politiques rassemblent des points de vue très différents à partir d'un cœur idéologique. Par exemple, le parti travailliste traditionnellement de gauche, inclut des membres qui se considèrent eux mêmes comme de centre gauche, de même que des personnes qui seraient définies comme communistes dans d'autres pays.

09 POLITICAL PARTIES

A. THE CONSERVATIVE PARTY

- The origins of the **Conservative Party**, officially known as the **Conservative and Unionist Party**, can be traced back to the royalist "**Tory Party**", an English political faction which emerged in the late 17th century. The **Tory Party** defended the interests of conservatives (country **gentry**, merchant classes and official administerial groups) who believed in traditional values and practices; they opposed the **Whigs** (see below). At the beginning of the 19th century, the **Tory Party** collapsed and the **Conservative Party** emerged to replace it during the early 1830s. Today, the **Conservative Party** is sometimes informally called the **Tory Party**: supporters of **Conservatism** and members of the **Conservative Party** are sometimes colloquially called **Tories**, although the proper name is **Conservatives**.

- **Policies**

  The **Conservative Party** is the main **right-wing**, i.e. right-of-centre, **political party** of the United Kingdom.

  The **Conservative Party** advocates a **mixed economy**, i.e. an economy in which some industries and businesses are privately owned and others are publicly owned (state-owned) or nationalised. However, during the 1980s, the **Conservative** Government, led by the **Prime Minister** Margaret Thatcher privatised many nationalised industries including British Airways, British Gas, British Steel, British Telecom, etc. In this way, the role of the State in the economy was reduced ("rolling back the State"), productivity increased and share-ownership of ordinary individuals boosted. Opponents to privatisation accused the **Conservatives** of selling off the country's assets.

  The **Conservative Party** also encourages free enterprise, i.e. an economic system in which commercial organisations are able to compete for trade and profit with little or no state control.

A. LE PARTI CONSERVATEUR

- Les origines du parti conservateur, officiellement parti conservateur et unioniste, remontent au parti royaliste "*tory*", faction politique qui émergea à la fin du XVIIe siècle. Le parti *tory* défendait les intérêts des conservateurs (la petite noblesse rurale, les marchands et les fonctionnaires de l'administration) lesquels croyaient dans les valeurs et les pratiques traditionnelles ; ils s'opposaient en cela aux "*whigs*" (voir plus bas). Au début du XIXe siècle, le parti *tory* disparut et fut remplacé par le jeune parti conservateur à partir des années 1830. Aujourd'hui, le parti conservateur est parfois appelé communément parti *tory* ; les partisans du conservatisme et les membres du parti conservateur sont appelés familièrement *tories*, bien que leur nom exact soit conservateurs.

- **Les idées politiques**

Le parti conservateur est le principal parti politique de droite du Royaume-Uni.

Le parti conservateur défend une économie mixte, en l'occurrence une économie dans laquelle certaines industries et activités commerciales sont dans le domaine privé et d'autres dans le domaine public (propriété de l'Etat) ou nationalisées. Cependant, pendant les années 1980, le gouvernement conservateur, emmené par le Premier ministre Margaret Thatcher a privatisé beaucoup d'industries nationalisées, dont British Airways, British Gas, British Steel, British Telecom, etc. En ce sens, le rôle de l'Etat dans l'économie a été réduit ("recul de l'Etat"), la productivité a augmenté et la propriété d'actions par les individus s'est accrue. Les opposants aux privatisations ont accusé les conservateurs de brader les biens du pays.

Le parti conservateur encourage également la libre entreprise, c'est-à-dire un système économique dans lequel les organisations commerciales peuvent se concurrencer pour le commerce et les bénéfices et profitent d'un faible contrôle de l'Etat, voire de son absence.

A. THE CONSERVATIVE PARTY

- The **Conservative Party** is also in favour of property ownership, i.e. that individuals should possess their own real estate. Between 1979 and 1988, the number of home owners (owner-occupiers) increased by 3 million (from 56.7% to 63.4%). 1 million of these were through the "Right to Buy" programme - launched by Margaret Thatcher - which allowed **council housing** (social **housing**) tenants to buy the property in which they had lived for a certain length of time, at a knock-down price. Thus, the **Conservative Party** succeeded in pushing up owner occupation in the United Kingdom to one of the highest levels in the industrial world. However, little new social **housing** was built to replace that which had been sold.

- **Low personal taxation** is another one of the main **Conservative** policies, i.e. that individuals should not pay high income tax on their earnings.

- The **Conservative Party** has also been traditionally associated with policies of **law and order**, although in recent years the **Labour Party** has encroached on the **Conservatives** "monopoly" on this issue.
  Other key **Conservative** policies include reform of education, **welfare** and the **NHS** with a view to minimalising state regulation. It is also firmly against the United Kingdom "abandoning the pound" in order to adopt the **euro**.

- **Funding**
  The **Conservative Party** obtains substantial funds from private companies and individuals, as well as from constituency **Conservative Associations** and party membership **fees**. However, in recent years donations have decreased dramatically.

  The **Conservative Party voter** tends to be **middle class** or **upper class** and live in the South of England in rural areas, although the Tories also enjoy substantial support among the **working class**.

A. LE PARTI CONSERVATEUR

- Le parti conservateur est également en faveur de la propriété privée : les individus doivent posséder leur propre logement. Entre 1979 et 1988, le nombre de propriétaires de leur logement (propriétaires occupants) a augmenté de 3 millions, passant de 56,7 % à 63,4 %. Un million d'entre eux ont bénéficié du programme "le droit d'acheter" lancé par Margaret Thatcher, qui permettait aux occupants de logements sociaux d'acheter à un prix très bas la propriété dans laquelle ils avaient vécu un certain temps. Ainsi le parti conservateur cst parvenu à augmenter le nombre de propriétaires résidents au Royaume-Uni à un des niveaux les plus élevés du monde industrialisé. Cependant, peu de nouveaux logements sociaux ont été construits pour remplacer ceux qui ont été vendus.

- La faiblesse de l'impôt sur le revenu est un autre point important de la politique des conservateurs : les individus ne doivent pas payer d'impôts sur leurs revenus trop lourds.

- Le parti conservateur est également traditionnellement associé aux politiques de maintien de l'ordre, bien que ces dernières années le parti travailliste ait entamé le monopole des conservateurs sur le sujet.
  D'autres parties importantes de la politique des conservateurs portent sur la réforme de l'éducation, de l'Etat-providence et de la Sécurité sociale, avec pour objectif de rendre minimum le contrôle de l'Etat. Ils s'opposent aussi fermement à "l'abandon de la livre sterling" au profit de l'euro.

- **Financement**
  Le parti conservateur obtient des fonds considérables d'entreprises privées et de personnes, de même que d'associations conservatrices de circonscription et des cotisations des membres du parti. Toutefois, les donations ont récemment décru de façon drastique.

  L'électeur du parti conservateur appartient plutôt aux classes moyennes ou supérieures et vit dans le sud de l'Angleterre à la campagne, bien que les *tories* bénéficient de nombreux soutiens au sein de la classe ouvrière.

A. THE CONSERVATIVE PARTY

- **Party leaders**

During the twentieth century the **Conservative Party** spent more years in power than in opposition. Its longest-serving **Prime Minister** during that time was Margaret Thatcher who was in office uninterruptedly from 1979 to 1990. She was forced to resign and was replaced by John Major without a **general election** being held. William Hague took over the leadership following the crushing defeat of his predecessor in the 1997 **general election**. He was followed by Iain Duncan-Smith (2001-2003), then Michael Howard (2003-2005) and since December 2005 the much younger (born 1966) and more modern **David Cameron**. He has taken the party more towards the centre-right.

Originally **Conservative Party** leaders emerged from the party hierarchy without there being a leadership **election**. In 1965 the party started electing the leader via a **ballot** of all **Conservative MPs**. The possibility of an annual challenge to the leader was introduced in 1975. New rules were made in 1990 to prevent "stalking horse" **candidates** from threatening the leader. William Hague reformed the leadership **election** once again in 1998, in order to give ordinary party members more say. If more than two **candidates** are proposed, initial **ballots** of **Conservative MPs** are held with the lowest placed **candidate** dropping out after each round of voting until only two **candidates** remain. Every member of the **Conservative Party** in the country (via the **constituencies**) then chooses between the final two contenders. As well as after the resignation or death of the party leader, there can now be a leadership **election** if 15% of **Conservative MPs** trigger a **vote** of no confidence. If the leader subsequently wins a simple **majority** of **MPs** **votes** he/she remains in office until he/she resigns, dies or loses an other challenge. If defeated he/she cannot stand for re-**election**.

A. LE PARTI CONSERVATEUR

● Les chefs du parti

Au cours du XXe siècle, le parti conservateur a passé plus de temps au pouvoir que dans l'opposition. Le Premier ministre conservateur qui est resté le plus longtemps en exercice est Margaret Thatcher qui a gouverné sans interruption de 1979 à 1990. Elle fut obligé de démissionner et fut remplacée par John Major sans qu'il y ait eu de nouvelles élections législatives. La direction du parti échut à William Hague après la cuisante défaite de son prédécesseur aux élections législatives de 1997. Ensuite il y a eu Iain Duncan-Smith (2001-2003), puis Michael Howard (2003-2005) et depuis décembre 2005 le beaucoup plus jeune (il est né en 1966) et plus moderne David Cameron. Il a tiré le parti vers le centre.

A l'origine, les chefs du parti conservateur étaient issus de la hiérarchie du parti sans qu'il y ait d'élection. En 1965, le parti a commencé à élire son dirigeant par un vote de tous les députés conservateurs. La possibilité annuelle de le démettre de ses fonctions a été introduite en 1975. De nouveaux règlements ont été établis en 1990 pour limiter les candidatures. William Hague a réformé l'élection du chef de nouveau en 1998, en vue de donner davantage la parole aux simples membres du parti. Si plus de deux candidats sont proposés, un scrutin est organisé entre les députés avec élimination du candidat le plus mal placé à chaque tour de scrutin jusqu'à ce qu'il ne reste que deux candidats. Chaque membre du parti conservateur dans le pays (via les circonscriptions) choisit alors entre les deux candidats finaux. De même qu'en cas de démission ou de décès du chef du parti, il peut y avoir une nouvelle élection si 15 % des députés conservateurs provoquent un vote de défiance. Si le chef remporte la majorité simple des votes des députés, il reste en fonction jusqu'à sa démission, son décès ou la perte de nouvelles élections. En cas de défaite, il ne peut pas se présenter à sa réélection à la tête du parti.

A. THE CONSERVATIVE PARTY

Margaret THATCHER
Margaret Hilda ROBERTS was born on 13 October 1925. She grew up in Grantham in the North of England. In 1943, she won a place at Oxford University, where she read Chemistry and joined the **Conservative Association**. Afterwards she used her degree to secure a job as a research chemist. But **politics** was her passion. In the 1950 **general election** she stood for **election** in the **House of Commons**. She lost then and lost again in 1951. At the end of the same year she married a rich local businessman, Denis Thatcher. She began to read for The **Bar** and passed her **law** exams in 1953. That year she also gave birth to twins. She then practised tax **law** for the next five years.
In 1959 she won the Finchley **seat** in North London. She held junior government office from 1961-1964. Then she entered the **Cabinet** as Minister of Education and Science ("Thatcher the milk Snatcher") from 1970 to 1974. In 1975 the **Conservative Party** needed a new leader and it chose her. Margaret Thatcher became the UK's first woman **PM** in 1979, and she won two further **general elections**. She stayed in office for 11 years giving birth to the term "Thatcherism" (namely: monetarism, privatisation, self-help and anti-**trade unionism**). On taking office she attempted to make the country more competitive. As a result, traditional manufacturing industries were hit hard, with unemployment topping 3 million from 1982 to 1987. She became the most unpopular **Prime Minister** in British history. But the iron-lady was helped by the UK's victory the **Falklands War** in 1982. More conflict was to follow with the long miners' strike of 1984-1985. The introduction of the **Poll Tax (Community Charge)** in the late 1980s led to huge public protest. This, plus her strong anti-Europe stance and strong disagreements with her **cabinet members** who accused her of being over-authoritarian led to her downfall.
In 1990 Michael Hestletine led a **leadership challenge** and eventually she was forced to make a humiliating resignation. She then became a member of the **House of Lords** as a life **peer**. She is now Lady Thatcher.

A. LE PARTI CONSERVATEUR

Margaret THATCHER

Margaret Hilda ROBERTS est née le 13 octobre 1925. Elle a grandi à Grantham au nord de l'Angleterre. En 1943 elle est entrée à l'université d'Oxford où elle a étudié la chimie et s'est inscrite à l'association du parti conservateur. Après quoi elle a trouvé un emploi de chercheur en chimie. Mais la politique était sa passion. Elle se présenta comme candidate à la Chambre des communes lors des élections législatives de 1950. Elle perdit alors, ct de nouveau en 1951. A la fin de la même année, elle épousa un riche homme d'affaire, Denis Thatcher. Elle commença à préparer le barreau et obtint son diplôme de juriste en 1953. Cette même année, elle donna naissance à des jumeaux. Elle pratiqua alors le droit fiscal pendant cinq ans.

En 1959, Elle remporta le siège de Finchley au nord de Londres. Elle occupa des postes mineurs au gouvernement entre 1961 et 1964. C'est alors qu'elle entra au Cabinet en tant que ministre de l'Education et de la recherche (“Thatcher l'arracheuse de lait”) entre 1970 et 1974. En 1975, le parti conservateur eut besoin d'un nouveau chef et l'a élut.

Margaret Thatcher devint la première femme Premier ministre du Royaume-Uni en 1979 et remporta les deux élections législatives suivantes. Elle resta en fonction onze ans, donnant naissance au mot “thatchérisme” (c'est-à-dire, monétarisme, privatisation, responsabilité personnelle et lutte contre les syndicats). En prenant ses fonctions, elle eut pour objectif de rendre le pays plus compétitif. Les industries traditionnelles furent durement touchées, le chômage atteignant trois millions de personnes de 1982 à 1987. Elle devint le Premier ministre le plus impopulaire de l'histoire du Royaume-Uni. Mais la Dame de fer fut aidée par la victoire du Royaume-Uni au cours de la guerre des Malouines en 1982. Vint ensuite un autre conflit : la longue grève des mineurs de 1984 à 1985. L'introduction de la taxe de capitation à la fin des années 1980 provoqua une très large protestation publique. Cela, plus son discours très anti-européen et les désaccords profonds avec des membres de son Cabinet qui l'accusaient d'être trop autoritaire conduisirent à sa chute.

En 1990, Michael Hestletine remporta les élections pour la direction du parti, elle se vit donc contrainte à une démission humiliante. Elle devint alors membre de la Chambre des lords en tant que pair à vie.

A. THE CONSERVATIVE PARTY

TABLE 12A: LEADERS OF THE CONSERVATIVE PARTY

LEADER	YEARS PARTY LEADER	YEARS PRIME MINISTER
Lord (Robert) SALISBURY	1881-1902	1886-1892, 1895-1902
Arthur BALFOUR	1902-1911	1902-1905
Andrew BONAR LAW	1911-1921	
Austen CHAMBERLAIN	1921-1922	
Andrew BONAR LAW	1922-1923	1922-1923
Stanley BALDWIN	1923-1937	1923-1924, 1924-1929, 1935-1937
Neville CHAMBERLAIN	1937-1940	1937-1940
Winston CHURCHILL	1940-1955	1940-1945, 1951-1955
Anthony EDEN	1955-1957	1955-1957
Harold MACMILLAN	1957-1963	1957-1963
Alexander (Alec) DOUGLAS-HOME	1963-1965	1963-1964
Edward (Ted) HEATH	1965-1975	1970-1974
Margaret THATCHER	1975-1990	1979-1990
John MAJOR	1990-1997	1990-1997
William HAGUE	1997-2001	
Iain DUNCAN-SMITH	2001-2003	
Michael HOWARD	2003-2005	
David CAMERON	2005-	

TABLE 13A: LEADERS OF THE LABOUR PARTY

LEADER	YEARS PARTY LEADER	YEARS PRIME MINISTER
Keir HARDIE	1906-1908	
Arthur HENDERSON	1908-1910	
George BARNES	1910-1911	
(James) Ramsay MacDONALD	1911-1914	
Arthur HENDERSON	1914-1917	
William ADAMSON	1917-1921	
John R. CLYNES	1921-1922	
(James) Ramsay MacDONALD	1922-1931	1924, 1929-1931 (1931-1935 head of coalition)
George LANSBURY	1931-1935	
Clement ATTLEE	1935-1955	1945-1951
Hugh GAITSKELL	1955-1963	
Harold WILSON	1963-1976	1964-1970, 1974-1976
(Leonard James) Jim CALLAGHAN	1976-1980	1976-1979
Michael FOOT	1980-1983	
Neil KINNOCK	1983-1992	
John SMITH	1992-1994	
(Anthony) Tony BLAIR	1994-2007	1997-2007
Gordon BROWN	2007-	2007-

B. THE LABOUR PARTY

- The **Labour Party** was established in 1900, originally as the Labour Presentation Committee. It was born from an amalgam of **trade unions** and **Socialist** groups. The main **Socialist** group involved was the **Fabian Society**, founded in 1884, by intellectuals as a political association of British **Socialists**, aiming to establish democratic **Socialism** by gradual and lawful means, as opposed to doing so by revolution. At that time, the **Labour Party**'s aim was to fight for representation for the Labour movement in **Parliament**. Through its support for the rights and interests of **trade unions**, it gave a voice to the **working class**. Its first leader was Keir Hardie.

- The decline of the **Liberal Party** after World War I allowed the **Labour Party** to gain in popularity and to become the second major party in the United Kingdom; the first (short-lived) **Labour** Government was **elected** in 1924 led by Ramsay MacDonald. After World War II the **Labour Party** obtained a **landslide victory** in the 1945 **general election.** This paved the way for massive social reform with the creation of the **Welfare State**, the launching of the **National Health Service (NHS)** in July 1948 and large-scale nationalisation (including coal, steel and the railways).

- But the **Labour Party** lost the 1951 **general election** and the party spent most of the second half of the 20th century in opposition. Its terms in office were often dominated by economic problems and increasingly by **trade union** conflict. The massive industrial action of the "**Winter of Discontent**", 1978-1979, contributed to the defeat of **Labour** in the 1979 **general election**, followed by 18 years in opposition.

B. LE PARTI TRAVAILLISTE

- Le parti travailliste a été créé en 1900. A l'origine il s'appelait Comité pour la représentation des travailleurs. Il est né d'un amalgame de syndicats et de groupes socialistes. Le plus grand groupe socialiste impliqué était la Société fabienne, fondée en 1884 par des intellectuels, comme une association politique de socialistes anglais ayant pour objectif d'établir le socialisme démocratique par des moyens progressifs et légaux, et non par la révolution. A cette époque, le but du parti travailliste était de se battre pour obtenir une représentation du mouvement des travailleurs au Parlement. A travers son appui pour les droits et les intérêts des syndicats, il donna une voix à la classe ouvrière. Son premier chef fut Keir Hardie.

- Le déclin du parti libéral après la Première Guerre mondiale permit au parti travailliste de gagner en popularité et de devenir ainsi le second grand parti au Royaume-Uni ; le premier gouvernement travailliste (de courte durée) fut élu en 1924, et fut dirigé par Ramsay MacDonald. Après la Seconde Guerre mondiale, le parti travailliste obtint une victoire écrasante aux élections législatives de 1945 ; ce qui a ouvert la voie à une réforme sociale de grande ampleur avec la création de l'Etat-providence, le lancement du Système national de santé (*NHS*) en juillet 1948 et des nationalisations à vaste échelle (dans le charbon, l'acier et les chemins de fer).

- Mais le parti travailliste perdit les élections législatives de 1951 et passa la plus grande partie de la seconde moitié du XXe siècle dans l'opposition. Ses passages au pouvoir étaient souvent marqués par des problèmes économiques et la fréquence accrue de conflits syndicaux. Le conflit massif dans l'industrie connu comme “l'hiver du mécontentement” en 1978-1979 contribua à la défaite du parti travailliste aux élections législatives de 1979, qui fut suivie de 18 années dans l'opposition.

- Neil Kinnock was **elected** party leader in 1983 and he set about gradually modernising the **Labour Party**. However, electoral victory of **Labour** was to elude him and so John Smith took over the leadership and modernising process in 1992, only to die suddenly in office in 1994.

- Thus, Tony Blair was catapulted to leadership at just 41. In order to make **Labour** electable modernisation continued unabatedly, with the birth of the concept of **New Labour** representing a new political direction – the **Third Way** – replacing traditional **Socialism**. Symbolically, in its **manifesto** and campaign of the 1997 **general election** the **Labour Party** used the slogan "New Labour New Britain".

This modernisation towards **New Labour** involved change:

a) Constitutional change within the Labour Party. For example, in 1995, following a **vote**, **Labour** abolished **Clause Four** of the party's **constitution** drawn up in 1918. **Clause Four** stipulated that the party was committed to "secure for the workers by hand or by brain the full fruits of their industry and the most equitable distribution thereof that might be possible upon the basis of the **common ownership of the means of production, distribution and exchange**, and the best obtainable system of popular administration and control of each industry or service". This (marxist) **pledge** for nationalisation was replaced by a new **clause** with a commitment to build "a community in which power, wealth and opportunity are in the hands of the many, not the few, where the rights we enjoy reflect the duties we owe, and where we live together freely, in a spirit of solidarity, tolerance and respect": it was the creation of the concept of the **stakeholder society** and & shift away from its origins.

B. LE PARTI TRAVAILLISTE

- Neil Kinnock fut élu chef du parti en 1983 et entreprit de moderniser progressivement le parti travailliste. Toutefois, la victoire aux élections législatives lui a échappé ; ainsi John Smith prit la direction en 1992 et poursuivit le processus de modernisation, mais mourut soudainement en cours de mandat en 1994.

- C'est ainsi que Tony Blair fut propulsé à la direction à l'âge de 41 ans seulement. Afin de rendre le parti travailliste capable de gagner, la modernisation continua à marche forcée avec la naissance du concept de *New Labour*, marquant une nouvelle ligne politique – la troisième voie – à la place du socialisme traditionnel. De façon symbolique, le parti travailliste utilisa dans son manifeste de 1997 pour les élections législatives le slogan "Nouveau parti travailliste, nouvelle Grande-Bretagne".

  Cette modernisation vers le *New Labour* a impliqué des changements :

a) **Des changements constitutionnels à l'intérieur du parti travailliste**
Par exemple, en 1995, à la suite d'un vote historique, le parti a aboli l'article n°4 de son statuts rédigé en 1918. Cet article n°4 stipulait que le parti s'engageait à "assurer aux travailleurs par la main ou les idées tous les bénéfices de l'industrie et la répartition la plus équitable possible sur la base de la propriété commune des moyens de production, de distribution et d'échange, et le meilleur système possible d'administration populaire et de contrôle de chaque industrie ou service". Cette promesse de nationalisation a été remplacée par un nouvel article engageant le parti à construire "une communauté dans laquelle le pouvoir, la richesse et les opportunités sont dans les mains de la majorité, et non d'une minorité, où les droits dont nous jouissons sont contrepartie de nos devoirs, et où nous vivons ensemble librement, dans un esprit de solidarité, de tolérance et de respect" : c'était la naissance du concept d'une "société de dépositaires d'enjeux" et un mouvement idéologique plus centriste.

b) Changes to the internal workings of the party.
For example, the **block vote** used for decision making at the **annual party conference** and the electing of the party leader, was replaced in 1993 by the more democratic **One Member One Vote** (**OMOV**) voting system which removed power from the biggest **trade unions**. At the same time, the party reduced its financial links with the **trade unions** (see below).

c) Changes in policies.
The **Labour Party** repositioned itself towards the political centre or centre-left offering "new politics".
For example, in the past **Labour** was associated with the **policy** of "**tax and spend**", i.e. high personal taxation in order to fund government spending. The expression was coined at the beginning of the 1990s by **Conservatives** to criticise what they considered to be the excessive use of public expenditure on **welfare** and public services, etc.. **New Labour** initially moved away from this traditional image of the **Labour Party**, in order to put across the message that it could be trusted with the economy and that **voters** would not be heavily taxed by a **Labour** government. However, **Labour** is now gradually returning to a more moderate tax-and-spend **policy**, in order to fund health and education as public support now seems to be more in favour of such a measure.

The **Labour Party** now favours a mixed economy and declared in the 1990s it would welcome business as a partner, which had not really been the case until then. From 1997 to 2007 the economy was managed by the ever "prudent" **Chancellor of the Exchequer** Gordon Brown who has since become **Prime Minster**.
Another example of **policy** change is **Labour**'s stance on **law** and order (traditionally **Conservative** ground), with the now famous 1997 **pledge** to be "tough on crime, tough on the causes of crime".

b) **Les changements dans le fonctionnement interne du parti**
Par exemple le vote groupé utilisé pour les prises de décision à la conférence annuelle du parti et l'élection du chef du parti a été remplacé en 1993 par le vote plus démocratique “un membre une voix” (*OMOV*), ce qui enleva du pouvoir aux syndicats les plus puissants. Dans le même temps, le parti réduisit ses liens financiers avec les syndicats (voir plus bas).

c) **Les changements dans les stratégies politiques**
Le parti travailliste s'est repositionné vers le centre - centre gauche en proposant une “nouvelle politique”.
Par exemple, par le passé, le parti travailliste était associé à une politique de “taxation et de dépenses”, c'est-à-dire de lourds impôts individuels pour financer les dépenses du gouvernement. Cette expression a été employée au début des années 1990 par les conservateurs pour critiquer ce qu'ils considéraient comme une utilisation excessive des revenus publics pour les secteurs sociaux. Au départ, le *New Labour* s'est extrait de cette image traditionnelle dans le but de montrer qu'il pouvait être crédible en matière économique et que les électeurs n'allaient pas être imposés lourdement par un gouvernement travailliste. Toutefois, le parti travailliste est en train de revenir progressivement à une politique plus modérée de “taxation et de dépenses” dans le but de soutenir la santé et l'éducation puisque l'opinion publique semble à présent demander davantage de soutien pour ces secteurs.

Le parti travailliste est aujourd'hui favorable à une économie mixte et déclara en 1990 qu'il accueillerait le monde des affaires comme un partenaire, ce qu’il était loin d’avoir fait auparavant. L'économie a été dirigée de 1997 à 2007 par Gordon Brown, prudent Chancelier de l'Echiquier, qui est devenu ensuite premier ministre.
Autre exemple du changement politique, le discours du parti travailliste sur respect de la loi et la sécurité (traditionnellement dans le champ conservateur) avec le désormais célèbre engagement à être “sévère sur les délits, sévère sur les causes des délits”.

More traditional **Labour** policies are still held and the party continues to support social reform and investment in **welfare**, the **NHS** and education: Tony Blair was famous for saying "Education, Education, Education is our number one priority". Public spending on the NHS and education doubled between 1997 and 2007.

During its first term in office the Blair government introduced the Minimum wage (1999). It also carried out radical constitutional reform including introducing **devolution** and changes to the **House of Lords**. Tony Blair also participated actively in the Northern Ireland **Peace Process**.

- **Blairism** is now used to designate the political and economic policies of Tony Blair and is generally deemed to mean the concern for social policies (social reform), at the same time as accepting a market-based economy. Supporters of Tony Blair and Blairism are sometimes called **Blairites** and the term "**Blair's Babes**" was **coined** after the 1997 **general election**, to refer to the high number of female **Labour MPs**.

- After an initial honeymoon period, party members and the media began to denounce the "**control freakery**" (the desire to manage everything) in the top echelons of the Government and the need for **MPs** always to be "**on-message**", i.e. to always give the official party line during interviews which would ideally include a valuable **sound-bite**. Similarly the public relations activities of **spin-doctors** (e.g. Alistair Campbell) and the importance given to them have been greatly criticised. The hierarchy was also accused of relying too much on **focus groups** for **policy** decision-making. Many of the tensions within the party were based on divisions between **Old Labour** (traditionalists) and **New Labour** (modernisers). At the same time, a number of financial scandals (hitherto mainly associated with the **Conservative Party**) have dogged the **Labour Party** (Peter Mandleson, Cash for honours / peerages, etc.).

B. LE PARTI TRAVAILLISTE

Le parti travailliste conserve des idées politiques plus traditionnelles. Il continue d'encourager la réforme sociale notamment dans les domaines de l'Etat-providence, du Système national de santé (*NHS*) et de l'éducation : “Éducation, éducation, éducation” dont le parti déclare que c'est sa “première priorité”. Les dépenses publiques sur le *NHS* et l'éducation ont doublé de 1997 à 2007.

Pendant son premier mandat, le gouvernement Blair a institué le salaire minimum (1999). Il a également mené à bien une réforme constitutionnelle radicale, en mettant en place la décentralisation et des changements pour la Chambre des lords. Tony Blair s'est également fortement impliqué dans le processus de paix en Irlande du Nord.

- Le terme “blairisme” est à présent employé pour désigner les idées politiques et économiques de Tony Blair et désigne son intérêt pour les politiques sociales (réforme sociale) tout en intégrant les lois de l'économie de marché. Les partisans de Tony Blair et du “blairisme” sont parfois appelés “*Blairistes*” et le terme “belles Blair” est né après les élections législatives de 1997, en référence au grand nombre de femmes élues députées travaillistes.

- Après l'état de grâce initial, les membres du parti et les médias ont commencé à dénoncer “l'obsession de contrôle” (le désir de tout gérer) aux échelons supérieurs du gouvernement et le besoin pour les députés de toujours être dans la ligne, c'est-à-dire de donner systématiquement les idées du parti dans les entretiens sous forme de “petites phrases” destinées à être reprises telles quelles par les médias. De même, les activités des conseillers en relations publiques (Alistair Campbell) et l'importance qu'on leur accorde ont été très critiquées. La hiérarchie a aussi été accusée de trop faire confiance aux groupes de discussion pour le choix des politiques. La plupart des tensions à l'intérieur du parti reposent sur les divisions entre l'*Old Labour* (traditionalistes) et le *New Labour* (les modernisateurs). En même temps, un certain nombre de scandales financiers (jusqu'ici la plupart du temps associés au parti conservateur) a éclaboussé le parti travailliste (Peter Mandleson, la vente des titres honorifiques, etc.).

B. THE LABOUR PARTY

- The **Labour Party** was **re-elected** with a big **majority** in the June 2001 and May 2005 **general elections**. However, it must be borne in mind that it is generally accepted that the **Conservative Party** did not represent an effective opposition, concentrating on the **euro** issue which did not capture the **voters**' imagination. Moreover, only 59.3% of the British electorate turned out to **vote** in 2001 and 61.3% in 2005.

  The state of the **NHS** (especially hospitals), education and public transport (in particular the railways), remain the key issues in the eyes of the general public; Tony Blair acknowledged this in his electoral victory speeches of 2001 and 2005 and promised further "investment and reform". When Gordon Brown (born 1951) became PM in June 2007 he said emphasis would be laid on housing.

- **Leaders**
  From 1922 to 1981 the **Labour Party** leader was **elected** by members of the **Parliamentary Labour Party (PLP)**, i.e. **Labour MP**s.
  In 1981, a new Electoral College system was introduced for electing the leader and deputy leader every year. In this way, 40% of the **votes** were allocated to Affiliated Organisations (mostly **Trade Unions**, also **Socialist** Associations), 30% to the **Parliamentary Labour Party (PLP)** and 30% to **Constituency Labour Parties (CLP**s).
  The rules changed again in 1993 when the Electoral College was divided into three equal constituent parts. Furthermore, the **block vote** method of **balloting** was replaced by **the One Member One Vote (OMOV)** voting system. Since then, individual members of the **Labour Party** and those members of affiliated organisations who are eligible to **vote** are given individual **ballot papers** which are counted nationally. Tony Blair was the first **Labour** leader to be **elected** by this method.

B. LE PARTI TRAVAILLISTE

- Le parti travailliste a de nouveau obtenu la majorité des suffrages aux élections législatives de juin 2001 et mai 2005. Il faut cependant garder à l'esprit que le parti conservateur n'a pas représenté une opposition efficace, en raison d'une campagne focalisée sur l'euro qui n'a guère intéressé les électeurs. De plus, seulement 59,3% des électeurs ont participé à ce scrutin en 2001 et 61,3 % en 2005.

  L'état de la Sécurité sociale (en particulier des hôpitaux), de l'Education et des transports en commun (en particulier des chemins de fer) restent les sujets clés aux yeux de l'opinion publique ; Tony Blair l'a reconnu dans ses discours au lendemain des victoires de 2001 et 2005 et a promis un plus grand “investissement financier et des réformes”. Quand Gordon Brown (né en 1951) est devenu premier ministre en juin 2007 il a déclaré que le logement serait prioritaire.

- **Les chefs**

  De 1922 à 1981, le chef du parti travailliste était élu par les membres du groupe parlementaire du parti *(PLP)*, en l'occurrence les députés travaillistes.
  En 1981 un nouveau système mit en place un nouveau collège électoral pour élire le chef du parti et son adjoint chaque année. En ce sens, 40% des votes ont été alloués aux organisations affiliées (la plupart étant des syndicats, mais aussi des associations socialistes), 30 % aux députés travaillistes et 30% aux militants, dans le cadre des circonscriptions électorales du parti.
  Les règles ont encore changé en 1993 quand le collège électoral a été divisé en trois parties égales. De plus, le vote groupé a été remplacé par le système “un membre une voix”. Depuis lors, les membres individuels du parti travailliste et les membres des organisations affiliées ont le droit de vote, pour lequel ils disposent de bulletins individuels décomptés à l'échelle nationale. Tony Blair a été le premier chef du parti élu de cette façon.

B. THE LABOUR PARTY

- **Party funding**
  Traditionally the **Labour Party** was financed principally by **trade unions**. Until 1993 the **Labour Party** obtained 66% of its funding from the **trade unions**. This figure was reduced and in 1997 it was 40% and now it is about 33%. The rest is made up by **Labour Party** membership **fees**, **sponsorship**, commercial events, as well as by individual and corporate donations. However, the **Labour Party** has always attracted less money from the business world than the **Conservative Party**.

TONY BLAIR

Anthony (Tony) Charles Lynton BLAIR was born on 6 May 1953. He attended a public school (Fettes College) in Edinburgh and then St John's College at Oxford University where he studied **law**. He went on to become a **barrister** specialising in **trade unions**. His political career started in 1983 when he was **elected MP** for Sedgefield. For 1984-1987 he was **Opposition Spokesperson** on Treasury & Economic Affairs, 1987-1988: **Opposition Spokesperson** on Trade and Industry, 1988-1989: **Shadow** Energy Secretary, 1989-1992: **Shadow** Employment Secretary and 1992-1994: **Shadow Home Secretary**. In 1994, he became leader of the **Labour Party** and so **Leader of the Opposition**.

In 1997, Tony Blair at 44 years old became **PM**, the youngest for 200 years. In 2001, **Labour** won again and so Tony Blair became the first **Labour PM** in many years to be returned for a 2nd consecutive term of office and with the largest second term **majority** ever gained by any party. An unprecedented third success occurred in 2005.

Tony Blair married his wife Cherie Booth (a successful **lawyer-QC**) in 1980; they have 4 children. Tony Blair modernised the **Labour, Party** turning it into an electoral success: **New Labour**. But, his own popularity never recovered from the Iraq War and his close relationship with George Bush. He stood down from office in 2007.

● **Le financement du parti**
Traditionnellement, le parti travailliste était financé principalement par les syndicats ; jusqu'en 1993 ; il en recevait 66% de ses fonds. Ce chiffre a été réduit, pour tomber en 1997 à 40% et aujourd'hui à environ 33%. Le reste est constitué des cotisations des adhérents du parti, du sponsoring, des événements commerciaux, et de dons individuels ou d'entreprises. Cependant, le parti travailliste a toujours attiré moins d'argent du monde des affaires que le parti conservateur..

Tony Blair

Anthony (Tony) Charles Lynton BLAIR est né le 6 mai 1953. Il a été élève dans une école privée d'Edimbourg (*Fettes College*) et ensuite à l'université d'Oxford au *St John's College* où il a étudié le droit. Il est devenu avocat spécialisé dans les syndicats. En 1983 il a été élu député de Sedgefield (nord de l'Angleterre). De 1984 à 1987 il était le porte-parole de l'opposition pour les affaires économiques et le Trésor ; 1987-88 pour le commerce et l'industrie, 1988-1989 ministre de l'Energie dans le Cabinet fantôme, 1989-92 ministre de l'Emploi dans le Cabinet fantôme et 92-94 ministre de l'Intérieur dans le Cabinet fantôme. En 1994, il est devenu le chef du parti travailliste et ainsi dirigeant de l'Opposition.

En 1997, Tony Blair est devenu Premier ministre à 44 ans, le plus jeune depuis 200 ans. En 2001, le parti travailliste a de nouveau gagné et ainsi Tony Blair est devenu le premier Premier ministre travailliste depuis des années à être reconduit dans ses fonctions pour un second mandat consécutif et avec la majorité la plus large jamais acquise par un parti pour un second mandat consécutif. Une troisième victoire sans précédant suivra en 2005.

Tony Blair a épousé Cherie Booth (avocate et juge célèbre) en 1980 et ils ont 4 enfants. Tony Blair a modernisé le parti travailliste le transformant en un parti dont le succès électoral ne s'est pas démenti : « le parti néo-travailliste ». Mais sa propre popularité ne s'est jamais remise de la Guerre en Irak et de son amitié avec George Bush. Il a démissionné en 2007.

C. THE LIBERAL DEMOCRAT PARTY

The current third party of the United Kingdom is the **Liberal Democrat Party** that was formed in the late 1980s. It is the result of **political party** evolutions going back over centuries.

- The **Whigs**, a reforming (electoral, **parliamentary** and philanthropic) **political party** opposed to the **Tory Party** (see above) represented the **aristocracy** and the moneyed **middle class** at the end of the 18th century and most of 19th century. The **Liberal Party** evolved from the **Whigs** during the 1830s. It was officially created in 1859 and William Gladstone formed the first unequivocally Liberal government in 1868. Until WWI the **Liberal Party** was the second major **political party**. Indeed, from 1905 to 1922 the **Prime Minister** of the United Kingdom was a **Liberal**. However, with the emergence of the **Labour Party** during the first half of the twentieth century, the **Liberal Party** gradually declined in popularity. Members or supporters of the **Liberal Party** were called **Liberals**.

- The **Social Democratic Party** (or the **SDP**) existed from 1981 to 1990. It was created by the "**Gang of Four**": four ex-**Labour MPs** who profoundly disagreed with **Labour Party policy** at that time. Members or supporters of the **Social Democratic Party** were called **Social Democrats**. From 1981 to 1988 the **SDP** formed an alliance with the **Liberal Party**: "the **Alliance**".

  In 1988, the **Liberal Party** finally merged with the **Social Democratic Party** to form the **Social and Liberal Democrat Party** (the **Social and Liberal Democrats**) or the **SLDP**.

  A minority of **SDP** members was not happy about the merger with the **Liberal Party** and relaunched the **SDP** on 8 March 1988 with Dr David Owen as leader. In the end, the party was disbanded in July 1990.

C. LE PARTI LIBÉRAL DÉMOCRATE

L'actuel troisième parti politique du Royaume-Uni est le parti libéral-démocrate, né à la fin des années 1980. Il est le résultat d'évolutions politiques remontant à plusieurs siècles.

- Les *Whigs*, parti politique réformateur (sur les plans électoral, parlementaire et philanthropique) s'opposaient au parti *tory* (voir plus haut), représentaient l'aristocratie et la classe moyenne aisée à la fin du XVIIIe siècle et dans la plus grande partie du XIXe siècle. Le parti libéral naquit des *Whigs* pendant les années 1830. Il fut officiellement créé en 1859 et William Gladstone forma le premier gouvernement indiscutablement libéral en 1868. Jusqu'à la Première Guerre mondiale, le parti libéral fut le deuxième grand parti. En effet de 1905 à 1922, le Premier ministre du Royaume-Uni était un libéral. Cependant, avec la montée en puissance du parti travailliste pendant la première moitié du XXe siècle, le parti libéral perdit progressivement son soutien populaire. Ses membres et partisans étaient appelés les libéraux.

- Le parti social-démocrate (ou *SDP*) a existé de 1981 à 1990. Il a été créé par la “bande des quatre” : quatre anciens députés travaillistes en désaccord profond avec la politique du parti travailliste à cette époque. Les membres ou partisans de ce parti étaient appelés les sociaux-démocrates. De 1981 à 1988, le *SDP* forma une alliance avec le parti libéral : “l'Alliance”.

En 1988, le parti libéral fusionna finalement avec le parti social-démocrate pour former le parti libéral et social-démocrate (les libéraux sociaux-démocrates) ou *SLDP*.

Une minorité des membres du *SDP* n'était pas satisfaite de cette fusion avec le parti libéral et relança le *SDP* le 8 mars 1988 avec David Owen pour chef. Le parti finit par disparaître en juillet 1990.

C. THE LIBERAL DEMOCRAT PARTY

Finally, in 1989, the **SLDP** changed its name to the **Liberal Democrat Party** under the leadership of Paddy Ashdown. It has become the largest third party in **Parliament**, with a big **local government** presence. Members or supporters of the **Liberal Democrat Party** are called **Liberal Democrats** or **Lib Dems**.

- The **Liberal Democrat Party** was originally considered to be centre or centre-left on the political spectrum, but it has recently moved towards the right. It is strongly in favour of the **European Union** (**EU**), the adoption of the **euro**, decentralisation of power, reform of the **electoral system** (**Proportional Representation** – **PR**), constitutional change and in 2003 it voted against going to war in Iraq.

Twice a year, **elected** representatives from **Liberal Democrat constituency** parties assemble at the party conference to establish the party's priorities for government. Every year, conference representatives **elect** a Federal Policy Committee which is responsible for the production of the **policy** papers that are then debated by the **annual conference** and is responsible for **election manifestos**. Party members discuss **policy** papers in local and regional meetings, then their representatives debate and **vote** on **policy** motions and papers at the **annual conference**.

Since 1988 the leader of the party has been **elected** in a postal **ballot** of all individual members of the party, using the **Alternative Vote System** (**AVS**).

- The first Lib-Dem leader was Paddy Ashdown. When he stepped down in 1999 after 10 years he was replaced by Charles Kennedy. Charles Kennedy was forced to resign as party leader at the start of 2006 due to a “drink problem”. Sir Menzies (Ming) Campbell (born 1941) took over, but he left in 2007 due to pressure from within his party linked to his age. The two candidates to be his successor were considerably younger: Nick Clegg (the winner) and Chris Huhne.

C. LE PARTI LIBÉRAL DÉMOCRATE

Finalement, en 1989, le SLDP change de nom pour devenir, le parti libéral-démocrate, sous la houlette de Paddy Ashdown. Il est devenu le troisième parti le plus important au Parlement avec une forte représentation dans les gouvernements locaux. Les membres ou partisans du parti libéral-démocrate sont appelés les Libéraux-démocrates ou *Lib Dems*.

- Le parti libéral-démocrate a été généralement considéré comme au centre ou centre gauche de l'échiquier politique. Récemment, il a évolué plus vers le centre. Il est très favorable à l'Union européenne (UE), à l'adoption de l'euro, à la décentralisation des pouvoirs, à la réforme du système électoral (représentation proportionnelle), aux changements constitutionnels, et en 2003, il a voté contre la guerre en Irak.

Deux fois par an, des représentants élus des circonscriptions *Lib Dem* se rassemblent à la conférence pour établir les priorités du parti pour le gouvernement. Chaque année, des représentants de la Conférence élisent un comité fédéral politique responsable de la production d'articles politiques qui sont ensuite débattus à la conférence annuelle et responsable des manifestes électoraux. Les membres du parti discutent de ces mêmes articles politiques dans des réunions locales et régionales, ensuite leurs représentants débattent des articles et votent les motions politiques lors de la conférence annuelle.

Depuis 1988, le chef du parti est élu par tous les membres individuels du parti, au moyen d'un vote par correspondance, utilisant le système du vote alternatif (*AVS*).

- Le premier chef du parti libéral-démocrate fut Paddy Ashdown. En 1999 il démissionne après dix ans. Charles Kennedy prend le relais mais au début de 2006 il a été obligé de démissionner en tant que chef du parti en raison de son “problème d’alcool”. Il a été remplacé par Sir Menzies (Ming) Campbell (né en 1941) qui fut forcé de démissionner à son tour en 2007 dû à son âge avancé. Les deux candidats pour lui remplacer étaient bien plus jeune : Nick Clegg (le vainqueur) et Chris Huhne.

D. SMALL PARTIES

- Scotland and Wales both have their own nationalist parties. The **Scottish National Party** (**SNP**) was founded in 1934. **Plaid Cymru** is **Welsh** Gaelic for the "Party of Wales" and it was formed in 1925. Their main aim is to promote the constitutional, economic and cultural advancement of Wales and Scotland.
  From the 1960s onwards the two parties called increasingly for **devolution** of power from the central government in **Westminster**. This was achieved to a certain extent in 1999 with the setting up of the Scottish Parliament and the **National Assembly for Wales**. Some supporters want to go even further and favour total independence from England. The two parties usually win a few **seats** in each **general election**, for example, in 2001 the **SNP** won 5 **seats** and **Plaid Cymru** 4 **seats**. However the **SNP** gained control of the **Scottish Parliament** in 2007.

- **Northern Ireland** has four major **political parties** that are usually **elected** to the **House of Commons**. They are divided along clear religious lines: Protestant or Catholic. There are one main **political party** on either religious side which hold relatively moderate views: the Protestant **Ulster Unionist Party** (**UUP**) which advocates the maintenance of union with the United Kingdom and the Catholic **Social Democratic and Labour Party** (**SDLP**) many of whose supporters want to unite Northern Ireland (**Ulster**) and the **Republic of Ireland** (**Eire**) peacefully.
  There are also other minor parties on both sides with more extreme positions: including the Protestant **Democratic Unionist Party** (**DUP**) formed in 1971 by Ian Paisley and the Catholic **Sinn Féin**. **Sinn Féin** is Irish Gaelic for "We Ourselves" and it was founded in 1905, so it is the oldest **political party** in Northern Ireland. It is a nationalist republican **political party**, seeking "the right of Irish people as a whole to attain national self-determination, the unity and independence of Ireland as a **sovereign** state", that is to say, its "objective is to end British rule in Ireland". It is unofficially linked to the **IRA** terrorist organisation.

D. LES PETITS PARTIS

- L'Ecosse et le pays de Galles ont tous les deux leurs partis nationalistes. Le parti national écossais (SNP) a été fondé en 1934. Plaid Cymru signifie en gallois "parti du pays de Galles" et fut formé en 1925. Leurs buts principaux sont de promouvoir l'avancement constitutionnel, économique et culturel de l'Ecosse et du pays de Galles.
  A partir des années 1960 les deux partis exigeaient de plus en plus la décentralisation des pouvoirs du gouvernement central à Westminster ; ce qui fut obtenu en 1999 avec l'établissement d'un Parlement d'Ecosse et d'une Assemblée nationale du pays de Galles. Certains partisans nationalistes veulent aller encore plus loin et demandent l'indépendance totale vis à vis de l'Angleterre. Les deux partis remportent d'habitude quelques sièges dans chaque élection législative, par exemple en 2001, le SNP en a obtenu 5 et le Plaid Cymru 4. Mais en 2007 le SNP a obtenu la majorité au parlement écossais.

- L'Irlande du Nord a quatre partis politiques majeurs qui ont en général des représentants élus aux Communes. Ils sont divisés clairement selon la religion : protestants ou catholiques. Il existe deux grands partis pour chaque religion, deux ont des idées assez modérées : le parti unioniste d'Ulster, protestant, défend le maintien de l'union avec le Royaume-Uni et le parti social-démocrate et travailliste (*SDLP*), catholique, dont beaucoup de partisans souhaitent l'union pacifique entre l'Irlande du Nord (Ulster) et la République d'Irlande (Eire).
  Il y a également d'autres partis des deux côtés, avec des positions plus extrêmes : le parti démocratique unioniste, protestant, fondé en 1971 par Ian Paisley et le *Sinn Féin*, catholique. *Sinn Féin* est le terme gaélique irlandais pour "Nous nous-mêmes" et fut fondé en 1905, c'est donc le parti politique le plus ancien d'Irlande du Nord. C'est un parti politique nationaliste républicain, demandant "le droit du peuple irlandais dans son intégralité à obtenir l'autodétermination, l'unité et l'indépendance de l'Irlande comme Etat souverain", c'est-à-dire que son "objectif est de mettre un terme à la gestion britannique de l'Irlande". Il est officieusement en lien avec l'organisation terroriste *IRA*.

D. SMALL PARTIES

- There are very many very **small parties** in the United Kingdom. However, partially due to the **First-Past-The-Post (FPTP) electoral system** and to some extent the wide scope of the programmes of the major **political parties**, minor parties are very rarely **elected** to the **House of Commons**. The **Communist Party** has not had an **MP elected** since 1945. The main far-right **political party** the **British National Party (BNP)** was formed in 1982 as an offshoot of the **National Front**; it is led by Nick Griffin and it gained a tiny percentage (0.2%) of the country's **vote** in 2001. It is overtly xenophobic, pledging to ensure that the "British people retain there homeland and their identity" and to halt all further immigration. Each **election** there are "fun" or "joke" **candidates**, the most well-known is the "**Official Monster Raving Loony Party**".

- Lastly, there are also **Independent candidates**, i.e. potential **MP**s who are not affiliated to any particular **political party**. **Independents** are usually **elected** during exceptional circumstances, when electors of a **constituency** want to make a particular point regarding a local personality or **policy**. For example, in 1997 the journalist Martin Bell was **elected** to the **House of Commons** in a backlash against the **Conservative MP** Neil Hamilton who had been associated with **sleaze**. In 2001 and 2005, Richard Taylor, a doctor was **elected** in a regional protest **vote** against the **Labour** government's intention to close a local hospital.

- The <u>Political Parties, Elections and Referendums Act</u>, 2000 changed party funding by introducing strict new rules on **political party** fundraising and spending. Parties must now reveal the source of all national donations above £5,000 and all local donations above £1,000. Furthermore, the **law** banned all donations of more than £200 from non-UK **voters**, required shareholders to approve donations from listed companies and set new limits on **election** spending.

D. LES PETITS PARTIS

- Il existe énormément de petits partis au Royaume-Uni. Cependant, en raison, en partie, du système électoral uninominal à un seul tour et dans une certaine mesure, des programmes très larges des grands partis politiques, ces petits partis obtiennent rarement des sièges à la Chambre des communes. Le parti communiste n'a pas eu de député depuis 1945. Le plus grand parti d'extrême droite, le parti national britannique (*BNP*) est né en 1982 d'une scission au sein du Front national ; il est dirigé par Nick Griffin et obtient un très faible pourcentage (0,2%) des votes nationaux en 2001. Il est ouvertement xénophobe, promettant d'assurer que "le peuple britannique préserve sa terre natale et son identité" et d'arrêter toute immigration. A chaque élection, il y a des candidats pour rire, le plus connu est le célèbre "parti officiel du monstre complètement dingue".

- Enfin, il y a des candidats indépendants, qui ne sont affiliés à aucun parti politique. Ces indépendants sont en général élus dans des circonstances exceptionnelles quand les électeurs d'une circonscription veulent faire s'exprimer sur un sujet particulier en ce qui concerne une personnalité ou une politique locale. Par exemple, en 1997, le journaliste Martin Bell a été élu à la Chambre des communes en réaction contre le député conservateur Neil Hamilton qui avait été compromis dans des affaires de mœurs. En 2001 et 2005, Richard Taylor, un médecin a été élu grâce à un vote régional de protestation contre le projet du gouvernement travailliste de fermer un hôpital local.

- La Loi sur les partis politiques, les élections et référendums de 2000 a changé le financement des partis en introduisant des règles très strictes dans la collecte des fonds par les partis et leurs dépenses. Les partis doivent à présent dévoiler la source de toutes les donations nationales de plus de 5 000 livres sterling et toutes les donations locales de plus de 1 000 livres sterling. En outre, la loi a interdit toute donation de plus de 200 livres sterling d'une personne qui ne peut pas voter au Royaume-Uni, exige des actionnaires leur approbation pour les donations d'entreprises, limite les donations et fixe de nouvelles limites aux dépenses électorales.

10 HEALTH AND WELFARE

- World War II led to widespread recognition of social problems, such as poverty and unemployment, which were deeply affecting the United Kingdom. There was a strong feeling that the population should be rewarded for its sacrifice and resolution in the face of adversity. To combat social ills and to boost morale, the coalition government, led by **Conservative** Winston Churchill, promised reforms that would create a more equal society.

- As early as 1940, Ernest Bevin, **Labour** Minister of Labour, asked the Liberal Party member and economist William Beveridge to write a report. It was to be an assessment of existing schemes of **social security** and recommendations on the best ways of helping people on low incomes. It led to the famous <u>**Beveridge Report**</u>, officially named the <u>Report on Social Insurance and Allied Services</u>, 1942.

  The profound idea running through the report was that "the object of government in peace and in war is not the glory of rulers or of races, but the happiness of the common man". This was to be obtained as part of a general **policy** of social progress through co-operation between the individual and the state.

- To achieve this, he advocated the creation of a state-run system of compulsory insurance: a **welfare state**. That is to say, a system of **social security** guaranteeing a minimum level of health and **social services**, in which the government undertakes the chief responsibility for providing the basic social and economic security of its population. He proposed that all people of working age should pay a flat-rate weekly contribution automatically deducted through the pay packet. This would help to build up a fund of money. In return, **benefits** would be paid to the sick, unemployed or those who had suffered industrial injury.

10 LA SANTÉ ET LA SÉCURITÉ SOCIALE

- La Seconde Guerre mondiale a conduit à prise de conscience générale des problèmes sociaux qui touchaient profondément le Royaume-Uni tels que la pauvreté et le chômage. Il y avait alors un sentiment très fort que la population devait être récompensée pour ses sacrifices et sa détermination face à l'adversité. Pour combattre les maux sociaux et encourager la morale, le gouvernement de coalition dirigé par le conservateur Winston Churchill promit des réformes qui allaient créer une société plus égale.

- Dès 1940, Ernest Bevin, ministre travailliste du Travail, demanda au membre du parti libéral et économiste William Beveridge de rédiger un rapport. Celui-ci devait évaluer les structures existantes de sécurité sociale et faire des recommandations sur la meilleure façon d'aider les personnes disposant de faibles revenus. Cela aboutit en 1942 au célèbre Rapport Beveridge, officiellement appelé Rapport sur l'assurance sociale et les services associés.

  L'idée directrice du rapport était que "l'objet du gouvernement en temps de paix comme en temps de guerre n'est pas la gloire des gouvernants et des races, mais le bonheur du simple citoyen". Cela devait être obtenu par une politique générale de progrès social grâce la coopération entre les individus et l'Etat.

- Dans cette perspective, il défendit la création d'un système publique d'assurance obligatoire : un Etat providence. C'est à dire un système de sécurité sociale garantissant un niveau minimum de santé et de services sociaux, dans lequel le gouvernement serait responsable de la sociale et économique de la population. Il proposa que toutes les personnes en âge de travailler paient une contribution hebdomadaire forfaitaire déduite automatiquement du montant du salaire. Cela aiderait à mettre en place des réserves financières. En retour, des allocations seraient versées aux malades, aux chômeurs ou à ceux souffrant d'une maladie professionnelle.

- There would be **benefits** too for widows and an allowance for guardians of children without parents to care for them and a system of **family allowances** for second and subsequent children. There was also to be a marriage **grant**, **maternity grant**, some specific training **grants** and a death **grant**. The scheme would also pay **pensions** at the end of the working life to **retired employees** and the self-employed. The key feature was that people would be eligible to receive these **benefits** and **grants** because they had contributed. Rich and poor would "pay the stamp".

- For those who had not paid enough contributions or were not contributing to the **National Insurance** scheme, there would be a second level of **welfare** provision: the supplementary **national assistance** based on a **means test**. Furthermore, there would be universal access to education and to health services. These would be funded from taxation and would be free at the point of use. Again, everyone in work would pay, but since taxation increased with increasing income, the wealthy would pay more.

- **William Beveridge** argued that this system would provide a minimum standard of living "below which no one should be allowed to fall". Thus, **social security** would be provided "**from cradle to grave**". In this way, the United Kingdom would be able to eliminate what he called the "**5 Giants**": Want, Disease, Ignorance, Squalor and Idleness. Modern day equivalents of these five terms could be poverty, poor health, lack of education, poor **housing** (bad living conditions) and unemployment.

The **Beveridge Report** was universally acclaimed and became a best-seller (256,000 of the full version were sold and 369,000 of the abbreviated version) not the sort of thing that usually happens to government reports!

However, nothing was done during World War II about implementing William Beveridge's recommendations.

- Il y aurait également des allocations pour les veuves et une aide pour les tuteurs ayant la charge d'enfants et un système d'allocations familiales à partir du deuxième enfant. Il devait aussi y avoir une aide pour le mariage, la maternité, quelques aides spécifiques pour la formation professionnelle et pour le décès. Le projet prévoyait également de verser des pensions à la fin de la vie active aux salariés en retraite et aux travailleurs indépendants. Le caractère fondamental étant que les personnes auraient le droit de recevoir ces aides parce qu'elles avaient elles-mêmes contribué. Riches et pauvres allaient "payer le timbre".

- Pour ceux qui n'avaient pas payé assez de cotisations ou ne participaient pas au Système d'assurances sociales, il y aurait un deuxième niveau de Sécurité sociale : l'assistance nationale supplémentaire fondée sur une évaluation des revenus. De plus, il y aurait un accès universel à l'éducation et aux services de santé. Ceux-ci seraient financés par la fiscalité et seraient d'usage gratuit. Les personnes actives contribueraient de nouveau, mais comme les prélèvements seraient proportionnels au revenu, les plus aisés contribueraient davantage.

- William Beveridge disait que ce système mettrait en place un niveau de vie minimum "en dessous duquel personne ne devrait tomber". Ainsi la Sécurité sociale serait assurée depuis le "berceau jusqu'à la tombe". En ce sens, le Royaume-Uni devrait être en mesure d'éliminer ce que Beveridge appelait les "cinq géants" : le besoin, la maladie, l'ignorance, la misère noire, et l'oisiveté. Les termes contemporains équivalents seraient : pauvreté, santé fragile, manque d'éducation, mauvaises conditions de logement et chômage.

Le Rapport Beveridge reçut un accueil triomphal, et devint un succès de vente (256 000 exemplaires de la version intégrale furent vendus et 369 000 de la version abrégée), ce qui n'arrive pas fréquemment à des rapports gouvernementaux !

Cependant, rien ne fut fait pendant la Seconde Guerre mondiale pour mettre en œuvre les recommandations de William Beveridge.

- The **Conservative Party** led by Winston Churchill lost the 1945 **general election**. The **Labour Party** was **elected** on a wave of enthusiasm for collective security and it immediately began to implement William Beveridge's **welfare** proposals. The changes were to provide the basis of British post-war **social security** legislation with its centre the **Welfare State**. The lives of millions were transformed.

  In just five years, copious legislation led to, along with free universal primary and secondary education (see Chapter 12), a house building programme (<u>New Towns Act</u>, 1946, <u>Town and Country Planning Act</u>, 1947, <u>Housing Act</u>, 1949), a comprehensive programme of **benefits** regarding unemployment, old age and much more, as well as free health services.

- The **<u>Family Allowance Act</u>**, 1945, meant a regular sum of money was paid to mothers for second and subsequent children. The first payments were made in August 1945 to more than 2.5 million families.
  The **<u>National Insurance Act</u>**, 1946, created a national **social security** system, which was to form the basis of the new **welfare state**. It was "an extended system of **National Insurance**, providing pecuniary **benefits** by way of **unemployment benefit**, **retirement pension**, **widow's benefit**, **guardian's allowance** and **death grants**". This was funded by compulsory contributions from **employers** and **employees**, with the government funding the balance.
  The **<u>National Assistance Act</u>**, 1948, introduced measures for those who were not covered by the new **social security** system (replaced in 1966 by **Supplementary Benefit**) and scrapped the much-disliked **<u>Poor Laws</u>**.
  The **<u>Children's Act</u>**, 1948, obliged **local authorities** to provide services for children in need.

10 LA SANTÉ ET LA SÉCURITÉ SOCIALE

- Le parti conservateur dirigé par Winston Churchill perdit les élections législatives en 1945. Le parti travailliste fut élu sur la vague d'enthousiasme pour la sécurité collective et commença à mettre en œuvre les propositions de William Beveridge. Les changements ont abouti à construire les bases de la législation de sécurité sociale britannique de l'après-guerre avec pour centre l'Etat-providence. La vie de millions de personnes allait en être transformées.

  En seulement cinq ans, une législation abondante mit en place l'enseignement primaire et secondaire gratuit pour tous les enfants des facilités pour avoir accès à l'éducation (voir chapitre 12), un programme de construction de logements (Loi sur les villes nouvelles, 1946, Loi sur l'aménagement du territoire, 1946/7, Loi sur le logement, 1949), un programme complet d'allocations chômage, d'allocations vieillesse et bien d'autres à l'exemple des services de santé gratuits.

- La Loi sur les allocations familiales de 1945 institua le versement d'une somme régulière aux mères de deux enfants et plus. Les premiers versements intervinrent en août 1945 pour plus de 2,5 millions de familles.
  En 1946, la Loi d'assurance nationale créa un système national de sécurité sociale, qui allait être la base du nouvel Etat-providence. Il s'agissait "d'un système étendu d'assurance nationale, fournissant des aides comme l'allocation chômage, les pensions de retraite, de veuvage, l'allocation de garde d'enfants et l'allocation décès." Il était financé par des contributions obligatoires des employeurs et employés, le gouvernement assurant le reste.
  En 1948, la Loi d'assistance nationale institua des mesures pour ceux qui n'étaient pas couverts par le nouveau système de sécurité sociale (remplacé en 1966 par les allocations supplémentaires) qui remplaça les Lois sur les pauvres très impopulaires.
  En 1948, la Loi sur les enfants obligea les collectivités locales à mettre en place des services pour les enfants en difficulté.

- The **<u>National Health Service Act</u>**, 1946, declared that "everybody, irrespective of means, age, sex or occupation shall have equal opportunity to benefit from the best and most up-to-date medical and allied services available". The Act led to the launching of one of the world's first and most comprehensive health services, the **National Health Service (NHS)**, on July 5, 1948. It provided universal and fully comprehensive medical care "free to all who want to use it."

  Thus, the legislation provided people in the United Kingdom with free diagnosis and treatment of illness, at home or in hospital, as well as dental and ophthalmic services. Patients did not have to pay for a consultation with their doctor (a **General Practitioner - GP**), hospital treatment, or any prescribed medicine.

  It was the realisation of a **Socialist** dream and the cornerstone of the post-war **Labour** government's commitment to rebuild an impoverished post-war Britain.

- But the **NHS** was immensely expensive to set up and then run. This was partially due to the huge surge of demand for medical care from the millions of people who previously had had little or no reliable free health care. Thus, the **NHS** was in financial difficulties almost from the day it was launched with demand running ahead of what the service could supply. This problematic set of circumstances worsened uninterruptedly and continues today, being aggravated by the big increase in **life expectancy** partially due to better health care! Furthermore, additional strain was put on the **NHS** budget as a result of a combination of factors including rising expectations and advances in expensive medical technology.

10 LA SANTÉ ET LA SÉCURITÉ SOCIALE

- En 1946, la Loi sur le Service national de santé déclarait que "chacun, quelque soit ses moyens, son âge, son sexe ou ses fonctions, doit pouvoir bénéficier de la même façon du meilleur et de plus moderne service de santé et des services associés possibles". La loi lança l'un des premiers et des plus complets services de santé du monde, le Service national de santé (*NHS*) le 5 juillet 1948. Il fournissait une prise en charge totale de tous les soins médicaux "gratuits à tous ceux qui voudraient en bénéficier".

  Ainsi, la législation fournit à la population du Royaume-Uni un diagnostic et traitement gratuit de la maladie, à domicile ou à l'hôpital, tant en soins dentaires qu'en ophtalmologie. Les patients ne devaient pas payer la consultation du médecin, l'hospitalisation ou les médicaments prescrits.

  C'était la réalisation d'un rêve socialiste et la pierre d'angle de l'engagement du nouveau gouvernement travailliste d'après-guerre de reconstruire une Grande-Bretagne appauvrie par la guerre.

- Mais le Service national de Santé coûtait très cher à mettre en place et à fonctionner, en partie à cause de l'énorme montée des demandes de soins médicaux de la part de millions de personnes qui n'avaient auparavant bénéficié de très peu voire d'aucun soin de santé gratuit et fiable. C'est pourquoi le *NHS* se retrouva en difficulté financière quasiment dès le jour de son lancement, avec des demandes excédant de loin ce que les services pouvaient fournir. Cette situation a perduré jusqu'à aujourd'hui. Le problème s'est aggravé par la forte augmentation de l'espérance de vie, en raison précisément de la meilleure qualité des soins médicaux ! Des pressions supplémentaires se sont ajoutées sur son budget dans les décennies qui ont suivi, résultant d'une combinaison de facteurs parmi lesquels la hausse des exigences et les progrès dans les technologies médicales onéreuses.

HEALTH AND WELFARE

A. THE THATCHER YEARS

- The year after coming to power Margaret Thatcher proclaimed "The NHS is safe with us". However, the very same year she proceeded to introduce the new Health Service Act, 1980, that reorganised the structure of the **NHS**, thus, decentralisation and cuts began. The big idea was to reduce **bureaucracy** and develop a market orientated, pro-choice system. But the cash crisis within the **NHS** continued, leading to the closure of wards, growing **waiting lists** and the need to review **NHS** financing. To deal with these and other problems, the National Health Service and Community Care Act, 1990, led to further, deeper market orientated reforms of the **NHS.** The act introduced the concept of the internal market within the **NHS**. The state continues to finance a free service, but the "providers": self-governing **Hospital Trusts**, Ambulance Trusts and Community Health Services have to compete for referrals from "purchasers": District Health Authorities and **fund holding General Practioners** (**GP**s) who are now **fundholders** allocated with a specific budget. The most "popular" **hospital trusts** receive the most government funding in order to encourage efficiency and competition. At the same time, certain hospital services were contracted out to sub-contractors (catering, cleaning, etc.). **GP**s were encouraged to "shop around" local hospitals to look for the best deals. Hospitals, whose funding was increasingly linked to performance, were encouraged to be self-financing. At the same time, individuals were encouraged by tax incentives to have private health care.

LA SANTÉ ET LA SÉCURITÉ SOCIALE

A. LES ANNÉES THATCHER

● L'année suivant sa prise de pouvoir, Margaret Thatcher proclama que le "Service national de santé est en sécurité avec nous". Cependant, la même année, elle fit voter la Loi sur le Service de santé (1980) qui réorganisait les structures du *NHS*, ainsi la décentralisation et les coupes sombres commencèrent. La grande idée était de réduire la bureaucratie et de développer un système orienté vers le marché, avec plus de choix pour le patient. Mais la crise financière du *NHS* continuait, menant à la fermeture des salles d'hôpitaux, les listes d'attente s'allongeant et le besoin de réformer le financement du *NHS* devenant toujours plus urgent. Pour résoudre ces problèmes et d'autres, la Loi sur le Service national de santé et les services d'aide à domicile, 1990, poursuivit les réformes pour orienter le *NHS* encore plus vers un système de marché. La loi introduisit le concept de marché interne au *NHS*. L'Etat continue de financer le système de santé gratuit mais les "fournisseurs de services" (les agences hospitalières autonomes, les compagnies d'ambulance et services locaux de santé) devaient se mettre en compétition pour que les "acheteurs de soin" (autorités de santé locales et médecins généralistes devant gérer leur propre budget) orientent vers eux leurs patients. Les plus "populaires" des agences hospitalières autonomes, reçoivent le plus de financements gouvernementaux, dans le but d'encourager l'efficacité et la compétition. En même temps, certains services hospitaliers recourent à la sous-traitance (pour la restauration, l'entretien, etc.). Les médecins généralistes étaient encouragés à "comparer les prix avant d'acheter" des service, des hôpitaux de la région pour rechercher les plus compétitifs. Ceux-ci, dont les financements étaient de plus en plus liés à leurs résultats, étaient incités à recourir à l'autofinancement. En même temps, les individus étaient encouragés par des incitations fiscales à recourir à des soins privés.

A. THE THATCHER YEARS

- It fell on John Major to implement the National Health Service and Community Care Act, 1990. But the crisis within the **NHS** continued so that in 1994 he launched **The Patient's Charter** that set out the rights of patients requiring health treatment. These rights illustrate just some of the problems within the **NHS**, e.g., the right to "immediate assessment of needs when attending an Accident & Emergency Dept." and "guaranteed admission for treatment no later than 2 years from the date of being placed on a **waiting list**". The cost of funding the **NHS** continued to rise and **waiting lists** continued to grow.

- Regarding **welfare**, Margaret Thatcher was eager to reduce the **welfare** budget and what she called the "**dependency culture**". As she said herself, she wanted "to change Britain from a dependent to a self-reliant society; from a give-it-to-me to a do-it-yourself nation; a get-up-and-go, instead of a sit-back-and-wait-for-it Britain".

  But the 1980's were marked by high unemployment and demographic changes, such as more **one-parent families** (**lone parents**), a greater proportion of **old age pensioners**, etc.. All these developments put increasing pressure on the **welfare state** and the **benefits** system in particular. Thus, more was spent on **welfare** in the 1980s in real terms than ever before.

- To combat increased spending, the Thatcher governments dramatically changed the landscape of **welfare** in the United Kingdom. Much of this metamorphosis was the result of the Social Security Act, 1986. In this way, **benefits** were cut or frozen and their appropriation was increasingly based on **means-testing** (rather than **flat-rate** payments), **unemployment benefit** (the **dole**) became subject to taxation and to be **entitled** to it one had to be "actively seeking work", **supplementary benefit** was replaced by the taxed **income support**, the state retirement **pension** was increased only in line with inflation (not index-linked), individuals were encouraged to participate in personal **pension** schemes and take out private health insurance for private health care.

A. LES ANNÉES THATCHER

- Il revint à John Major la responsabilité de mettre en place la Loi sur le Service national de santé et les services d'aide à domicile en 1990. A cette époque, en tant que Premier ministre, la crise du *NHS* se poursuivait au point qu'il dut lancer la Charte des patients en 1994. Elle établit les droits des patients demandant un traitement médical et illustre les problèmes du *NHS*, en l'occurrence le droit à "une prise en charge immédiate des besoins en cas d'accident aux urgences" et "garantit l'admission pour le traitement en moins de deux ans à partir de l'inscription sur la liste d'attente". Mais le coût de financement du *NHS* continua d'augmenter et les listes d'attente de s'allonger.

- En ce qui concerne la Sécurité sociale, Margaret Thatcher avait à cœur de réduire son budget et ce qu'elle appelait la "culture de la dépendance". Comme elle le disait elle-même, elle voulait "changer la Grande-Bretagne société dépendante en une société autonome et responsable ; une nation 'donne-le-moi' à un 'je le fais moi-même' ; une Grande-Bretagne debout et pleine d'allant au lieu d'une Grande-Bretagne assise et attendant".

  Mais les années 1980 ont été marquées par un fort taux de chômage et de changements démographiques, tels que des familles monoparentales plus nombreuses, une plus grande proportion de retraités âgés, etc.. Toutes ces évolutions augmentèrent la pression sur l'Etat-providence et sur le système d'allocations en particulier. Ainsi, l'Etat dépensait plus au cours des années 1980 pour la Sécurité sociale que jamais auparavant en termes réels.

- Les gouvernements Thatcher changèrent radicalement le paysage de l'Etat-providence au Royaume-Uni. La plus grande partie des changements résultèrent de la Loi sur la sécurité sociale de 1986. Elle abaissa ou gela les allocations et les indexa sur les niveaux de revenu (au lieu de paiements forfaitaires), les allocations chômage devinrent imposables et pour en bénéficier, il fallait "rechercher activement du travail", les allocations supplémentaires étaient remplacées par une aide au revenu imposable, les individus étaient encouragés à souscrire des retraites complémentaires et prendre une assurance privée pour les soins dans le secteur privé.

10

HEALTH AND WELFARE

A. THE THATCHER YEARS

On 31 October 1987, Margaret Thatcher made a remark that has stuck in people's minds regarding her vision of **welfare**. She declared, "There is no such thing as Society. There are individual men and women, and there are families". It is thought by some to reflect the two-tier United Kingdom that Margaret Thatcher left behind her after 11 years in office where the rich had become richer and the poor, poorer (despite the **welfare state**). During her time as **PM** Margaret Thatcher "rolled back the State".

10 LA SANTÉ ET LA SÉCURITÉ SOCIALE

A. LES ANNÉES THATCHER

Le 31 octobre 1987, Margaret Thatcher fit une remarque qui frappa les esprits sur sa vision de l'Etat-providence. Elle déclara "la société n'existe pas. Il n'y a que des hommes et des femmes, et des familles". Certains pensent que cela reflète le Royaume-Uni à deux vitesses qu'elle laissa derrière elle après onze ans de gouvernement, où les riches devinrent plus riches et les pauvres de plus en plus pauvres (en dépit de l'Etat-providence). En effet, Margaret Thatcher a considérablement fait "reculer l'Etat" pendant son mandat de Premier ministre.

B. THE NEW LABOUR YEARS

- During the 1997 general election campaign, **Labour**, traditionally the party associated with health and **welfare**, emphasised its intention to improve the **NHS** and **welfare system**. Notably, it **pledged** to reduce hospital **waiting lists** by 100,000. On becoming **PM**, Tony Blair and his Secretary of State for Health developed a health strategy to break the cycle of ill health due to poverty and deprivation. However, the **Labour Party** did not scrap many of the **Conservative** market orientated reforms of the **NHS**.

- However, in 2000 a **NHS** vacancy **survey** suggested that 22,000 more nurses were needed to fill the ever-increasing gap created by disaffected staff leaving the state sector. The NHS Plan, the Government's blueprint for the **NHS**, was published in July 2000. In it **Labour** promised 20,000 more nurses, 2,000 more **GPs**, 7,500 more consultants, 6,500 more therapists, 1,000 more medical school places and more pay for staff in areas with **shortages** by 2004. In the document the Government also explains its vision for future **waiting list** times: a maximum out-patient waiting time of 3 months and a maximum waiting time for surgery of 6 months by the end of 2005, with an aim of reducing it to 3 months. Moreover, by 2004 no one should wait more than 4 hours in Accident and Emergency. To help finance these measures, the **Chancellor of the Exchequer**, Gordon Brown, announced in his annual Budget an "unprecedented increase" in the **NHS** funding.

  Recent developments include the controversial step of sending a small minority of patients abroad to receive treatment, the recruitment of an ever-larger number of nurses and doctors from overseas and the creation of foundation hospitals.

B. *LES ANNÉES NEW LABOUR*

- Pendant la campagne pour les élections législatives de 1997, le parti travailliste, traditionnellement associé à la politique de santé et à l'Etat-providence, souligna son intention d'améliorer le *NHS* et Le système de Sécurité sociale. En particulier, il promit de réduire de 100 000 le nombre de personnes sur les listes d'attente des hôpitaux. Devenu Premier ministre, Tony Blair et son Secrétaire d'Etat à la Santé ont mis en place une politique de la santé pour tenter de limiter les maladies dues à la pauvreté et aux privations. Toutefois, le parti travailliste n'a pas abandonné beaucoup des réformes des conservateurs faisant du *NHS* une sorte de marché.

- Pourtant, en l'an 2000, une enquête sur les places vacantes du *NHS* a estimé à 22 000 le nombre d'infirmières supplémentaires nécessaires pour combler le trou toujours plus profond créé par les personnels insatisfaits ayant quitté le secteur public. Le Projet pour le *NHS*, schéma directeur du gouvernement a été publié en juillet 2000. Le parti y promettait 20 000 infirmières, 2 000 médecins généralistes, 7 500 spécialistes et 6 5000 thérapeutes supplémentaires, ainsi que 1 000 places de plus en écoles de médecine et des hausses de salaires pour les personnels dans régions les particulièrement touchées avant 2004. Dans le même document, le gouvernement indique ses objectifs concernant les listes d'attente : un temps d'attente maximum de trois mois pour les consultations et de six mois pour une intervention chirurgicale avant la fin de 2005, dans le but de réduire ce délai à terme à trois mois. De plus, en 2004, personne ne devrait attendre plus de quatre heures aux services des urgences. Pour aider à financer ces mesures, le Chancelier de l'Echiquier, Gordon Brown annonça dans son budget annuel une "hausse sans précédent" du financement du *NHS*.

  Certaines mesures récentes sont très controversées, parmi lesquelles l'envoi d'une petite minorité de patients à l'étranger pour recevoir des traitements, un recrutement toujours plus important d'infirmières et de médecins étrangers et la transformation de certains hôpitaux en "fondations".

- Nevertheless, consultations with a **GP** continue to be free, as does most hospital treatment. A **flat-rate** (fixed) prescription charge is made for prescribed medicine irrespective of the actual cost of the drug. It was £6.85 in 2007. Various groups of people are exempt from paying this charge including children, full-time students, **senior citizens** (**OAP**s) and the unemployed. Dental treatment and eye checks have to be paid for.

- The British are very much attached to the **NHS** (one of the EU's biggest **employers**). The state of the **NHS** features consistently among the top priorities of citizens. However, despite more than doubling the health care budget between 1997 and 2007, the Labour Party is still criticized due to waiting lists for hospital treatment, the "post-code lottery" of health care (different quality treatment according to where one lives), the rationing of treatment and bureaucracy.

- On coming into office, **New Labour** adopted a tough stance on **welfare** via the Welfare Reform and Pensions Act, 1999. Among many things, the **law** demanded that all benefit claimants must attend interviews within 3 days of making their first claim to discuss **entitlement**, reasons for not working, and to obtain help in getting a job. Furthermore, **means-testing** of **benefit** entitlement continued and stakeholder **pension** schemes were introduced. A **minimum wage** was introduced for the first time ever in the UK on 1 April 1999 at £3.60 an hour for workers aged 22 and over and £3.00 an hour for full-time 18-21 year old workers. It was £5.73 and £4.77 in March 2008.

- Il reste que les consultations d'un médecin généraliste continuent d'être gratuites, de même que la plupart des soins nécessitant une hospitalisation. Une participation forfaitaire est demandée pour les médicaments prescrits sans prise en compte de leur coût réel sur le marché. Différentes catégories de personnes sont dispensées de payer, dont les enfants et les étudiants, les retraités et les chômeurs. La dentisterie et les tests ophtalmologiques sont également payants.

- Les Britanniques sont très attachés au *NHS*, un des plus gros employeurs de l'Union européenne. Le système de santé que représente le NHS figure toujours parmi les trois priorités de la population. Cependant, bien que le gouvernement ait doublé le budget attribué au *NHS* entre 1997 et 2007, le parti travailliste est toujours critiqué en raison des listes d'attentes pour les soins hospitaliers, de la "loterie des soins" (c'est-à-dire la différence dans la qualité des soins selon l'endroit où l'on habite), le rationnement des soins, ainsi que la bureaucratie.

- En accédant au pouvoir, le *New Labour* a adopté une position très ferme sur la Sécurité sociale dans le cadre de la <u>Loi sur la réforme de la sécurité sociale et les retraites</u> en 1999. Parmi de nombreuses mesures, la loi exige que tous les demandeurs d'allocation passent des entretiens dans les trois jours qui suivent leur inscription pour discuter de leurs droits, des raisons de leur situation, et obtenir de l'aide dans la recherche d'un emploi. De plus, l'évaluation des revenus des bénéficiaires est maintenue et des systèmes d'épargne-retraite par capitalisation ont été introduites. A l'inverse, un salaire horaire minimum a été introduit pour la première fois au R-U le 1er avril 1999, d'un montant de 3 livres sterling pour les travailleurs de 22 ans et plus et de trois livres sterling pour les travailleurs âgés entre 18 et 21 ans. Il était de 5,73 et 4,77 livres sterling en mars 2008.

B. THE NEW LABOUR YEARS

- In 2000 the **Labour Party**'s strategy regarding **welfare** moved away from **social security benefits** to **tax credits**. There was a fundamental reform of the tax and **benefit** system transforming the way millions of people receive state support for bringing up their children. In this way, the **Working Families Tax Credit (WFTC)** was launched (replacing **Family Credit**) to help low-income families and "make work pay". People now receive a higher level of support from the state when they are in work, through the tax system, rather than when they are out of work, through the **benefits** system. This was seen as a way to eradicate child poverty, something that Tony Blair **pledge**d to do within 20 years. The Child Poverty Action Group (CPAG) announced in 2001 that, according to its estimates, about 3,000,000 children in the UK are living in poverty, which is one of the highest rates of child poverty in the Western World. In 2002 the Children's Tax Credit (CTC) was introduced as a flagship **policy** of **Labour** for families. The number of children living in poverty has gone down but it remains high.

- Regarding unemployment, in 1999, the **New Deal** was introduced for jobless young people. Under the "**New Deal for Youth**" programme, all people under 25 unemployed for 6 months or more were required to choose to either follow government subsidised training, or carry out a job placement, or do work in the voluntary / environmental sector, rather than remain on the **dole**. It became a key part of **Labour**'s "**Welfare-to-Work**" strategy. The **policy** was to take unemployed people off state **benefits** (**welfare**) and get them into a paid job (work). Thus, to give "**job seekers** a real chance to develop their potential, gain skills and experience and find work [...] by closing the gap between the skills **employers** want and skills people can offer". In 2003 **Labour** extended the "**New Deal**", so now it covers different groups of mid to long term unemployed persons: 18-24, 25 plus, 50 plus, lone parents and disabled people.

- En 2000, la stratégie du parti travailliste en ce qui concerne la Sécurité sociale évolua de l'attribution d'allocations de sécurité sociale à la méthode des crédits d'impôts. Il y a eu une réforme fondamentale du système des impôts et des allocations, transformant la façon dont des millions de personnes reçoivent l'aide de l'Etat pour élever leurs enfants. On lança donc un complément familial pour aider les familles à faible revenu, de manière à ce que "le travail rapporte" : Les personnes reçoivent maintenant une aide plus importante de l'Etat quand elles travaillent, via le crédit d'impôts, que lorsqu'elles sont au chômage, grâce aux allocations. C'est la solution qui a été envisagée pour éradiquer la pauvreté infantile, ce que Tony Blair a promis de faire dans les vingt ans. Le groupe d'action contre la pauvreté des enfants a annoncé en 2001 que selon ses estimations, environ 3 000 000 d'enfants vivaient dans la pauvreté au Royaume-Uni – l'un des taux de pauvreté infantile les plus élevés des pays industrialisés. L'année suivante, les travaillistes ont fait du crédit d'impôt pour les enfants une mesure sociale phare pour les familles. Le nombre d'enfants vivant dans la pauvreté a diminué mais beaucoup moins que prévu.

- Quant au chômage, le "*New Deal*" a été institué en 1999 pour les jeunes sans emploi. Dans le cadre de ce programme, toutes les personnes âgées de moins de 25 ans qui sont au chômage depuis au moins six mois doivent choisir entre suivre une formation rémunérée par le gouvernement, faire un stage en entreprise ou travailler dans le secteur associatif ou l'environnement, plutôt que de rester inactif. C'est devenu une partie clé de la stratégie du parti travailliste "*Welfare-to-Work*". L'idée politique était de retirer les personnes sans emploi des systèmes d'allocations pour leur donner un travail rémunéré. Ainsi, donner aux "chercheurs d'emploi une chance réelle de développer leurs atouts, acquérir des qualifications et de l'expérience et trouver du travail [...] en comblant le fossé entre les compétences que demandent les employeurs et celles que peuvent proposer les personnes". En 2003, le parti travailliste a étendu le "*New Deal*", de manière à ce qu'il couvre maintenant différents groupes de chômeurs de moyenne et longue durée : les 18-24 ans, 25 ans et plus, 50 ans et plus, les parents seuls et les personnes handicapées.

B. THE NEW LABOUR YEARS

When the Beveridge Report, 1942, was written and implemented the structure and expectations of British society were very different to what they are today. It seems clear that visible changes will have to be achieved if the British public is to remain proud of its **Welfare State**.

The main social-economic issue in the 21st century is the growing gap between the rich and poor. The income gap is greater now than a generation ago. This means that there is a lack of social mobility; it is now more difficult to change socio-economic class and climb the social ladder. Thus those born into to poverty (below the **poverty line**) today are likely to say there. Rates of poverty, social exclusion, family breakdown, health problems, low educational attainment, teenage pregnancy and anti-social behaviour are all higher in deprived urban neighbourhoods. For David Cameron these phenomena are all part of what he calls “Broken Britain”.

Quand le rapport Beveridge fut publié en 1942 et mis en application, la structure et les attentes de la société britannique étaient très différentes de ce qu'elles sont aujourd'hui. Il semble clair que des changements visibles devront être opérés si les Britanniques veulent rester fiers de leur Etat-providence.

Le principal sujet socio-économique au XXIe est l'écart qui se creuse entre les riches et les pauvres. Le fossé des revenus est plus grand maintenant qu'il y a une génération. Il en résulte un manque de mobilité sociale ; il est plus difficile de changer de classe socio-économique et de monter l'échelle sociale. Les personnes nées dans la pauvreté (sous le seuil de la pauvreté) aujourd'hui vont probablement y rester. Les taux de pauvreté, exclusion sociale, divorce, problèmes de santé, échec scolaire, conceptions chez les mineurs, comportement anti-sociaux sont tous plus élevés dans les quartiers urbains défavorisés. Pour David Cameron ces phénomènes font partie de ce qu'il appelle la “Grande-Bretagne brisée”.

11 THE WORK ENVIRONMENT

According to official statistics, in 2001, the total potential **workforce** (labour force) of the United Kingdom numbered 29.6 million people, of whom 45% were women. 20.6 million men and women were in full-time employment, whereas 7.15 million people were in part-time employment (1.5 million men and 5.65 million women).

The current British workforce is flexible and mobile; at the same time, short-term contracts are becoming more prevalent and the work place increasingly deregulated.

The average working week of workers in the United Kingdom is the longest in Europe. A directive from **European Union** stipulates that the maximum working week should be 48 hours, after which one should be paid **overtime**. Accordingly in Britain since 1998, there are the **Working Time Regulations** which set the legal upper limit of working hours at 48, on average, over 17 weeks. But there are lots of derogations and the directive is not strictly applied. Thus many people work more hours than this.

Official state retirement age is 65 years for men and between 60 and 65 for women, depending on their date of birth. It is set to rise to 68 by 2030. In fact, more and more people are taking early retirement; approximately half of all men and a third of all women **retire** before the state **pension** age (sometimes linked to occupational schemes). This means that in 2002, the average age of effective retirement was 62 for men and 59 for women, which is higher than many other **EU** countries.

Selon les statistiques officielles, en 2001, le Royaume-Uni disposait d'une force de travail de 29,6 millions d'actifs, dont 45% de femmes. 20,6 millions d'hommes et de femmes travaillaient à plein temps, 7,15 millions à temps partiel (dont 1,5 millions d'hommes et 5,65 millions de femmes).

La main d'œuvre britannique est souple et mobile ; en même temps, les contrats à durée déterminée sont devenus plus fréquents et le marché du travail très peu réglementé.

La durée hebdomadaire moyenne du travail est au Royaume-Uni la plus longue d'Europe. Une directive européenne stipule que la semaine de travail ne doit pas excéder 48 heures, seuil au-delà duquel on doit rémunérer les heures supplémentaires. Ainsi, depuis 1998, en il y a la Réglementation sur les heures de travail britannique qui établi le plafond réglementaire aux heures travaillées à 48 heures en moyenne sur 17 semaines. Il existe pourtant de nombreuses dérogations et les règles ne sont pas strictement appliquées. Beaucoup de personnes dépassent ce seuil.

L'âge officiel de la retraite est de 65 ans pour les hommes et entre 60 et 65 ans pour les femmes, en fonction de leur date de naissance. Il va passer à 68 avant 2030. En fait, de plus en plus de personnes partent plus tôt en retraite ; environ la moitié des hommes et un tiers des femmes prennent leur retraite avant l'âge officiel (parfois dans le cadre de plans sociaux de retraites anticipées). Aussi en 2002, l'âge effectif de départ à la retraite était-il de 62 ans pour les hommes et 59 ans pour les femmes, ce qui reste plus élevé que dans beaucoup d'autres pays de l'Union européenne.

With the Industrial revolution, class divisions were based mainly on people's jobs. There was the **working class**, the **middle class**, and the **upper class** including the **aristocracy**.

The decline of traditional smokestack industries, leading to fewer manual jobs, combined with upward social mobility, leading to greater wealth and higher **living standards**, mean that there are now fewer people in the manual **working class** and more in the **middle class**.

Nowadays, we tend to define people according to occupation and income. There are
1) **Unskilled workers** (e.g. refuse collectors, cleaners & labourers).
2) **Semi-Skilled workers** (e.g. postmen/women).
3) **Manual skilled workers** (e.g. **coal miners**).
4) **Non-manual skilled workers** (e.g. clerks).
5) **Intermediate professional, managerial and administrative workers** (e.g. sales managers & school teachers).
6) **Higher-grade professional, managerial and administrative workers** (e.g. doctors & **lawyers**).

The British Market Research Association (BMRA) uses the ABC scale: A = Upper Middle – professional, higher managerial (3% of households). B = Middle – middle managers (16%). C1 = Lower Middle – juniors managers, routine white collar (26%). C2 = Skilled – plumbers, carpenters, mechanics, etc. (26%). D = Semi-skilled and unskilled – manual workers (17%). E = Residual – dependent on long-term benefits (13%).

Moreover, new terms have emerged in recent years: **the underclass**, to define the very poor, those living below the **poverty line** and the **working poor**.

11 LE MONDE DU TRAVAIL

Avec la Révolution industrielle, la population du Royaume-Uni était constituée de trois grandes classes sociales, division largement fondée sur le travail, en l'occurrence la classe ouvrière, les classes moyennes et la classe supérieure dont fait partie l'aristocratie.

Le déclin des industries traditionnelles, engendrant un moindre besoin de moins d'œuvre manuelle, ainsi que la mobilité sociale ascendante permettant un enrichissement et des niveaux de vie plus élevés, expliquent qu'il y a aujourd'hui moins de personnes dans la classe ouvrière et davantage parmi les classes moyennes.

De nos jours, on a tendance à définir une personne en fonction de son travail et de son revenu. Il y a
1) les travailleurs peu qualifiés (par exemple, les éboueurs, les agents d'entretien et les travailleurs agricoles)
2) les travailleurs semi-qualifiés (par exemple, les employés des postes)
3) Les techniciens manuels (par exemple, les mineurs de charbon)
4) les travailleurs qualifiés non manuels (par exemple, les employés de bureau)
5) les professions intermédiaires, travailleurs de l'administration et managers (par exemple, les directeurs commerciaux et les enseignants)
6) les travailleurs hautement qualifiés, dans le secteur privé ou l'administration (par exemple, les médecins et les juristes).

L'Association britannique des études de marché emploi l'échelle ABC. A = travailleurs des professions libérales, PDGs (3 % des foyers). B = cadres moyens (16 %). C1 = cadres, employés de bureau (26 %). C2 = travailleurs qualifiés – plombiers, menusiers, mécaniciens garagistes, etc. (26 %). D = travailleurs semi qualifiés et travailleurs manuels (17 %). E = Résiduels – dépendants à longue terme sur les allocations (13 %).

De plus, de nouveaux termes se sont répandus ces dernières années – le quart monde – pour définir les personnes très pauvres, vivant sous le seuil de pauvreté et les travailleurs pauvres.

A. EMPLOYMENT AND UNEMPLOYMENT

After WWII the **unemployment rate** rose steadily through the decades. The number of unemployed persons (persons **on the dole**) hit 1 million for the first time in 1975 and continued to rise, mainly due to the poor economic state of the United Kingdom and the decline of manufacturing which provided many jobs.

During Margaret Thatcher's period in office, unemployment was at its highest level of the 20th century. It reached an historical peak in 1986 at nearly 3.5 million people (approximately 12% of the workforce).

However, from 1993 to 2001 the unemployment rate fell continuously, and so on average in 2001 it was at 3.2% of the workforce, considered by some economists to represent **full employment**. This drop was partially due to the development of the service (tertiary) sector, but also as a result of specific employment policies. However, the unemployment rate started to increase during 2002 and it stood at 5.7% in December 2008, compared to 8.0% in France and 7.5% in the Euro area.

COUNTING THE UNEMPLOYED

There are two main ways of measuring unemployment. One is the **International Labour Office (ILO)** Labour Force Survey: a count of all the people officially unemployed in the country. This is the official method used in the United Kingdom. The other is the claimant count: the number of people out of work and claiming **unemployment benefit** (the **dole**). Obviously, the latter provides lower unemployment rates.

A. L'EMPLOI ET LE CHÔMAGE

Après la Seconde Guerre mondiale, le taux de chômage a augmenté régulièrement pendant plusieurs décennies. Le nombre des sans-emploi a atteint un million pour la première fois en 1975 et a continué d'augmenter, en grande partie à cause des difficultés économiques du Royaume-Uni et du déclin des industries traditionnelles pourvoyeuses d'un grand nombre d'emplois.

Pendant le mandat de Margaret Thatcher, le chômage a atteint son plus haut niveau au XXe siècle, avec son maximum historique en 1986 à presque 3,5 millions de personnes, soit environ 12% de la population active.

Cependant, de 1993 jusque 2001, le taux de chômage a continuellement baissé, au point de tomber en 2001 à 3,2 % de la population active, taux que certains économistes considèrent comme le plein emploi. Cette chute s'explique en partie par le développement des services, mais est également le résultat de politiques spécifiques de l'emploi. Toutefois, le taux de chômage a augmenté de nouveau en 2002 pour se situer à 5,7% en décembre 2008, comparé à 8,0% en France et 7,5% dans la zone euro.

COMPTER LES CHÔMEURS

Il existe deux grandes façons de recenser les chômeurs. La première est celle du Bureau International du Travail (BIT), l'Enquête sur la population active : un recensement de toutes les personnes officiellement au chômage au Royaume-Uni. C'est la méthode employée officiellement au Royaume-Uni. La seconde est le recensement des demandeurs : le nombre de personnes au chômage et demandant à bénéficier des allocations chômage. Evidemment, la seconde donne des taux moins élevés.

A. EMPLOYMENT AND UNEMPLOYMENT

Soon after the **Labour Party** came to power in 1997 it introduced the "**New Deal**" programme for young unemployed people (see Chapter 10).

TABLE 14A: % LABOUR FORCE UNEMPLOYED, UK, 1940-1979

YEAR	%	YEAR	%
1940	06.0	**1960**	01.7
1941	02.2	**1961**	01.6
1942	00.8	**1962**	02.1
1943	00.6	**1963**	02.6
1944	00.6	**1964**	01.7
1945	01.3	**1965**	01.5
1946	02.5	**1966**	01.6
1947	03.1	**1967**	02.5
1948	01.8	**1968**	02.5
1949	01.6	**1969**	02.5
1950	01.6	**1970**	02.7
1951	01.3	**1971**	03.5
1952	02.2	**1972**	03.8
1953	01.8	**1973**	02.7
1954	01.5	**1974**	02.6
1955	01.2	**1975**	04.2
1956	01.3	**1976**	05.7
1957	01.6	**1977**	06.2
1958	02.2	**1978**	06.1
1959	02.3	**1979**	05.3

A. L'EMPLOI ET LE CHÔMAGE

Aussitôt après que le parti travailliste ait accédé au pouvoir en 1997, il a institué le programme *"New Deal"* pour les jeunes au chômage (voir chapitre 10).

TABLE 14B: % LABOUR FORCE UNEMPLOYED, UK, 1980-2009

YEAR	%	YEAR	%
1980	06.8	**1995**	08.6
1981	10.4	**1996**	08.2
1982	10.9	**1997**	07.7
1983	11.7	**1998**	06.1
1984	11.6	**1999**	06.0
1985	11.7	**2000**	05.5
1986	11.8	**2001**	04.8
1987	10.8	**2002**	05.2
1988	08.8	**2003**	05.0
1989	07.2	**2004**	04.8
1990	06.8	**2005**	04.7
1991	08.4	**2006**	05.6
1992	09.7	**2007**	05.4
1993	10.3	**2008**	05.7
1994	09.6	**2009**	–

Source: ONS, Labour Force Survey, Labour Market Trends.

THE WORK ENVIRONMENT

A. EMPLOYMENT AND UNEMPLOYMENT

TABLE 16A: UNEMPLOYMENT, UK, 1940-1999

Highest figure for the year, in thousands (000s)

1940	1,471	**1960**	461	**1980**	2,244
1941	653	**1961**	419	**1981**	2,772
1942	162	**1962**	566	**1982**	3,097
1943	104	**1963**	878	**1983**	3,225
1944	84	**1964**	501	**1984**	3,284
1945	111	**1965**	376	**1985**	3,346
1946	408	**1966**	564	**1986**	3,408
1947	1,916	**1967**	603	**1987**	3,297
1948	359	**1968**	631	**1988**	2,772
1949	413	**1969**	595	**1989**	2,074
1950	404	**1970**	628	**1990**	1,850
1951	367	**1971**	868	**1991**	2,552
1952	468	**1972**	929	**1992**	2,983
1953	452	**1973**	785	**1993**	3,062
1954	387	**1974**	628	**1994**	2,887
1955	298	**1975**	1,152	**1995**	2,503
1956	297	**1976**	1,440	**1996**	2,311
1957	383	**1977**	1,567	**1997**	1,908
1958	536	**1978**	1,608	**1998**	1,479
1959	621	**1979**	1,464	**1999**	1,400

Source: David BUTLER, Gareth BUTLER, British Electoral Facts. London, Macmillan, 1999.

A. L'EMPLOI ET LE CHÔMAGE

TABLE 17A: UNION MEMBERSHIP, UK, 1900-2005

In thousands (000s)

1900	01,911	**1955**	09,556
1905	01,967	**1960**	09,835
1910	02,477	**1965**	10,325
1915	04,145	**1970**	11,179
1920	07,926	**1975**	12,184
1925	05,544	**1980**	13,289
1930	04,858	**1985**	10,994
1935	04,590	**1990**	10,158
1940	06,298	**1995**	08,278
1945	08,087	**2000**	07,300
1950	09,274	**2005**	06,390

Sources: David BUTLER, Gareth BUTLER, British Electoral Facts. London, Macmillan, 1999 et le journal The Observer.

TABLE 18A: DENSITY OF UNION MEMBERSHIP IN TOTAL LABOUR FORCE, (%), UK, 1901-2005

1901	12.6	**1974**	49.6
1911	17.7	**1981**	43.7
1920	45.2	**1991**	34.3
1938	29.5	**2001**	30.0
1951	44.1	**2003**	29.1
1961	43.1	**2004**	28.8
1970	47.7	**2005**	29.0

Sources: ONS, Labour Force Survey.
Trade Union Membership 2005 report published by DTI on 14 March 2006.

B. TRADE UNIONS

Trade unions became legal in the United Kingdom due to the Trade Union Act, 1871. Some years later, in 1900, the **Labour Representation Committee (LRC)** was founded, in order to obtain **parliamentary** representation for the **trade unions**. In 1906, the LRC succeeded in getting 29 of its **MPs elected** to the **House of Commons** and it changed its name to the **Labour Party**. **Trade union** membership steadily increased (see table below).

In May 1926 there was a 10-day General Strike called by the **TUC** (see below) mainly because of economic problems after WWI. The following year, the Trade Disputes and Trade Unions Act, 1927, restricted the political activities of **trade unions** and regulated the conduct of trade disputes. As a result, **trade union** membership started to shrink, despite the fact that the labour force was growing in size.

After WWII **trade union** membership began to increase and it continued to do so through the 1960s and the 1970s, as did the power of the **trade unions** themselves. Consequently, both the **Labour Prime Minister** Harold Wilson and the **Conservative Prime Minister** Edward Heath suffered at the hands of the unions.

Union membership reached its peak at the end of the 1970s during the **Labour** Government of Jim Callaghan. High membership (over 50% of the workforce), combined with strong links with the **Labour Party**, meant that the unions **wielded** much power. Indeed, it was said that the unions and not the **Cabinet** decided government **policy**.

B. LES SYNDICATS

Les syndicats ont été autorisés au Royaume-Uni par la Loi sur les syndicats de 1871. Quelques années plus tard en 1900, le Comité de représentation du travail (*LRC*) était fondé, en vue d'obtenir une représentation parlementaire pour les syndicats. En 1906, le *LRC* parvint à ses fins et obtint 29 sièges à la Chambre des communes ; il changea alors de nom et devint le parti travailliste. Le taux de syndicalisation augmenta de façon continue (voir tableau ci-dessous).

En mai 1926, le *TUC* organisa une grève générale de dix jours (voir plus bas) en raison essentiellement des problèmes économiques consécutifs à la Première Guerre mondiale. L'année suivante, en 1927, la Loi sur les conflits dans l'industrie et les syndicats, restreignit les activités politiques des syndicats et réglementa les conflits salariaux. En conséquence, le taux de syndicalisation commença à baisser, bien que la population active ait été alors en augmentation.

Après la Seconde Guerre mondiale, le nombre de personnes syndiquées commença à augmenter et cette croissance se poursuivit pendant les années 1960 et 1970. Pendant cette période, les effectifs des syndicats se sont accrus de même que le pouvoir des syndicats eux-mêmes. Par conséquent, tant le Premier ministre travailliste Harold Wilson que son successeur Edward Heath ont souffert des pressions des unions syndicales.

Les effectifs des syndicats ont atteint un sommet à la fin des années 1970 sous le gouvernement travailliste de Jim Callaghan. Le fort taux de syndicalisation (plus de 50 % de la population active), ainsi que les étroites relations avec le parti travailliste ont permis aux unions de disposer d'une forte influence. En effet, on disait alors que c'étaient les syndicats et non le Cabinet qui décidait de la politique du gouvernement.

Events came to head at the close of 1978, which came to be known as the "**Winter of Discontent**". Due to the economic crisis, Jim Callaghan, the **Labour Prime Minister** wanted to impose a 5% limit on public sector pay increases (inflation was 20%+). But the unions were not happy with such pay restraints which led to substantial industrial unrest: hospital workers, teachers, railway workers, power supply workers, undertakers and refuse collectors, etc. went on strike. In the end, Callaghan capitulated and the "**Winter of Discontent**" contributed to the downfall of the **Labour** government in the **general election** of 1979.

Margaret Thatcher won the 1979 **general election** and set about "smashing the unions", which she considered to be too powerful and dangerous for the British economy. An example of her willpower to do so was the long and often violent miners' strike. The **National Union of Mineworkers (NUM)**, led by Arthur Scargill, was on strike from March 1984 to March 1985, due to **Conservative** plans to close **coal pits**. The **NUM** lost and Margaret Thatcher's determination to smash the unions was redoubled.

La situation est devenue explosive à la fin de l'année 1978, lors de "l'Hiver du mécontentement". En raison de la crise économique, Jim Callaghan, le Premier ministre travailliste tenta de limiter à 5% la progression des salaires du secteur public. Mais les syndicats ne furent pas satisfaits de telles limites aux salaires et organisèrent une grande grève dans l'industrie. Les employés des hôpitaux, les enseignants, les employés des chemins de fer, des centrales électriques, des pompes funèbres, les éboueurs etc. se mirent en grève. Callaghan dut finalement capituler et "l'Hiver du Mécontentement" fut probablement responsable de la chute du gouvernement travailliste aux élections législatives de 1979.

Margaret Thatcher remporta les élections législatives de 1979 et entreprit de "casser les syndicats" qu'elle considérait comme trop puissants et dangereux. Un exemple de sa volonté fut la longue et souvent violente grève des mineurs. L'Union nationale des travailleurs des mines (*NUM*), dirigée par Arthur Scargill se mit en grève de mars 1984 à mars 1985, en raison des plans des conservateurs pour fermer les puits de charbon. Le *NUM* fut perdant et la détermination de Margaret Thatcher en sortit renforcée.

Indeed, Margaret Thatcher gradually reduced the power of **trade unions** by passing 6 **Acts of Parliament** (**laws** or **statutes**) during the 1980s: the Employment Act, 1980, the Employment Act, 1982, the Trade Union Act, 1984, the Employment Act, 1988, the Employment Act, 1989 and the Employment Act, 1990. Her successor John Major continued in same the vein with the Trade Union Reform and Employment Rights Act, 1993.

Trade union membership has steadily decreased since its peak in 1979. There are many reasons for this including:

- anti-union legislation initiated by Margaret Thatcher,
- the decline of the traditional smokestack industries which were heavily unionised,
- the increase of the tertiary (service) sector, which tends to be less unionised,
- more women are now in the work force and women tend to be less unionised than men,
- a more flexible labour market, with more part-time jobs and **employees** which tend to be less unionised,
- a loosening of **trade union** links with the **Labour Party**.

However, trade unions, under the guidance of the TUC, are now making a concerted effort to modernise and are trying to encourage more young people to join. Affiliation remains at around 30% of the working population – much higher than in France.
At the same time, the Labour Party has been loosening its links with the trade unions (see Ch.9).

En effet Margaret Thatcher réduisit progressivement les pouvoirs des syndicats en faisant voter six lois parlementaires pendant les années 1980 : les Lois sur l'emploi de 1980 et 1982, la Loi sur les syndicats de 1984, les Lois sur l'emploi de 1988, de 1989 et de 1990. Son successeur John Major poursuivit sur cette voie avec le vote de la Loi sur les droits de l'emploi et la réforme des syndicats en 1993.

Les effectifs des syndicats ont régulièrement baissé depuis le sommet de 1979. Cela s'explique par diverses raisons, parmi lesquelles :

- la législation "antisyndicale" initiée par Margaret Thatcher,
- le déclin de certaines industries traditionnelles fortement syndicalisées
- le développement du secteur tertiaire peu syndicalisé,
- le développement du travail féminin, alors même que les femmes sont moins syndiquées que les hommes,
- le marché du travail devenu plus flexible, avec davantage d'emplois à temps partiel et des employés moins syndiqués,
- le relâchement des liens entre les syndicats et le parti travailliste.

Cependant, les syndicats, sous la direction du TUC font maintenant un effort général pour se moderniser et essaient d'encourager les jeunes à s'affilier. Environ 30% de la population active britannique est affilié à un syndicat – beaucoup plus qu'en France.

En même temps, le parti travailliste a relâché ses liens avec les syndicats (voir chapitre 9).

B. TRADE UNIONS

The TUC

The **Trades Union Congress** (**TUC**) is the organisation that represents an overwhelming majority of the United Kingdom's trades unions. It "campaigns for a fair deal at work and for social justice at home and abroad". More than seventy unions, with a total of more than 7 million members, are affiliated to the **TUC**. The **TUC** is headed by a General Secretary – Brendan Barber since 2003 – who is **elected** for life.
The **TUC** holds a four-day **annual conference** every September for **policy**-making purposes. Each affiliated union can send delegates to Congress, the larger the union, the more it can send. At Congress motions (resolutions for debate) are proposed and discussed. These form the basis of the **TUC**'s work for the following year.

Many unions have joined together (amalgamated) in recent years meaning that there are fewer but bigger unions. The top five unions nowadays are **UNISON**, TGWU (Transport and General Workers Union), AEEU (Amalgamated Engineering and Electrical Union), GMB (General Municipal Boilermakers), USDAW (Union of Shop, Distributive and Allied Workers).

The CBI

The **Confederation of British Industry** (**CBI**) which calls itself "the Voice of Britain" was founded in 1965 (it is the equivalent of the *MEDEF* in France). The **CBI** is the "premier organisation speaking for companies in the United Kingdom" as it represents firms from all sectors of the business community, acting as a lobbying organisation. The **CBI**'s stated aim is "to help create and sustain the conditions in which businesses in the United Kingdom can compete and prosper". It is also a "source of expert advice and information, and a forum for the generation of ideas, best practice exchange and high-powered networking". In the past the **CBI** was closely associated with the **Conservative Party**, but their ties have loosened in recent years and in 1999 Tony Blair became the first serving **Labour Prime Minister** to address a **CBI** conference.

Le TUC

Le Congrès des syndicats (TUC) est l'organisation qui représente la très grande majorité des syndicats du Royaume-Uni. Il "fait campagne pour des conditions de travail honorables et pour la justice sociale dans le pays et à l'étranger". Plus de 70 syndicats, avec un total de plus de 7 millions d'adhérents, sont affiliés au TUC. Le TUC est dirigé par un secrétaire général élu à vie – Brendan Barber depuis 2003.

Le TUC tient une conférence annuelle de quatre jours en septembre pour décider des stratégies. Chaque syndicat affilié peut envoyer des délégués au congrès, leur nombre dépendant de son importance. Lors du congrès, des motions (résolutions à débattre) sont proposées et discutées. Elles forment la base de travail du TUC pour l'année à venir.

Beaucoup de syndicats ont fusionné ces dernières années, pour donner des syndicats moins nombreux mais plus importants.

La CBI

La Confédération de l'industrie britannique (*CBI*) qui se désigne elle-même comme "la voix de la Grande-Bretagne" a été fondée en 1965 ; c'est l'équivalent du MEDEF en France. La *CBI* est "la première organisation parlant au nom des entreprises au Royaume-Uni" en tant que représentante des entreprises de tous les secteurs du monde économique, agissant comme un groupe de pression. Son but officiel est "d'aider à créer et soutenir les conditions dans lesquelles les affaires peuvent se développer et prospérer au Royaume-Uni". C'est également une "source de conseil en expertise et d'information, ainsi qu'un forum pour de nouvelles idées, la meilleure façon de communiquer entre entreprises et un réseau efficace d'échange". Par le passé, la *CBI* était très liée au parti conservateur, mais ces liens se sont distendus ces dernières années. En 1999, Tony Blair est devenu le premier Premier ministre travailliste en exercice à faire un discours à la conférence de la *CBI*.

EDUCATION

The current education system in the United Kingdom is a complicated mosaic reflecting evolutions through history.

Until the end of the 19th century, most children who went to school attended Church Schools or private schools established by rich benefactors. On the whole, education remained a privilege of children from families wealthy enough to pay the **fees** and who did not need the wages of their children to survive.

The state first got involved in education with the passing of the Elementary Education Act (Forster Act) in 1870. This led to the creation of school boards and state-funded elementary schools in England & Wales. Similar acts were passed for Scotland in 1872 and Northern Ireland in 1923. Despite these **laws**, a large majority of children did not attend school on a regular basis, especially those from the working class.

Various other minor **laws** were **voted** over the following years, but the big change came during WWII with the **Education Act,** 1944 (**Butler Act**), for England and Wales; similar acts were **voted** in 1947 for Scotland and Northern Ireland. The act aimed at creating "education for all" through state provision of free and compulsory schooling from the ages of 5 to 15. It reorganised the education system into primary education (5-12 years) and secondary education (12-15 years). It created a Ministry of Education that worked in tandem with **Local Education Authorities (LEA)** throughout the country.

12 LE SYSTÈME ÉDUCATIF

Le système éducatif actuellement en vigueur au Royaume-Uni est une mosaïque complexe, fruit d'évolutions historiques.

Jusqu'à la fin du XIXe siècle, la plupart des enfants qui allaient à l'école étaient scolarisés dans des écoles religieuses ou des écoles privées créées par de riches donateurs. De manière générale, la scolarisation restait le privilège des enfants issus de familles suffisamment aisées pour pouvoir payer les frais de scolarité et qui n'avaient pas besoin des salaires de leurs enfants pour survivre.

L'Etat s'impliqua pour la première fois dans ce domaine par le vote de la Loi sur l'éducation élémentaire (Loi Forster) en 1870. Elle permit la création d'établissements élémentaires financés par l'Etat en Angleterre et au pays de Galles ainsi que de Conseils d'éducation. Des lois comparables furent votées en Ecosse (1872) et en Irlande du Nord (1923). En dépit de ces lois, une grande majorité d'enfants n'était pas scolarisée de façon régulière, surtout ceux issus de la classe ouvrière.

D'autres lois de moindre importance furent votées les années suivantes, mais le grand changement advint pendant la Seconde Guerre mondiale, avec la Loi sur l'éducation de 1944 (Loi Butler) pour l'Angleterre et le pays de Galles ; des lois comparables furent votées en 1947 en Ecosse et en Irlande du Nord. La loi avait pour objectif "l'éducation pour tous" grâce à des financements publics et l'obligation de scolarisation entre cinq et 15 ans. Elle réorganisa le système éducatif en un enseignement primaire (5-12 ans) et secondaire (12-15 ans). Elle créa un ministère de l'Education qui fonctionna en collaboration avec les Autorités locales d'éducation à travers le pays.

The most controversial aspect of the **Butler Act** was the setting up of a tripartite system for secondary education. Three types of free secondary school were devised to provide schooling for children according to their "innate intelligence": selective **Grammar Schools** for "brighter" pupils, **Secondary Modern Schools** for the "less clever" and **Technical Schools** for the "non-academic". In theory, children were supposed to be able to flourish within the educational environment that most suited them, based on their **eleven plus (11+)** results.

Indeed, at the end of their primary education pupils sat an exam called the **eleven plus** (11+). **11+** refers to the age of pupils taking the exam: children entering secondary education are all over the age of 12 (pupils do not skip or redo a year in the UK school system). The **11+** exam was supposed to evaluate the English language, mathematics and problem-solving skills of children aged 11 so that they could be sent to the "appropriate" school.

In reality, children who failed the tough selection process felt stigmatised and many were unfulfilled academically. Moreover, not going to a grammar school closed many professional doors much later in life.

The 11+ gradually disappeared during the 1960s along with many grammar schools. Today the exam is only taken by a very small minority of pupils intending to go to a grammar school in a few regions of the UK (see page 254).

David Cameron sparked a debate about grammar schools in 2007 when he said his party would not open any new ones, much to the horror of many traditional Conservative voters.

12 LE SYSTÈME ÉDUCATIF

La partie la plus disputée de la Loi Butler (1944) fut la création d'un système tripartite pour l'enseignement secondaire (tous sans frais de scolarité) pour fournir aux enfants une scolarité en fonction de leur "intelligence innée" : les lycées classiques pour les sujets les plus brillants, les lycées modernes pour les élèves moyens et les écoles techniques pour les "moins intellectuels". En théorie, les enfants étaient supposés s'épanouir dans l'environnement éducatif qui leur était le mieux adapté selon les résultats d'un examen passé à 11 ans.

En effet, à la fin de l'enseignement primaire les élèves passaient un examen appelé le 11+. 11+ fait référence à l'âge des élèves qui passaient l'examen : tous les enfants qui entrent dans l'enseignement secondaire ont 12 ans (les élèves ne sautent pas ou redoublent une année au R-U). Le 11+ étaient censé évaluer les aptitudes des enfants en langue anglaise, mathématiques et logique, afin de pouvoir les envoyer dans le type d'école la plus "adaptée".
En réalité, ceux qui échouaient au sévère processus de sélection se sentaient mis à l'index et beaucoup étaient frustrés par rapport à l'école. De plus le fait de ne pas assister à un lycée classique fermait beaucoup de portes professionnelles plus tard.

Le 11+ disparaît petit à petit pendant les années 1960, tout comme de nombreux lycées classiques. Aujourd'hui le 11+ est passé par une très petite minorité d'élèves qui souhaitent faire un lycée classique dans le peu de régions qui l'ont gardé.
David Cameron a lancé un vif débat sur les lycées classiques en 2007 quand il a dit que son parti n'allait pas ouvrir de nouveaux lycées classiques – à la grande horreur de beaucoup d'électeurs Conservateurs traditionnels.

12

EDUCATION

A. STATE SCHOOLING TODAY

Today the **Department for Children, Families and Schools** is responsible for primary and secondary education in England and Wales. Since **devolution** the **Welsh Assembly** has been able to make some decisions on education in Wales, but the system is almost the same as the English one, except for the teaching of the **Welsh** language. Scotland has a somewhat different state system (see below).

About 90% of schools are organised and maintained by **Local Education Authorities** (**LEA**s) and are financed entirely by public funds. Therefore, most children in the United Kingdom receive state-run (maintained) education.

Before the start of formal and compulsory schooling, about two-thirds of children attend state-run or private (**fee-paying**) **nurseries**, **nursery schools** or **playgroups**. It is generally accepted that there are not enough places available in such institutions and that private childcare is very expensive in the UK.

By **law**, all children in the United Kingdom must receive a full-time education between the ages 5 (4 in Northern Ireland) until the official school leaving age which was set at 16 in 1973. Many schools operate an early admission **policy**, where they accept children under 5 into what are called **reception classes**.

For their primary education, children usually go either to **primary school** from the age of 5 to 11. Some go to **infant school** from 5 to 7 (they generally begin school in the term when they reach five), then transfer to **junior school** until 11 (12 in Scotland). For their secondary education, children then go onto to **secondary school**, also called **high school**, from 11 until they reach 16. They may then legally leave school.

Most **secondary schools** cater for 16 to 18 year-olds who wish to stay on at school after the official school-leaving age. There are also **sixth form colleges** and **technical colleges** to meet their needs.

LE SYSTÈME ÉDUCATIF

A. L'ÉCOLE PUBLIQUE AUJOURD'HUI

Le ministère des Enfants, la famille et l'école est responsable de l'éducation primaire et secondaire en Angleterre et au pays de Galles. Depuis la décentralisation, l'Assemblée du pays de Galles peut prendre des décisions en matière d'éducation pour le pays mais le système en vigueur est quasiment le même qu'en Angleterre, à l'exception de l'enseignement de la langue galloise. L'Ecosse dispose de son propre système d'Etat quelque peu différent (voir plus bas).

Environ 90% des écoles sont organisées et gérées par les autorités locales d'éducation qui sont financées entièrement par des fonds publics. La plupart des enfants au Royaume-Uni reçoivent donc une éducation publique.

Avant d'entamer un cursus scolaire obligatoire, à peu près deux tiers des enfants vont dans des crèches, jardins d'enfants, ou écoles maternelles publiques ou privées (payantes). On admet qu'il n'y a pas assez de places dans ces institutions et que les garderies privées sont très onéreuses au Royauyme-Uni.

En vertu de la loi, tous les enfants du Royaume-Uni doivent être scolarisés à plein temps à partir de l'âge de cinq ans (quatre ans en Irlande du Nord) jusqu'à l'âge de fin de la scolarité obligatoire qui est de 16 ans depuis 1973. Beaucoup d'écoles pratiquent une politique d'admission précoce, acceptant les enfants de moins de cinq ans dans ce qu'on appelle des classes d'accueil.

Pour l'éducation primaire, les enfants vont en général à l'école primaire entre cinq et onze ans, ou bien dans des classes de onzième et de douzième de cinq à sept ans, puis dans les petites classes jusqu'à onze ans (12 ans en Ecosse). Pour l'enseignement secondaire, ils vont au lycée entre 11 et 16 ans. Ils sont alors en droit de quitter l'école.

La plupart des lycées prévoient de scolariser les enfants de 16 à 18 ans qui souhaitent poursuivre leurs études après l'âge officiel de fin de la scolarité obligatoire. Il existe deux types de lycées pour les recevoir : lycées ayant seulement des classes de première et de terminale et lycées techniques.

A. STATE SCHOOLING TODAY

● **Secondary education**

Most children in England (over 86%) and all children in Wales go to mainstream co-educational **community schools** for their secondary education. These admit most of the children in the surrounding district and provide a wide range of free secondary education for all abilities and social backgrounds. Some have mixed ability classes; others carry out the streaming. The quality of **community schools** varies considerably throughout the country, the worst ones being mainly associated with underprivileged **inner city** areas.

All mainstream state schools receive funding from local authorities. They all follow the National Curriculum and are regularly inspected by **Ofsted**. There are 4 main types:

1) Community schools. These are run by the local authority, which employs the staff, owns the land and buildings, and decides which admissions criteria to use.

2) Foundation and Trust schools. Foundation schools are run by their own governing body, which employs the staff and sets the admissions criteria. Land and buildings are usually owned by the governing body or a charitable foundation. A Trust school is a type of foundation school which forms a charitable trust with an outside partner, e.g. a business or educational charity.

3) Voluntary-aided schools. These are mainly religious or **faith schools**. The governing body employs the staff and sets the admissions criteria. School buildings and land are normally owned by a charitable foundation, often a religious organisation.

4) Voluntary-controlled schools. These are similar to voluntary aided schools, but are run by the local authority. The local authority employs the school's staff and sets the admissions criteria. School land and buildings are normally owned by a charity, often a religious organisation, which also appoints some of the members of the governing body.

A. L'ÉCOLE PUBLIQUE AUJOURD'HUI

- **L'enseignement secondaire**

La plupart des enfants (11-16 ans) d'Angleterre (plus de 86 %) et tous les enfants du pays de Galles vont dans des « écoles locales » polyvalentes et mixtes pour leurs études secondaires. Celles-ci accueillent la plupart des élèves du quartier alentour et propose une grande variété de cursus gratuits pour les enfants de tous les milieux et aux aptitudes différentes. Certains ont des classes de niveau varié ; d'autres répartissent les enfants dans des classes en fonction de leurs capacités. La qualité de ces écoles est très variable à travers le pays, les moins réputés se trouvant souvent dans les quartiers urbains défavorisés.

Toutes les écoles d'Etat principales reçoivent un financement des autorités locales. Elles suivent toutes le programme national d'enseignement et elles sont régulièrement inspectées par Ofsted. Il y a 4 grands genres :
1) Les écoles locales. Celles-ci sont gérées par les autorités locales qui sont les employeurs du personnel, et sont propriétaires du terrain et des locaux et décident sur quels critères sont admis les élèves.
2) Les écoles fondations & les écoles trusts. Les écoles fondations sont gérées par leur propre conseil d'établissement qui est l'employeur du personnel et qui décide sur quels critères sont admis les élèves. Le terrain et les locaux sont généralement la propriété du conseil d'établissement ou d'un trust ou d'une fondation caritative. Les écoles trusts sont une forme d'école fondation qui crée une fondation caritative avec un partenaire à l'extérieur de l'école – une entreprise ou un organisme caritatif éducatif.
3) Les écoles assistées par le secteur caritatif. Celles-ci sont principalement des écoles confessionnelles. Le conseil d'établissement est l'employeur du personnel de l'école et décide sur quels critères sont admis les élèves. Les locaux et le terrain appartiennent généralement à une fondation caritative, souvent un organisme religieux.
4) Les écoles gérées par le secteur caritatif. Celles-ci sont similaires aux écoles assistées par le secteur caritatif, mais elles sont gérées par les autorités locales qui emploie le personnel de l'école et décide sur quels critères sont admis les élèves. Les locaux et le terrain appartiennent généralement à une fondation caritative, souvent un organisme religieux qui nomme certains membres du conseil d'établissement.

A. STATE SCHOOLING TODAY

Recently, English secondary schools have been able to apply for "**specialist school** status" and so give a broad secondary education, whilst specialising in one particular field: technology, languages, visual arts, business, sport.

Furthermore, within the state schools system, there are a number of schools with particular characteristics. There are 5 main types:
a) Academies. These are all-ability schools that are independently managed and set up by sponsors from business, faith or voluntary groups in partnership with the Department for Children, Schools and Families and the local authority.
b) City Technology Colleges (CTCs). These are independently managed schools in urban areas geared towards science, technology and the world of work.
c) Community and foundation special schools. These cater for children with specific special educational needs. These may include physical disabilities or learning difficulties.
d) Faith schools. These are schools of a religious denomination. They are mostly run in the same way as other state schools. However, their faith status may be reflected in their religious education curriculum, admissions criteria and staffing policies.
e) Grammar schools. These select all or most of their pupils based on academic ability. The number of grammar schools has decreased over the past decades and they now number less than 200.

A **National Curriculum** was introduced to England and Wales in 1992 as a result of the Education Reform Act, 1988. Subjects are divided into obligatory **core subjects**: English, Maths, Science, a modern foreign language and Design & Technology, plus 7 **foundation subjects**. Sport is obligatory until the age of 16. Whilst, in general, teachers welcomed the concept of the establishment of national standards, many criticise the additional time-consuming paperwork that it has generated.

A. L'ÉCOLE PUBLIQUE AUJOURD'HUI

Depuis peu, les écoles secondaires anglais peuvent obtenir le statut de "école spécialisée" qui dispensent un enseignement secondaire généraliste avec une spécialisation dans un domaine : technologie, langues étrangères, arts visuels, commerce, sport.

Par ailleurs, au sein du système des écoles d'Etat, il y a de nombreuses écoles qui ont des caractéristiques spécifiques. Il y a 5 types principaux :
a) Les Académies. Celles-ci concernent les élèves de tous niveaux. Elles sont gérées de façon indépendante et sont créées par des sponsors venant du monde de l'entreprise, d'organismes religieux ou de groupes caritatifs en partenariat avec le ministère des enfants, des écoles et des familles, ainsi que les autorités locales.
b) Les établissements urbains d'enseignement technologique. Ils sont généralement situés dans des quartiers de centre ville et autogérés. Ils proposent une éducation secondaire ouverte avec un accent mis sur les sujets technologiques et les études commerciales ou scientifiques.
c) Les écoles locales et les écoles fondations spécialisées. Celles-ci sont adaptées aux enfants ayant des besoins éducatifs spécifiques, par exemple, des handicaps physiques ou des difficultés d'apprentissage.
d) Les écoles confessionnelles. Elles une foi religieuse. Elles sont gérées dans l'ensemble comme les autres écoles de l'Etat, mais leur statut d'école confessionnelle se reflète dans les programmes d'enseignement, dans les critères d'admission des élèves, et dans la politique d'embauche du personnel.
e) Les écoles classiques. Elles sélectionnent les élèves sur des critères de capacités intellectuelles. Il y en a des moins en moins de ce type d'école depuis un moment.

Un programme d'enseignement obligatoire national a été institué en Angleterre et au pays de Galles en 1992 en application de la Loi sur la réforme de l'éducation de 1988. Les enseignements sont répartis en un tronc obligatoire (anglais, mathématiques, sciences, une langue étrangère moderne, design et technologie) et 7 enseignements optionnels. Le sport est obligatoire pour tous les élèves jusque l'âge de 16 ans. Alors qu'en général, les enseignants ont bien accueilli la mise en place de normes nationales, beaucoup critiquent la paperasse qu'elle a engendrée et qui prend beaucoup de temps.

Similar comments were made of the testing programme called **SATs** (Standard Assessment Tests) which was launched in 1991, also following the Education Reform Act, 1988. Until October 2008, children were tested at 7, 11 and 14. Now they are only tested when they are 7 and 11. However, pupils who do badly in their **SATs** do not redo the academic year, they automatically move on to the next year of schooling. Many teachers complain that they now spend too much time testing pupils rather than teaching them.

There is no ranking system of schools in the UK. Instead, controversial **league tables** have been produced since the 1990s for all schools; these are listings of educational performance, based on government data of SATs results.

League tables are subject to much criticism because the raw statistics do not take into account the background of the pupils, the neighbourhood in which they live, or any improvements they may have made.

Ofsted (Office for Standards in Education) inspects schools at least every 4 years, but usually more often. Many parents pore over the lengthy reports that are written about a school following an official inspection.

Since the 1990s schools have had more autonomy in decision-making regarding budgets and management. At the same time, in theory, parents now have the right to send their children to the school of their choice if a place is available, which is not always the case for popular schools and so schools have admission criteria.

Increasingly parents are prepared to move to a different neighbourhood in order to live in the **catchment area** of a “good” school.

A. L'ÉCOLE PUBLIQUE AUJOURD'HUI

Des commentaires de même ordre ont été faits sur le programme de test appelé *SATs* (tests standards d'évaluation) qui a été introduit en 1991, à la suite de la Loi sur la réforme de l'éducation de 1988. Jusqu'en octobre 2008 les enfants passaient des tests à l'âge de 7, 11 et 14 ans. A présent ils sont testés seulement à 7 et 11 ans. Les élèves qui ne réussissent pas au *SATs* ne redoublent pas pour autant leur année, mais passent automatiquement en classe supérieure. Beaucoup d'enseignants se plaignent qu'ils consacrent désormais trop de temps à faire passer des tests aux élèves au détriment de l'enseignement.

Il n'existe pas de système de classement des écoles au Royaume-Uni. A la place, des palmarès très controversés sont publiés depuis les années 1990 pour toutes les écoles ; il s'agit de listes des résultats scolaires, fondées sur les résultats des SATs.

Ces statistiques brutes sont très critiquées car elles ne tiennent pas compte du milieu social des élèves, le quartier où ils habitent, ou des progrès qu'ils ont pu faire.

Ofsted (Bureau des standards dans l'enseignement) fait une inspection de toutes les écoles au moins tous les 4 ans, mais souvent plus rapidement. De nombreux parents regardent de très près les rapports qui sont rédigés sur une école après une inspection officielle.

Depuis les années 1990, les écoles disposent de plus d'autonomie dans les décisions regardant le budget et la gestion. En même temps, les parents ont désormais le droit d'envoyer leurs enfants dans l'école de leur choix s'il y a des places, ce qui n'est pas toujours le cas ; les écoles ont donc un système de sélection.

De plus en plus des parents sont prêts à déménager pour changer de quartier, afin d'être dans le secteur de recrutement scolaire d'une "bonne" école.

B. INDEPENDENT – PUBLIC SCHOOLS

Approximately 7% of all school children in England and 4% in Scotland attend **independent schools**, also called **fee-paying schools**. These schools are separate from the state system, so they are neither controlled nor financed by the government or **LEA**s. They charge **fees** that can be very high indeed (over £10,000 a year). A small minority of pupils gain scholarships and so the **fees** are waived. **Independent schools** are not obliged to follow the **National Curriculum**.

Confusingly, about 250 of the larger **independent schools** are known, for historical reasons, as "**public schools**" (although they are private). The most famous public schools are called the "Clarendon Nine": Winchester (1382), St Paul's (1509), Shrewsbury (1552), Westminster (1560), The Merchant Taylors' (1552), Rugby (1567), Harrow (1571), Charterhouse (1611) and of course Eton (1440), which is said to have been the first **grammar school** to be called a "**public school**", because scholars could come from any part of England and not, as was generally the case, just from the immediate neighbourhood. Originally, many **public schools** stressed "character building" through a classical education and lots of sport, but the **curriculum** is now closely aligned with state education. There are a few independent **fee-paying** schools in Scotland and Northern Ireland, catering for a small proportion of the school population; they do not receive any support from public funds.
From 4 to 8 children go to **pre-preparatory school**, then from 8 to 13 **preparatory school** where the last 2 years are spent "preparing" for the **Common Entrance Exam (CE)** to go to the next stage of private schooling. **Independent schools** take children from 11/13 to 18 and **public schools** from 13 to 18.
Independent schools providing living accommodation for some, or all, of their pupils during term time are called **boarding schools**; pupils who board are **boarders**, those who go home each day are **day pupils**.

B. LES ÉCOLES PRIVÉES

Environ 7% de tous les enfants d'Angleterre et 4% et de ceux d'Ecosse sont scolarisés dans des écoles privées indépendantes de l'Etat : des écoles aux frais de scolarité payants. Ces écoles n'appartiennent pas au système public, et ne sont donc gérées ni financées par le gouvernement ou les autorités locales d'éducation. Les frais de scolarité peuvent être très élevés (plus de 10 000 livres sterling par an). Une petite minorité d'élèves obtient des bourses et ainsi ne paie pas les frais de scolarité. Ces écoles indépendantes ne sont pas obligées de suivre le programme d'enseignement national.

D'une manière qui prête à la confusion, environ 250 des plus grandes de ces écoles indépendantes sont connues pour des raisons historiques comme "écoles publiques" bien qu'elles soient privées. Les plus célèbres sont appelées les "Neuf de Clarendon" : Winchester (1382), St Paul's (1509), Shrewsbury (1552), Westminster (1560), The Merchant Taylors' (1552), Rugby (1567), Harrow (1571), Charterhouse (1611) et bien sûr Eton (1440), dont on dit qu'elles furent les premières écoles à être appelées *public schools*, "écoles publiques" parce que les élèves pouvaient venir de n'importe quelle partie d'Angleterre et pas seulement des quartiers avoisinants. A l'origine, les *public schools* dispensaient une éducation classique et beaucoup de sports censés former le caractère ; mais à présent les cours sont alignés sur les programmes scolaires nationaux.
Il y a quelques écoles payantes indépendantes en Ecosse et en Irlande du Nord, rassemblant une faible partie de la population scolaire ; elles ne reçoivent aucune aide publique.
Les enfants de 4 à 8 ans vont en cours pré-préparatoire, de huit à treize ans au cours préparatoire, dont les 2 dernières années sont consacrées à préparer l'examen d'entrée dans l'enseignement privé pour pouvoir poursuivre leurs études dans l'enseignement privé. Les écoles indépendantes scolarisent les enfants entre 11 et 13 ans et les *public schools* de 13 à 18 ans.
Les écoles indépendantes dotées d'un internat pour une partie ou l'intégralité des élèves pour toute la durée du trimestre sont appelées pensionnats ; les élèves qui sont en pension sont des internes, ceux qui rentrent chez eux chaque jour des externes ("élèves de jour").

C. SCHOOL EXAMINATIONS

- **GCSE (General Certificate of Secondary Education)**
After three years of secondary education, pupils begin **GCSE** courses in a range of subjects. The **GCSE** is a 2-year course leading to a single subject examination. There is no upper or lower limit to the number of **GCSEs** a pupil is allowed to sit, but most take between 7 and 11 in different subjects. Pupils must follow Mathematics, English Language, a Science, Citizenship and until 2003 a modern foreign language; these are the only 3 obligatory subjects. Coursework, oral and aural examinations as well as written tests are used to assess pupils, but the main element is the written exams taken in June. Exam papers are marked by independent examination boards which attribute a grade expressed by a letter ranging from A* to G, where A* (starred A) is the top grade. If pupils pass enough **GCSEs**, they are eligible for **AS/A2**-Level courses. The **GCSE** replaced the **O-Level** and **CSE** exams in 1988.

- **GCE AS/A2-Levels (General Certificate of Education at Advanced Level)**
Pupils that choose to stay on at school beyond the official school leaving age, enter the two-year **sixth-form**, divided into the **lower-sixth** and the **upper-sixth**. During the **sixth-form** pupils follow **AS/A2-Level** courses. First they do the new one-year **GCE AS-Level** (**Advanced Subsidiary Level**) courses and then may or may not go on to do one more year of studies of the same subject leading to the **A2-Levels** exams taken at 18 in the final year of school. Most pupils take 2 to 4 **AS-Levels** and then go on to do 2 or 3 **A2-Levels**. **AS/A2-Level** grading operates on an A*-E grade scale. Universities accept students mainly according to their **AS/A2-Level** grades and usually require 2 to 3 **A2-Level** passes for degree course entry.

C. LES EXAMENS SCOLAIRES

● **Le *GCSE* (diplôme général de l'enseignement secondaire)**
Après trois ans dans l'éducation secondaire, les élèves commencent à préparer des *GCSEs* dans un certain nombre de disciplines, à hauteur d'un *GCSE* par discipline. Les cours de *GCSE* s'étalent sur deux ans, se concluant par un examen pour chaque matière ; il n'y a pas de nombre maximal ou minimal de *GCSEs* qu'un élève peut passer mais beaucoup prennent entre sept et onze matières différentes. Les seules disciplines obligatoires sont les mathématiques, l'anglais, une science et la citoyenneté. Jusqu'alors, ils devaient prendre une langue étrangère mais cette obligation a été levée en 2003. Du contrôle continu, des examens oraux et de compréhension ainsi que des épreuves écrites sont utilisés pour évaluer les élèves, mais la partie la plus importante reste les examens écrits de juin. Les copies d'examen sont évaluées par des conseils indépendants d'examen qui attribuent une note sous forme de lettre, de A* à G, où le A* est la note maximale. Si les élèves réussissent suffisamment bien leurs *GCSEs*, ils peuvent passer pour poursuivre leurs études avec les épreuves des *AS/A2-Levels*. Le *GCSE* a remplacé le *O-Level* et le *CSE* (diplôme d'éducation secondaire) en 1988.

● **Le *GCE AS/A2-Levels* (diplôme général de l'enseignement secondaire, niveau avancé)**
Les élèves qui choisissent de poursuivre leurs études au-delà de l'âge de scolarité obligatoire, entrent dans une terminale qui s'étale sur deux ans, divisée en deux niveaux, littéralement "sixième-inférieure" et "sixième-supérieure". Pendant ces deux années, les élèves suivent les cours de *AS/A2-Level*. D'abord, ils suivent les cours de l'*AS-Level* qui dure une année. Ensuite, s'ils ont réussi, ils ont la possibilité de poursuivre pendant une année de plus les disciplines déjà suivies en *AS/Level* avec éventuellement une nouvelle discipline supplémentaire (niveau *AS/Level*) ; l'examen du *AS-Level* est passé à la fin de la dernière année du lycée. La plupart des élèves passent deux à quatre *AS-Levels*, et deux à trois *AS-Levels*. La notation pour les *AS/A2-Levels* va du A* à E. Les universités acceptent les étudiants en fonction principalement de leurs résultats dans les *AS/A2-Levels* et d'habitude elles exigent deux ou trois "réussites".

Other examinations include the **GNVQ**s (**General National Vocational Qualifications**) which develop general work-related knowledge and skills (Business, Leisure and Tourism and Manufacturing). There are also **NVQ**s (**National Vocational Qualifications**) which, as their name suggests, are job-specific enabling pupils to prepare for a particular type of vocation. These two qualifications can be prepared on a day release basis, that is to say, students can work professionally and have time of from work to attend lessons.

State schools in Scotland do not follow the **National Curriculum** because of **devolution**. Pupils take the **National Qualification** at the end of the school year in which they are 16. Pupils staying on at school sit the Scottish Certificate of Education **Highers**. The courses are more numerous and broader than the equivalent taken south of the border.

The pass rate of national exams has increased in recent years. This has led to critics declaring that the exams have got easier –that they have been **dumbed down** – and that they are thus devalued.
There are mounting calls for less specialisation at 14 and 16 and for the A levels to be replaced by a more general baccalaureate type of exam.

In the UK there are around 1 million young people aged 16 to 18 defined as **NEETs** – Not in Education, Employment or Training. About 10% of this age group fall into this category, 1% will remain so for two years. Gordon Brown has announced that the school leaving age is going to be raised to 17 in 2013, and 18 in 2015. There will be more vocational exams and apprenticeships will be created in a bid to reduce the number of NEETs.

C. LES EXAMENS SCOLAIRES

Il existe d'autres examens, que l'on peut préparer en alternance, tels que le diplôme professionnel national général qui développe un savoir relatif au travail et aux aptitudes professionnelles (monde des affaires, loisirs et tourisme, industrie). Existe aussi le diplôme professionnel national qui comme son nom l'indique, concerne les étudiants qui préparent en emploi particulier.

En Ecosse, les lycées d'Etat ne suivent pas le programme d'enseignement obligatoire national en raison de la dévolution ; les élèves passent le diplôme national à la fin de l'année de leurs 16 ans. Les élèves poursuivant des études passent le certificat écossais d'éducation pour des études supérieures. Les épreuves sont plus nombreuses et plus générales qu'en Angleterre et au pays de Galles.

Le taux de réussite des examens nationaux a augmenté ces dernières années. Ce fait a suscité des critiques fondées sur l'idée que les examens sont devenus plus faciles et qu'ils sont donc dévalorisés. Il y a de plus en plus de gens qui militent pour un système d'examen moins spécialisé comme le Baccalauréat français.

Il y a environ un million de jeunes britanniques de 16 à 18 ans qui ne sont pas scolarisés, ne suivent pas de formation et qui n'ont pas d'emploi. Environ 10 % de cette tranche d'âge tombe dans cette catégorie, 1 % y restera durant deux ans. Gordon Brown a annoncé qu'il va augmenter l'âge de la scolarité obligatoire de à 17 ans en 2013 et à 18 ans en 2015. Il va avoir davantage examens techniques et professionnels et plus d'apprentissages pour diminuer le nombre de jeunes ni scolarisés, ni en formation, ni dans un emploi.

D. HIGHER EDUCATION

Various options are open to students who wish to go on to **Higher Education**. First, there are Colleges (or Institutes) of Higher Education, most of which were created during the 1970s. These offer a wide variety of courses leading to a range of degrees, diplomas and certificates. Second, there are many different types of establishments offering specialist courses such as Music (e.g. Royal College of Music), Theatre (e.g. Royal Academy of Dramatic Arts), Art (e.g. Royal College of Art), Technology (e.g. Cranfield Institute of Technology), plus many Business Schools and Agricultural Colleges, etc.. Some of these have university status, others do not. Third, there are the Universities proper.

- **University entry**

Students apply to go to university well before having sat their **A2-Level** exams in June. They do this via **UCAS** (Universities and Colleges Admissions Service). A university bases its decision on whether to give a student a provisional or non-provisional offer of a place based on a short letter of application from the student, an interview with him/her and a school teacher's report which includes the school's projected **A2-Level** grades for the student. Once students have obtained their exam results by mid-August they can take up a place at the university of their choice, if they have achieved the required grades. If not, they must go through **clearing** system that fills the remaining vacancies during the last weeks before courses begin. A Clearing Entry Form (CEF) is sent by **UCAS** to eligible applicants who then negotiate directly with the universities.

Students who do not wish to go straight from **secondary school** on to **higher education** may take a year out of their studies. In this case they ask for deferred entry. They might spend this **gap year** travelling, doing voluntary work or working in a remunerated job in order to help finance their university studies.

D. L'ENSEIGNEMENT SUPÉRIEUR

Plusieurs solutions sont offertes aux élèves qui souhaitent accéder à l'enseignement supérieur. D'abord, il existe les instituts d'enseignement supérieur, la plupart ayant été créés dans les années 1970. Ils proposent une large gamme de cours menant à des diplômes très variés. En second lieu, de très nombreux types d'établissements différents proposent des enseignements spécialisés tels que la musique (*Royal College of Music*), le théâtre (*Royal Academy of Dramatic Arts*), les arts (*Royal College of Arts*), les technologies (*Cranfield Institute of Technology*), en sus de très nombreuses écoles de commerce et des collèges agricoles, etc.. Certains ont un statut universitaire, d'autres pas. En troisième lieu, il existe des universités, proprement dit.

● **L'admission à l'université**

Les étudiants font acte de candidature à l'université bien avant d'avoir passé leurs *A2-Levels* au mois de juin. Ils utilisent le Service des admissions aux universités et aux établissements de l'enseignement supérieur qui marche au niveau national. Une université propose au candidat une place – conditionnelle ou non – sur la base d'une courte lettre de motivation de celui-ci, un entretien et les prévisions d'un enseignant pour les résultats aux *A2-Levels* que l'élève va passer. Une fois que les élèves ont obtenu leurs résultats à la mi-août, ils peuvent choisir une place dans l'université de leur choix, s'ils ont les notes requises. Sinon, ils doivent passer par un système de compensation qui répartit les places vacantes, juste avant la rentrée. Un formulaire est alors envoyé par UCAS aux candidats retenus, qui négocient alors directement avec les universités où il reste de la place.

Les étudiants qui ne souhaitent pas aller dans l'enseignement supérieur immédiatement après l'enseignement secondaire, peuvent prendre une année de disponibilité. Dans ce cas, ils demandent une entrée différée. Ils peuvent passer cette année disponible à voyager, faire du bénévolat ou exercer une activité.

Universities

There are around 100 universities in the United Kingdom emanating from four different periods in history.

The first type are called “Ancient Universities”. The very first university to be established in the UK was the University of Oxford. It is organised as a federation of 35 separate colleges that are governed by their own teaching staff known as “Fellows”. The oldest college, University College, was founded in 1249. Other well-known colleges include All Souls (1438), Christ Church (1546) and Lady Margaret Hall (1878), which was the first women’s college. The University of Cambridge is also organised as a federation of colleges; the oldest, Peterhouse dates back to 1284. The largest college, Trinity, was founded by King Henry VIII in 1546. Together, the prestigious (and some say elitist) Oxford and Cambridge Universities are referred to as **Oxbridge**.

Scotland also boasts a number of long-established universities: St Andrew's (founded 1411), Glasgow (1451), Aberdeen (1495) and Edinburgh (1582). The University of Wales was founded in 1893. It consists of six colleges, the oldest one being St David's University College in Lampeter, founded in 1822. Queen's University, Belfast was founded in 1845 and received its charter as a separate university in 1908.

Universities built at the end of the 19th century and the beginning of the 20th century are dubbed “**red brick**” or civic universities. This is because they were made out of brick, as opposed to the older more prestigious **Oxbridge** establishments made out of stone. Examples are the University of Liverpool, the University of Manchester and the University of Sheffield.

D. L'ENSEIGNEMENT SUPÉRIEUR

Les universités

Le Royaume-Uni compte environ 100 universités, fruits de quatre époques différentes.

Les "anciens" sont le premier type d'université. La toute première université du Royaume-Uni est l'université d'Oxford. Elle est organisée comme une fédération de 35 collèges indépendants dirigés par leur propre équipe d'enseignants appelés *"Fellows"*. Le collège le plus ancien, *University College* a été fondé en 1249. D'autres collèges bien connus incluent *All Souls* (1438), *Christ Church* (1546), et *Lady Margaret Hall* (1878), premier collège féminin.
L'université de Cambridge est également une fédération de collèges ; le plus ancien, *Peterhouse*, remonte à 1284. Le plus grand collège, *Trinity College* a été fondé par le roi Henry VIII en 1546. Ensemble, les prestigieuses – d'aucuns disent élitistes – universités d'Oxford et de Cambridge sont connues sous le nom d'Oxbridge.

L'Ecosse est également dotée d'un certain nombre d'universités très anciennes : St Andrew's (fondé en 1411), Glasgow (1451), Aberdeen (1495) et Edimbourg (1582). L'université du pays de Galles a été fondée en 1893. Elle est constituée de six collèges, le plus vieux, *St David's University College* à Lampeter ayant été fondé en 1822. *Queen's University* à Belfast a été fondée en 1845 ; elle reçut sa charte comme université souveraine en 1908.

Les universités nées à la fin du XIXe et au début du XXe siècles sont appelées "les briques rouges" ou universités civiques, parce qu'elles sont faites de briques à la différence des établissements plus anciens et prestigieux d'Oxbridge construits en pierre de taille. A titre d'exemple, les universités de Liverpool, de Manchester ou de Sheffield sont construites sur ce modèle.

During the 1960s many "plate glass" universities were built to cater for the increasing number of students going on to **higher education**. These are mostly campuses built outside of towns, e.g., Lancaster and East Anglia.

Lastly, following the Further and Higher Education Act, 1992, 35 **polytechnics** and other higher educational establishments were upgraded and converted in "**new universities**", with the same status as all other universities.

The **Open University** was founded in 1969 in order to allow adults to study for a university degree from home. They do so via correspondence courses, books, radio and television lectures, residential summer schools and the internet. It is the university with highest number of students.

There is just one and only private university in the UK: the University of Buckingham. All other universities are state-funded.

- **University qualifications**

In England, Wales and NI **Bachelor** (first) **Degree** courses last three years and in Scotland they last four years. Arts or humanities based studies lead to a **Bachelor of Arts** (**BA Degree**) whilst scientific centred studies lead to a **Bachelor of Science** (**BSc Degree**). There is also the **Bachelor of Education** (**Bed**) and the **Bachelor of Law** (**BL**).

Both coursework and the results of final exams count toward degree results which are ranked as follows: I) First (excellent, about 5% of degrees), IIi) Upper-Second (very good, about 40% of degrees), IIii) Lower-Second (good, about 40% of degrees), III) Third (satisfactory, about 10% of degrees) and Pass (adequate, without honours, about 5% of degrees).

After a first degree students may go on to take a 1-2-year **Master of Arts** (**MA Degree**) or **Master of Science** (**MSc Degree**). Doctoral studies then usually last 3 years and lead to a **Doctorate** (**PhD**).

D. L'ENSEIGNEMENT SUPÉRIEUR

Pendant les années 1960, beaucoup d'universités "verre à vitre" ont vu le jour pour faire face au nombre croissant d'étudiants poursuivant leurs études dans l'enseignement supérieur. Il s'agit surtout de campus construits en dehors des villes, par exemple, les universités de Lancaster (dans le nord-ouest de l'Angleterre) et d'East Anglia.

Enfin, à la suite de la Loi sur l'enseignement postscolaire et supérieur de 1992, 35 instituts universitaires de technologie et d'autres établissements supérieurs d'éducation ont été convertis en "nouvelles universités" avec le même statut que toutes les autres universités.

L'université "ouverte" a été fondée en 1969, afin de permettre aux étudiants adultes de suivre un cursus universitaire de chez eux. Il y a des cours par correspondance, des livres, des émissions de radio et de télévision, des universités d'été et des cours sur internet. C'est l'université avec le plus d'étudiants.

Il existe une seule université privée au Royaume-Uni : l'université du Buckingham. Toutes les autres universités sont financées par l'Etat.

- **Les diplômes universitaires**

En Angleterre, au pays de Galles et en Irlande du Nord, le premier cycle dure 3 ans et en Ecosse, 4 ans.
Les études littéraires, artistiques et de sciences humaines conduisent les étudiants à une licence de lettres, alors que des études centrées sur les sciences mènent à une licence en sciences. Il existe aussi une licence en sciences de l'éducation et une licence en droit.
Les notes de contrôle continue et les résultats des examens finaux comptent pour l'obtention du diplôme. Les résultats sont classés comme suit : I) Premier (excellent, environ 5% des candidats), IIi) Second-supérieur (très bien, environ 40% des étudiants), IIii) Second-inférieur (bien, environ 40% des étudiants), III) Troisième niveau (satisfaisant, environ 10% des étudiants) et Passable (suffisant, sans mention, environ 5% des étudiants).

Après le premier cycle, les étudiants peuvent préparer en 1 ou 2 ans une maîtrise en lettres ou en sciences. Les études doctorales mènent au Doctorat et durent en général 3 ans.

D. HIGHER EDUCATION

The number of students going to **Higher Education** has increased dramatically over the past two decades and currently stands at about 45% of 18-30 year olds. Labour hopes to see this proportion rise to 50% by 2010.

Whilst government funding has increased, it has not gone up in proportion to the rise in student numbers. In 2002 it represented 1.1% of GDP, compared to 2.5% in the USA.

In 1998, the **Labour** Government abolished student grants financed by the **Local Education Authorities (LEAs)** for people entering **higher education**. Part of this grant covered the university's tuition **fees** and was paid directly to the university. The rest went towards the student's maintenance costs (rent, transport and books, etc.). It was awarded via **means-testing** of the student's parent(s).

Higher education **tuition fees** were introduced by **New Labour** amongst much controversy in 1998-9. Students, except those from very poor families, had to pay £1,000 each year up front (at the start of each year of study) to attend university.

Since 2006-7, there is a new system of **top up fees** (Higher Education Act 2004). Each university decides on its own level of **fees**. The maximum amount of £3,070 for 2007-8 was set by the government. Thereby, the most prestigious universities charge the most. Detractors say fees deter potential students from modest backgrounds from applying.

But these **top up fees** are no longer paid at the beginning of each academic year. Instead students pay the fees incrementally after the completion of their studies, when their salary reaches a certain level (Income Contingent Repayment). Furthermore, student grants have been introduced.

The **Student Loan Company** administers government-funded loans and grants to students in the UK.

The **Scottish Parliament voted** to waive **tuition fees**. Thus students attending universities in Scotland do not have to pay, nor do Scottish students studying in the rest of the UK.

International students have to pay considerably higher fees.

D. L'ENSEIGNEMENT SUPÉRIEUR

Le nombre d'étudiants accédant à l'enseignement supérieur a énormément augmenté depuis 25 ans et aujourd'hui représente environ 45 % des 18-30 ans. Le gouvernement espère voir cette proportion atteindre les 50 % avant 2010. Mêmes si les financements publics sont plus importants ils n'ont pas augmenté proportionnellement à cette hausse des effectifs (1,1 % du PIB en 2002 comparé à 2,5 % du PIB aux Etats-Unis).

En 1998, le gouvernement travailliste a aboli les bourses d'étude financées par les autorités locales d'éducation pour les personnes entrant dans l'enseignement supérieur. Une partie de ces bourses couvrait les frais d'inscription et était versée directement à l'université. Le reste allait aux dépenses quotidiennes de l'étudiant (loyer, transports, livres, etc.) qui était calculée en fonction des ressources des parents.

Un nouveau système de paiement de frais de scolarité a été instauré par le gouvernement travailliste en 1998-9, suscitant bien des controverses. Tous les étudiants, à l'exception de ceux issus de familles très pauvres, devaient payer des frais de scolarité de 1 000 livres sterling par an.

Depuis 2006-7, il y a un nouveau système de frais de scolarité et de prêts étudiants. Chaque université fixe le niveau de ses frais de scolarité avec un maximum de 3,070 livres sterling par an (somme établie par le gouvernement pour 2007-8). De cette façon, les universités les plus prestigieuses demandent le plus. Les critiques pensent que l'on dissuade ainsi les étudiants potentiels issus d'un milieu défavorisé.

Mais ces frais ne doivent plus être payés au début de chaque année. Plutôt, les étudiants les remboursent après la fin de leurs études et une fois que leur salaire a atteint un certain seuil. De plus, les bourses d'études ont été réintroduites.

La Société des prêts étudiants gère les bourses et emprunts.

Le parlement écossais n'a pas adopté de frais de scolarité. Tous les étudiants inscrits à l'université en Ecosse n'y sont pas assujettis, pas plus que les étudiants écossais étudiant dans le reste du Royaume-Uni.

Les étudiants internationaux inscrits aux universités britanniques doivent payer des frais de scolarité bien plus élevés.

13 THE MEDIA

The British media plays an important role in the country and is well-known internationally. The weekly newsmagazine, The Economist (founded in 1843), as well as the daily newspapers The Times and The Sun (both owned by the Australian press baron Rupert Murdoch) are world famous. Similarly, the **British Broadcasting Corporation (BBC)** is renowned around the globe, notably for its World Service radio and television broadcasts that are transmitted to all five continents and its film sponsorship as BBC FILMS.

There is a long tradition of independent newspapers in the United Kingdom, e.g., The Times and The Observer which were both founded back in the 18th century.
The first radio programmes were transmitted in the United Kingdom in 1922 and in 1927 the **BBC** obtained the monopoly on radio broadcasting. This situation continued until 1973 when independent local radio stations started up.
Television broadcasting was started by the **BBC** in the mid-1930s, but transmission was suspended during WWII. Television ownership really took off due to the televising of the **Coronation** of Queen Elizabeth II in June 1953, which was watched by over 20 million viewers in the United Kingdom alone. The following year, a second channel was launched: the private **ITV**; colour television began in 1967.

The **BBC** is state-owned, and as a public service body, it is supposed to be politically neutral. It is run by a Board of Directors and headed by a Director-General. Since 1927, when it came into operation, the **BBC** has always been financed primarily by a **licence fee**. Originally there was a separate radio **licence fee** but nowadays it is included in the television **licence fee** (£139.50 a year for a colour TV in December 2008). Consequently, there are no advertisements between radio and television programmes (except on certain of its new international satellite and cable television channels, as well as its internet site bbc.co.uk).

13 LES MÉDIAS

Les médias britanniques jouent un rôle important dans le pays et sont connus dans le monde entier. Le magazine hebdomadaire The Economist (fondé en 1843), les journaux quotidiens The Times et The Sun (tous les deux propriété du magnat australien de la presse Rupert Murdoch) ont une notoriété internationale. De même, la BBC est renommée tout autour du monde, en particulier pour son Service international de radio et ses programmes télévisés qui sont retransmis sur les 5 continents, tout comme son sponsoring du cinéma sous forme de BBC FILMS.

Il existe une très ancienne tradition de la presse indépendante au Royaume-Uni ; par exemple The Times et The Observer ont été tous les deux fondés au XVIIIe siècle.
Les premières émissions radiodiffusées ont été retransmises au Royaume-Uni en 1922. En 1927, la *BBC* a obtenu le monopole de la radiodiffusion. Cette situation s'est perpétuée jusque 1973, date à laquelle des radios locales indépendantes ont vu le jour.
La télévision a commencé à émettre au milieu des années 1930 par l'intermédiaire de la BBC, mais les retransmissions ont été suspendues pendant la Seconde Guerre mondiale. La possession d'un poste de télévision s'est répandue lors de la retransmission du couronnement de la reine Elisabeth II en juin 1953, qui fut regardée par 20 millions de téléspectateurs dans le seul Royaume-Uni. L'année suivante, *ITV*, la seconde chaîne, privée celle-là, était lancée. La télévision couleur vit le jour en 1967.

La BBC appartient à l'Etat, et par son statut de service public, elle est censée être neutre politiquement. Elle est administrée par un Conseil des Directeurs et dirigée par un Directeur général. Depuis 1927, date de ses débuts, la *BBC* a toujours été financée en premier lieu par la redevance. A l'origine, il existait une redevance radio séparée, mais elle est à présent incluse dans la redevance pour l'audiovisuel (d'un montant de 139,50 livres sterling pour une télévision couleur en décembre 2008). En conséquence, il n'y a aucune publicité entre les programmes radiophoniques ou télévisés (à l'exception de certaines de ses nouvelles chaînes satellites ou câblées et sur son site internet).

13

THE MEDIA

A. THE PRESS

The circulation figures of national **daily** and **weekly** Sunday publications are substantially higher in the United Kingdom than in France. Indeed, over 3 million copies of The Sun (with its famous topless "page 3 girl") are sold every weekday. Newspapers are cheaper in the United Kingdom than in other European countries, all costing well below £1. Very often there are price wars between newspapers in order to increase sales.
There are two main types of **daily** and Sunday newspapers. On the one hand, there are the **broadsheets**, which constitute the "**quality press**". They contain heavy-weight articles and editorials as well as some lighter material.
On the other hand, there are the **tabloids**, also called "**red tops**" because some of them had or have their names printed on a red background. They are sometimes dubbed the "**gutter press**" due to their somewhat insalubrious content. Indeed, the **tabloids** have a reputation for running fewer articles about current affairs (**politics**, economics, etc.), than stories containing juicy details about the personal lives of stars, celebrities and ordinary individuals, along with plenty of photos. They are often associated with "cheque-book journalism" and "door-stepping" to obtain what they say is "information that should be in the public domain". The Daily Mail and the Daily Express (which used to be broadsheets) are considered to be less sensationalist. There a lot of local newspapers throughout the UK
The press in the United Kingdom is not controlled by an outside body, on the contrary, it is supposed to be self-regulating. However, the press industry is frequently criticised for being too intrusive and including too much **sleaze**.
The political tendencies of newspapers in the United Kingdom are very obvious and they are thought to have an influence on the voting behaviour of their readers. For example, the Daily Mail is a fervent supporter of the **Conservative Party**.

13

LES MÉDIAS

A. LA PRESSE

Les chiffres de diffusion des publications nationales quotidiennes et hebdomadaires (de dimanche) sont nettement plus élevés au Royaume-Uni qu'en France. Par exemple, plus de 3 millions d'exemplaires de The Sun (avec sa fameuse "fille de la page 3" aux seins nus) sont vendus chaque jour de la semaine. Les journaux coûtent moins chers au Royaume-Uni que dans n'importe quel autre pays de l'Union européenne, vendus bien moins d'une livre sterling. Très souvent, il existe une guerre des prix entre les journaux en vue d'augmenter les ventes.

Il existe deux sortes de quotidiens et d'hebdomadaires. D'une part, les journaux de grand format, qui constituent la "presse dite de qualité". Ils contiennent des articles de fond et des éditoriaux mais aussi des articles plus légers.

D'autre part, il y a la presse populaire, également appelée "les hauts rouges" parce que certains titres ont leur nom imprimé sur fond rouge. Elle est parfois qualifiée de "presse de caniveau", c'est-à-dire de presse à scandales, en raison de son contenu racoleur. En effet, les tabloïds ont la réputation de consacrer moins d'articles aux affaires courantes (politiques, économiques, etc.) qu'aux histoires contenant des détails croustillants sur la vie privée des stars et d'individus ordinaires, agrémentés d'un grand nombre de photographies. Ils sont souvent associés au journalisme "carnet de chèques", qui consiste à payer des sommes considérables pour obtenir les confidences exclusives de personnes impliquées dans des affaires, ainsi qu'à la pratique du démarchage en vue d'obtenir ce que cette presse désigne comme "l'information qui devrait être dans le domaine public". Le Daily Mail et le Daily Express (lesquels étaient des journaux "grand format" par le passé) sont considérés comme moins sensationnalistes. Il y a de nombreux journaux locaux à travers le R-U.

La presse au R-U n'est pas contrôlée par un organisme extérieur, au contraire elle est censée se réguler elle-même. Toutefois, cette industrie est souvent critiquée pour son absence de respect de la vie privée et son contenu trop vulgaire.

Les tendances politiques des journaux sont transparentes et on pense qu'ils exercent une influence sur le comportement électoral de leurs lecteurs. Par exemple, le Daily Mail est connu pour son soutien solide du parti conservateur.

TABLE 19A: BRITISH NATIONAL DAILY NEWSPAPER CIRCULATION, UK, 2008

DAILIES	UK CIRC.	OWNER
The Sun (1964)	2,914,613	News International Ltd
The Daily Mail (1896)	2,049,881	Associated Newspapers Ltd
Daily Mirror (1903)	1,312,458	Trinity Mirror plc
The Daily Telegraph (1855)	798,159	Telegraph Group Ltd
Daily Express (1900)	689,890	Express Newspapers
Daily Star (1978)	600,437	Express Newspapers
The Times (1785)	599,356	News International Ltd
The Guardian (1821)	303,402	Guardian Newspapers Ltd
Evening Standard (1827) (London)	297,750	The Evening Standard
The Independent (1986)	167,092	Independent Newspapers UK Ltd
Financial Times (1888)	138,783	Financial Times Ltd

TOTAL AVERAGE NET CIRCULATION, UK, SEPTEMBER 2008.
Source: Audit Bureau of Circulation (ABC)
www.abc.org.uk

TABLE 19B: BRITISH SUNDAY NEWSPAPER CIRCULATION, UK, 2008

SUNDAYS	UK CIRC.	OWNER
News of the World (1843)	2,966,631	News International Ltd
The Mail on Sunday (1982)	1,963,029	Associated Newspapers Ltd
Sunday Mirror (1963)	1,214,827	Trinity Mirror plc
The Sunday Times (1822)	1,039,130	News International Ltd
Sunday Express (1918)	604,221	Express Newspapers
The People (1881)	565,510	Trinity Mirror plc
The Sunday Telegraph (1961)	587,895	Telegraph Group Ltd
The Observer (1791)	401,544	Guardian Newspapers Ltd
Daily Star – Sunday	303,966	Express Newspapers
Independent on Sunday (1990)	139,096	Independent Newspapers (UK) Ltd

TOTAL AVERAGE NET CIRCULATION, UK, SEPTEMBER 2008.
Source: Audit Bureau of Circulation (ABC)
www.abc.org.uk

B. RADIO

The **BBC** is the main radio broadcaster in the UK. There are no adverts. There are various national **BBC** network radio services, each targeting a different type of audience (although there is some overlapping), which can be summed up as follows: Radio 1: pop and rock music, Radio 2: light / popular music and chat shows, Radio 3: classical music and jazz, Radio 4: news, current affairs, consumer advice, drama, etc. and the recently launched Radio 5 Live: sport and news.

Listening figures show that of these five **BBC** radio networks, the most listened to is Radio 2 with a daily average of 13.2 million listeners in 2006, according to RAJAR (Radio Joint Audience Research).

The **BBC** also has a whole host of local radio stations, for example, Radio Essex and Radio Cambridgeshire, as well as stations broadcasting on a regional basis such as BBC Radio Wales, BBC Radio Scotland and BBC London. There are also new digital radio services: 1Xtra, 6 Music, Asian Network, etc.

Lastly, the **BBC** also runs the World Service, which transmits programmes in English, around the globe, 24 hours a day, as well as programmes in around 30 other languages.
Almost all BBC radio programmes can be (re)listened to via the internet. www.bbc.co.uk/radio.

However, the **BBC** faces stiff competition from a variety of commercial national and local radio stations, e.g. Classic FM, Virgin FM and Capital Radio (in London). Figures published by RAJAR (Radio Joint Audience Research) showed that for the end of 2006, **BBC** network radio services had 54.7% of the market (32.8 million listeners) and commercial radio 42.9% (30.7 million listeners).

B. LA RADIO

La BBC est le diffuseur radiophonique le plus important au RU. Il n'y a pas de publicités. Il existe plusieurs services radio du réseau national BBC, chacun visant un public particulier (bien qu'il y ait des chevauchements), qui peuvent être résumés comme suit : musique pop et rock sur Radio 1, musique de variété et émissions de discussion sur Radio 2, musique classique et jazz sur Radio 3, informations, reportages, conseils aux consommateurs, théâtre, etc., sur Radio 4, sports et informations sur la toute récente Radio 5 Live.

Les mesures d'audience montrent que de ces cinq radios de la BBC, la plus écoutée est Radio 2 avec 13,2 millions d'auditeurs quotidiens en moyenne en 2006 d'après le *RAJAR* (Centre de mesure des audiences radio).

La BBC héberge également des radios locales, par exemple Radio Essex ou Radio Cambridgeshire, de même que des stations diffusant sur une base régionale comme radio BBC pays de Galles, radio BBC Ecosse et BBC Londres. Il existe aussi de nouveaux services radio numériques (1Xtra, 6 Music, Asian Network, etc.).

Enfin, la BBC dispose également d'un Service international, qui diffuse des programmes en anglais partout dans environ 30 autres langues.
Presque toutes les émissions radiophoniques peuvent être (r)écoutées par internet. www.bbc.co.uk/radio.

Cependant, la BBC doit affronter la concurrence opiniâtre des radios commerciales nationales ou locales très variées, à savoir Classic FM, Virgin FM et Capital Radio (à Londres). Les chiffres publiés par le *RAJAR* montrent que pour 2006, les services du réseau BBC occupaient 54,7 % du marché (32,8 millions d'auditeurs) et les radios commerciales 42,9 % (30,7 millions d'auditeurs).

C. TELEVISION

There are five national terrestrial television channels in the United Kingdom. The two main channels are the public BBC1 which is the oldest having been created in 1937, and the private **ITV** which started in 1954. Their **viewing figures** are very similar and they tend to broadcast the same type of programmes: a variety of news, current affairs, sport and light entertainment. The largest audiences are for the down-to-earth **soap operas**, the most popular being Coronation Street (launched in 1960) on **ITV** and Eastenders (launched in 1985) on BBC1, which are continually battling against each other in the ratings war.
BBC2, which began in 1964, and Channel 4, which started in 1982, cater, in general, for a more highbrow audience. There are more educational programmes on BBC2 than on BBC1 and its viewing figures are considerably lower. Channel 4 has the reputation of being more innovative and daring than the other terrestrial channels. It shows programmes of special interest aimed at minority groups, as well as quality American series. It is renowned for its sponsoring of independent filmmakers (Film on Four).
Finally, 1997 saw the arrival of Channel 5 a light-weight channel often accused of "**dumbing down**" television, although this has been said of all television channels in recent years.
BBC1 and BBC2 are mainly financed by the television **licence fee** and contain no adverts, whereas **ITV**, Channel 4 and Channel 5 are private and are primarily financed by advertising.
Since the 1980s a huge variety of cable and satellite television channels has developed and the end of the twentieth century witnessed the start of digital television. The most popular of all these in terms of the numbers of subscribers is BSkyB (Sky News, Sky Movies, etc.) owned by Rupert Murdoch. The **BBC** has BBC3, BBC4, BBC News 24, BBC Parliament, CBBC and Cbeebies (funded by the **licence fee**), as well as BBC World, BBC Prime, BBC Choice, etc. (not funded by the **licence fee**).

C. LA TÉLÉVISION

Il existe cinq chaînes de télévision nationales hertziennes au Royaume-Uni. Les deux chaînes les plus importantes sont la chaîne publique BBC1, qui est la plus vieille puisque créée en 1937, et la chaîne privée *ITV*, qui a vu le jour en 1954. Leurs audimats sont équivalents et elles ont tendance à diffuser le même genre d'émissions sous forme variée : informations, sujets d'actualité, sport et variétés. Les plus fortes audiences sont atteintes par les feuilletons réalistes, les plus populaires étant *Coronation Street* (lancé en 1960) sur ITV et *Eastenders* (lancé en 1985) sur BBC1, lesquels rivalisent en permanence dans la guerre des taux d'audience.

BBC2, qui fut lancée en 1964 et Channel 4, lancée en 1982 s'adressent en général à un public plus instruit. Il y a davantage de programmes éducatifs sur BBC2 que sur BBC1 et ses chiffres d'audience sont considérablement plus faibles. Channel 4 a la réputation d'être plus novatrice et osant davantage que les autres chaînes hertziennes. Elle diffuse des émissions spécialement destinées à des groupes minoritaires, ainsi que des séries américaines de qualité. Elle est renommée pour son soutien aux réalisateurs indépendants (propriétaire de la société de production cinématographique *Film on Four*).

Enfin, l'année 1997 a vu l'arrivée de Channel 5, chaîne de divertissement souvent accusée de baisser le niveau de la télévision, bien que cette accusation ait embrassé toutes les chaînes de télévision ces dernières années.

BBC1 et BBC2 sont essentiellement financées par la redevance de l'audiovisuel et ne comportent pas de publicité, alors qu'ITV, Channel 4 et Channel 5 sont privées et à ce titre essentiellement financées par la publicité.

Depuis les années 1980, une grande variété de chaînes câblées ou satellites s'est développée, et la fin du XXe siècle a vu les débuts de la télévision numérique. La plus populaire de toutes en termes de nombre d'abonnés est BskyB (Skynews, Skymovies, etc.) appartenant à Rupert Murdoch. La BBC détient BBC3, BBC4, BBC News 24, BBC Parliament, CBBC et Cbeebies (financées grâce à la redevance de l'audiovisuel) de même que BBC World, BBC Prime, BBC Choice, etc. (sans soutien financier de la redevance).

DEVOLUTION

A. SCOTLAND & WALES

The Westminster **Parliament** of the UK is based in London and it makes **laws** which are applicable to the whole of the UK (England, Wales, Scotland and Northern Ireland).

From the 1960s onwards, support for **devolution** of power to Wales and Scotland grew. **Devolution** here means the transfer of power from **central government** in London (Westminster) to allow a degree of self-government for Wales and Scotland, thus giving the two nations local accountability. It does not mean total independence. The nationalist **political parties** of Wales and Scotland, respectively **Plaid Cymru** (the Party of Wales) and the **Scottish Nationalist Party** (**SNP**) fiercely supported the idea of self-government and decentralisation of power.

The Wales Act, 1978 and the Scotland Act, 1978 provided for the creation of separate parliaments in Wales and Scotland subject to **referenda** in Wales and Scotland, where 40% of the registered electorate would have to say "yes" to the establishment of regional parliaments. Thus, **referenda** were held in Wales and Scotland on 1 March 1979.
The results were a resounding "no" in Wales and a tentative "yes" in Scotland. In Wales, 243,048 **voters** (20.2% of those who **voted**) said "yes" and 956,330 (79.8%) said "no". In Scotland, 1,230,937 **voters** said "yes" (51.6% of those who **voted**) and 1,153,502 "no" (48.4%). However, due to low **voter turnout**, the "yes" **vote** only represented 32.9% of the registered electorate in Scotland and 11.9% of those in Wales, but not the required 40% for the **referenda** results to be acted on. Thus devolution did not take place.

Wales and Scotland continued to be represented in the **Houses of Parliament** in London by MPs and by the Minister for Welsh Affairs and the Secretary of State for Scotland.

14

DEVOLUTION

A. ECOSSE & PAYS DE GALLES

Le Parlement du Royaume-Uni siège à Londres et vote les lois qui sont applicables dans tout le Royaume (Angleterre, pays de Galles, Ecosse et Irlande du Nord).

Depuis les années 1960, la demande pour une plus grande décentralisation s'est progressivement accrue au pays de Galles et en Ecosse. La décentralisation signifie ici le transfert de pouvoirs de l'Etat central de Londres vers le pays de Galles et l'Ecosse, pour leur permettre d'acquérir unc certaine autonomie, en donnant aux deux nations des responsabilités locales ; cela ne signifie pas l'indépendance totale. Les partis politiques nationalistes du pays de Galles et d'Ecosse, respectivement le *Plaid Cymru* et le parti national écossais (*SNP*), sont de fervents partisans de l'idée d'autonomie et de la décentralisation des pouvoirs.

La Loi sur le pays de Galles et la Loi sur l'Ecosse, votées en 1978 ont prévu la création de parlements au pays de Galles et en Ecosse, à la condition que 40% de l'électorat approuve cette mesure. Ainsi, des référendums ont été organisés au pays de Galles et en Ecosse le 1er mars 1979.
Les résultats donnèrent un "non" retentissant au pays de Galles et un timide "oui" en Ecosse. Au pays de Galles, 243 048 votants (20,2 % des suffrages exprimés) ont dit "oui" et 956 330 ont répondu non (79,8 %). En Ecosse, 1 230 937 votants ont répondu "oui" (51,6 % des suffrages exprimés), et 1 153 502 ont répondu "non" (48,4 %). Cependant en raison de la faible participation, le "oui" ne représentait finalement que 32,9 % des électeurs en Ecosse et 11,9 % au pays de Galles, soit moins que les 40 % requis pour que la loi entre en vigueur. La décentralisation du pouvoir n'a pas eu lieu.

Le pays de Galles et l'Ecosse ont continué d'être représentés au Parlement de Londres ainsi que par le ministre des Affaires galloises et le Secrétaire d'Etat pour l'Ecosse.

DEVOLUTION

A. SCOTLAND & WALES

The **Labour Party** (led by Tony Blair) **pledged** in its **manifesto** for the 7 June 1997 **general election** to give the inhabitants of Wales and Scotland greater control over their own affairs and to decrease the "democratic deficit". Following the **Labour Party**'s **landslide victory** in the **general election**, it moved quickly and a **referendum** on **devolution** was held in Scotland on 11 September 1997 and in Wales the following week. Thus, the **Welsh** and **Scots** (or the Scottish) were asked for their opinions on **devolution** once again.

In Wales there was 50.1% **voter turnout** and the result was that 50.3% of those who **voted** was in favour of a **Welsh Assembly**.
The results in Scotland, where there was a 60.2% **voter turnout**, were more conclusive, since 74.3% of **Scots** who **voted** said "yes" to the establishment of a **Scottish Parliament** and 63.5% said it should have certain powers of taxation.

The <u>Government of Wales Act</u>, 1998, established the **National Assembly for Wales** based in Cardiff. The first elections were held on 6 May 1999 (see Ch.9). The **60 Assembly Members (AMs)** are responsible for a sizeable budget. They debate and **vote** on a variety of issues which concern just Wales: Welsh education, health, economic development, **local government**, **housing**, transport, agriculture, culture, tourism and the **Welsh** language. However, they are not authorised to **vote** on primary legislation or to raise taxes. Wales continues to share the same legal system as England and still elects 40 **MPs** to **Westminster**. These are not the same people as the Welsh AMs.

DEVOLUTION

A. ECOSSE & PAYS DE GALLES

Le parti travailliste, emmené par Tony Blair, a promis dans son programme électoral pour les élections législatives du 7 juin 1997 de donner aux habitants du pays de Galles et d'Ecosse un plus grand contrôle sur leurs propres affaires afin de diminuer le “déficit démocratique”. A la suite de l'écrasante victoire du parti travailliste aux élections législatives, les choses avancèrent rapidement et on organisa un référendum en Ecosse le 11 septembre 1997 et au pays de Galles la semaine suivante. Ainsi, les Gallois et les Ecossais étaient interrogés sur la décentralisation une fois de plus.

Au pays de Galles, il y eut 50,1% de participation et le résultat fut 50,3% de votes en faveur d'une assemblée galloise. Les résultats en Ecosse, où il y eut 60,2% de taux de participation, furent plus concluants, puisque 74,3% des Ecossais qui votèrent répondirent "oui" à la création d'un parlement écossais et 63,5% dirent qu'il devait avoir certaines prérogatives en matière fiscale.

La Loi sur le gouvernement du pays de Galles de 1998 établit l'Assemblée nationale du pays de Galles (*Cynulliad* en gallois) siégeant à Cardiff. Les premières élections pour cette assemblée se tinrent le 6 mai 1999 pour les 60 membres. L'Assemblée nationale du pays de Galles dispose d'un budget important et peut débattre et voter sur beaucoup de sujets qui concernent le pays de Galles, comme l'éducation, la santé, le développement économique, le gouvernement local, le logement, les transports, l'agriculture, la culture, le tourisme et la langue galloise. Cependant, l'Assemblée du pays de Galles n'est pas autorisée à voter des lois fondamentales ou à lever des impôts. Le pays de Galles continue d'avoir le même système juridique que l'Angleterre et élit toujours 40 députés à Westminster, mais ils ne sont pas les mêmes personnes que les membres de l'Assemblée du pays de Galles.

DEVOLUTION

A. SCOTLAND & WALES

The Scotland Act, 1998, created the **Scottish Parliament**, situated in Edinburgh. The first **elections** took place on 6 May 1999. The 129 Members of the Scottish Parliament (MSPs) enjoy more power than their **Welsh** counterparts. The Scottish Parliament is responsible for most of its domestic polices, e.g., Scottish education, health, **housing**, transport, prisons, the environment and agriculture, etc. It is allowed to make primary and secondary legislation and raise or lower the basic rate of income tax by up to 3% (i.e. it has tax varying powers). On some issues such as higher education and **social services** it has very different policies (often more left-wing) to the rest of the UK. Scotland continues to have separate education and judicial systems. Scotland still elects 59 **MPs** to **Westminster**. These are not the same people as the Scottish MSPs.

In the **devolved** system the UK **Parliament** retains the power of decision making and legislation in matters that involve the whole of the UK. For example, the **constitution**, defence, energy, employment (including the minimum wage), foreign affairs, immigration, etc..

Some people say that the **Welsh Assembly** serves no concrete purpose and costs a lot of money to run. There is no doubt, however, that it fulfils an important symbolic role and allows for a certain degree of autonomy from the UK government. Calls from nationalists for Welsh **devolution** lay the emphasis on the cultural differences between Wales and England, in particular the use of the Welsh language.

In general, the **Scottish Parliament** is considered to be far more effective and it has produced some radical policies, e.g. free **higher education tuition fees** and free care of the elderly. Scottish calls for **devolution** are more based on Scottish economic interests.

14

DEVOLUTION

A. ECOSSE & PAYS DE GALLES

La Loi sur l'Ecosse votée en 1998 a institué le Parlement écossais siégeant à Edimbourg. Les premières élections ont eu lieu le 6 mai 1999. Les 129 membres du Parlement écossais disposent de plus de pouvoirs que son homologue gallois. Il est responsable de la plus grande partie de la politique locale, par exemple, l'éducation, la santé, les prisons, le logement, les transports, la formation, l'environnement et l'agriculture. Il peut voter de la législation primaire et secondaire et élever ou abaisser le taux de base de l'impôt sur le revenu jusqu'à 3 % (il a un pouvoir de modification de la fiscalité à la différence du pays de Galles). Sur certains sujets comme l'éducation et les services sociaux, il mène des politiques très différentes de celles du reste du Royaume-Uni, souvent marquées plus à gauche. L'Ecosse continue d'avoir des systèmes éducatif et judiciaire propres. Elle élit toujours 59 députés à Westminster, mais ils ne sont pas les mêmes personnes que les membres de du Parlement écossais.

Dans le système décentralisé, le Parlement du Royaume-Uni conserve le pouvoir de prendre des décisions et de légiférer dans les matières qui impliquent l'ensemble du royaume, par exemple la constitution, la défense, l'énergie, l'emploi (dont le salaire minimum), les affaires étrangères, l'immigration, etc.

Certaines personnes disent que l'Assemblée du pays de Galles ne sert à rien de concret et coûte de l'argent. Toutefois, il ne fait aucun doute qu'elle remplit un rôle symbolique important et elle donne un certain degré d'autonomie au Gallois par rapport à Westminster. Si les revendications galloises sont plus fondées sur des aspects culturels, celles des Ecossais sont plus économiques.

En général, le Parlement écossais est vu comme beaucoup plus efficace et est à l'origine de certaines lois radicales, par exemple, les frais de scolarité universitaires gratuits en Ecosse et pour les Ecossais étudiant en Angleterre, ainsi que les soins pour les personnes âgées gratuits.

Criticism is also made of the fact that England does not have its own individual parliament. It is proffered that the interests of the English population are under-represented because the **Welsh** and **Scots** have 2 elected bodies representing them, whereas the **English** have only one. Furthermore, Scottish and Welsh **Westminster MPs** can vote on laws which do not directly affect their own constituents: the **West Lothian question**. In 2006 this was determining in votes on tuition fees and foundation hospitals.
There are various solutions to this anomaly.
1) A new, separate English Parliament.
2) The creation of English regional assemblies.
3) Westminster MPs representing Scottish and Welsh constituencies should no longer be able to vote on laws only concerning England.
4) A special Westminster committee to deal with purely English matters.
5) Revocation of devolution.
6) Full independence.

Another issue is the **Barnett formula** – the complex Whitehall spending plan on UK public spending which "privileges" Scotland.

The 1999 **devolution** has sparked many debates on Britishness and Englishness. The election of the nationalist and keen independence supporter Alex Salmond as the first **SNP First Minister** of **Scotland** in 2007 suggests than further devolution may take place in the future. It would have a considerable impact on the status of the **Union** (c.f. the **Union Jack**) of the United Kingdom and emphasises the fact that **devolution** is a process not an event…

Certains critiquent également le fait que l'Angleterre n'ait pas son propre parlement. Ils affirment que les intérêts de la population anglaise sont moins bien représentés que ceux des Gallois ou des Ecossais, qui ont chacun deux parlements, tandis que les Anglais n'en ont qu'un. Par ailleurs, les députés qui siègent à Westminster, au parlement du R-U, tout en représentant des circonscriptions écossaises ou galloises peuvent voter sur les lois qui ne concernent pas les électeurs de leur circonscription (c'est ce qu'on appelle "la question de West Lothian"). En 2006 ceci a été déterminant pour deux votes, à savoir les frais de scolarité universitaire et le nouveau statut des hôpitaux.

Il y a plusieurs solutions à cette anomalie :
1) Un nouveau parlement purement anglais.
2) La création d'assemblées régionales.
3) L'interdiction pour les députés écossais et gallois de voter sur les lois ne concernant que l'Angleterre.
4) La création d'un Conseil à Westminster qui voterait seulement sur les affaires anglaises.
5) La fermeture du Parlement écossais et de l'Assemblée galloise.
6) L'indépendance totale.

Une autre question est ce qu'on appelle la "Formule de Barnett" sur la distribution complexe des dépenses publiques du R-U qui "privilégie" l'Ecosse.

La "dévolution" de 1999 a provoqué de nombreux débats sur la citoyenneté et identité britannique ou anglaise. L'élection du nationaliste et indépendantiste Alex Salmond comme premier ministre de l'Ecosse en 2007 signifie qu'on devrait s'attendre à une plus grande autonomie de l'Ecosse à l'avenir. Ceci aurait un impact important sur le statut de l'Union (c.f. le nom du drapeau du R–U, le Union Jack) et souligne le fait que la dévolution est un processus en devenir et non un événement.

B. NORTHERN IRELAND

The issue of **devolution** and Northern Ireland goes back a long way.

In the 17th century, the whole of Ireland was part of the United Kingdom and it was ruled from London. In 1641, the nine counties making up the North of Ireland (**Ulster**) were passed to the British **Crown**. The land that was confiscated from the indigenous Catholic Irish population was given to English and Scottish Protestant settlers who **colonized** the regions, thus giving rise to ongoing conflict.

So, from then on, the population of the Northern counties of Ireland was mainly **Protestant** (including many landowners) with origins in the mainland. Most of them wanted Ireland to remain attached to Great Britain and so to be ruled from Protestant London, with all the advantages that that entailed. Conversely, nationalist support from the minority **Catholic** population led to calls for the whole of Ireland to become independent, with its own parliament in Dublin. The demands did not come to fruition.

The outbreak of World War I in 1914 delayed the implementation of new "**Home Rule**" legislation for Ireland. It would have led to the independence of Ireland, with the restoration of the Dublin **Parliament** after centuries of unrest regarding British dominion in Ireland.

Shortly afterwards, in 1916, the **Easter Uprising** took place: Nationalists seized the General Post Office in Dublin and proclaimed an independent Irish Republic. However, the revolt was crushed by the British who executed the ringleaders, including all seven signatories of the declaration of the republic.

B. IRLANDE DU NORD

La question de la décentralisation vers l'Irlande du Nord ne date pas d'hier.

Au XVIIe siècle, toute l'Irlande faisait partie du Royaume-Uni et était dirigée depuis Londres. En 1641, les neuf comtés du nord de l'Irlande (Ulster) passèrent sous l'autorité directe de la Couronne britannique. La terre confisquée à la population irlandaise catholique locale fut donnée à des protestants anglais et écossais qui colonisèrent la région, donnant ainsi source au conflit qui continue aujourd'hui.

Aussi, depuis lors, la population des comtés du nord de l'Irlande est majoritairement protestante (incluant beaucoup de propriétaires) du fait de ses origines britanniques. La plupart souhaitaient que l'Irlande restât attachée à la Grande-Bretagne et continua d'être dirigée depuis Londres protestante, avec tous les avantages afférents. A l'inverse, les nationalistes soutenus par la minorité catholique en vinrent à demander que toute l'Irlande devienne indépendante, avec son propre parlement à Dublin ; Cette demande ne fut pas satisfaite.

Le déclenchement de la Première Guerre mondiale en 1914 retarda la mise en place de la loi d'autonomie pour l'Irlande dite du *"Home Rule"*. Elle aurait conduit à l'indépendance de l'Irlande, avec la restauration du parlement à Dublin après des siècles de troubles au sein du dominion britannique en Irlande.

Peu de temps après, en 1916, se produisit le soulèvement de Pâques : des nationalistes prirent la poste centrale de Dublin et proclamèrent l'indépendance de la République d'Irlande. Toutefois la révolte fut écrasée par les Britanniques qui exécutèrent les meneurs, dont les sept signataires de la déclaration de naissance de la République.

B. NORTHERN IRELAND (1919-1949)

In 1919 the Catholic nationalist movement, **Sinn Féin**, set up in Dublin an assembly called the Dail Eireann; Irish independence was proclaimed once again. The **Irish Republican Army** (**IRA**) started a terrorist (guerrilla) campaign against the British forces present in Ireland, leading to heavy casualties on both sides.

As a result of the British Government of Ireland Act, 1920, Ireland was **partitioned** in 1921, i.e. Northern Ireland and the rest of Ireland separated into two.

ULSTER
Northern Ireland is sometimes informally called **Ulster**. This refers to an ancient kingdom which once existed in NE Ireland. Following **partition** in 1921, six of **Ulster**'s counties formed Northern Ireland and the 3 others joined the **Republic of Ireland**.

Shortly afterwards, following the voting of the Irish Free State Agreement Act, 1921, Southern Ireland became the **Irish Free State**: an independent dominion of the British **Crown** with full domestic self-government. It was later renamed **Eire** (Irish Gaelic for "Ireland") in 1937 when it became a **sovereign**, independent democratic state and then the **Republic of Ireland** in 1949.

MICHAEL COLLINS (1890-1922)
Michael Collins, leader of the Irish republican **political party Sinn Féin** and a member of the Irish delegation that negotiated the **Anglo-Irish Treaty**, 1921, leading to creation of the **Irish Free State**, was shot dead in 1922 by Republican opponents.

B. IRLANDE DU NORD (1919-1949)

En 1919 le mouvement nationaliste et catholique, *Sinn Féin* créa à Dublin une assemblée appelée la *Dail Eireann* ; l'indépendance de l'Irlande était à nouveau proclamée. L'Armée républicaine irlandaise (*IRA*) commença à employer le terrorisme (guérilla) contre les forces britanniques présentes en Irlande, causant de lourdes pertes dans les deux camps.

La Loi britannique sur le gouvernement de l'Irlande en 1920 aboutit à la partition de l'Irlande en 1921, le nord de l'Irlande étant séparé du reste de l'île.

ULSTER
L'Irlande du Nord est parfois appelée de façon informelle Ulster. Ce nom fait référence à un ancien royaume qui exista au Nord-Est de l'Irlande. A la suite de la partition de 1921, six des comtés d'Ulster formèrent l'Irlande du Nord et les trois autres rejoignirent la République d'Irlande.

Peu de temps après, à la suite du vote en 1921 de la Loi sur l'autorisation d'un Etat d'Irlande indépendant, l'Irlande du sud devint l'Etat libre d'Irlande : un dominion indépendant de la Couronne britannique totalement autonome pour les affaires intérieures. Elle fut rebaptisée plus tard Eire (mot gaélique irlandais pour Irlande) en 1937 quand elle devint un Etat souverain, indépendant et démocratique, puis République d'Irlande en 1949.

MICHAEL COLLINS (1890-1922)
Michael Collins, chef du Sinn Féin, parti politique républicain irlandais et membre de la délégation irlandaise qui négocia le Traité anglo-irlandais qui a mené à la création de l'Etat libre d'Irlande, fut assassiné en 1922 par des opposants à la République.

So from 1921 onwards Northern Ireland experienced "**home rule**". This means Northern Ireland remained part of the UK, but it had its own separate **devolved** parliament which **voted** on domestic affairs. Thus, it had a limited degree of self-government, decided all its own policies and **voted** on its own legislation, except for questions of defence and foreign **policy** which were decided on by London. The **Northern Ireland Parliament** (consisting of a Senate and a **House of Commons**) was situated in **Stormont** Castle on the outskirts of Belfast.

Political parties specific to Northern Ireland were and still are very much divided along religious lines. On one side, there are Republican Catholics who call for a united (North and South), independent **Republic of Ireland**. These are primarily represented by the moderate **Social Democratic and Labour Party** (**SDLP**) and the more extreme **Sinn Féin**.
On the other side, there are **Loyalist** (loyal to the British **Crown**) Protestants who want Northern Ireland to remain within the UK. The biggest Protestant Party in Northern Ireland is the **Ulster Unionist Party** (**UUP**) and there is also the more radical **Democratic Unionist Party** (**DUP**) (see Chapter 9).

At the same time, active paramilitary terrorist organisations were similarly divided on both sides, all being linked to a greater or lesser extent to the more extreme **political parties**. The leading Catholic "freedom fighters" was the **Irish Republican Army** (**IRA**), whilst the **Ulster Defence Association** (**UDA**) was the main **Loyalist** Protestant paramilitary group. There were many other terrorist splinter groups and dissident movements too.

B. IRLANDE DU NORD (1921-1967)

Aussi à partir de 1921, l'Irlande du Nord expérimenta le *"Home Rule"*. Cela impliquait que l'Irlande du Nord restât membre du Royaume-Uni, mais qu'elle disposait de son propre parlement décentralisé pour voter ses affaires intérieures. Ainsi, elle jouissait d'un certain degré d'autonomie, décidait de l'ensemble de ses politiques et votait sa propre législation, à l'exception des questions de défense et de politique étrangère qui étaient du ressort de Londres. Le parlement d'Irlande du Nord (composé d'un Sénat et d'une Chambre des communes) siégeait au château de Stormont dans la banlieue de Belfast.

Les partis politiques propres à l'Irlande du Nord étaient et sont toujours divisés en fonction de leur appartenance religieuse.
D'un côté, les républicains catholiques qui réclament une République d'Irlande indépendante et unie (Nord et Sud). Ils sont représentés par le parti travailliste et social démocrate (*SDLP*) et par le plus radical *Sinn Féin*.
De l'autre côté, les protestants loyalistes (loyaux envers la Couronne britannique) veulent que l'Irlande du Nord reste partie intégrante du Royaume-Uni.
Le parti protestant le plus important en Irlande du Nord est le parti unioniste d'Ulster (*UUP*) mais il y aussi le plus radical parti unioniste démocrate (*DUP*) (voir chapitre 9).

En même temps, des organisations paramilitaires actives peuvent de façon similaire être divisées en deux camps, plus ou moins liées aux partis politiques extrémistes. Les principaux "combattants pour la liberté" catholiques sont ceux de l'Armée républicaine irlandaise (*IRA*), alors que l'Association de défense de l'Ulster (*UDA*) est le plus grand groupe paramilitaire protestant loyaliste. Il y a beaucoup d'autres groupes terroristes et mouvements dissidents

DEVOLUTION

B. NORTHERN IRELAND (1967-1972)

From 1967 onwards, the Catholic **civil rights** movement became increasingly active. Northern Ireland became the scene of very violent **sectarian** conflict between Catholics and Protestants. The numerous terrorist organisations were extremely active and there were many riots and clashes, as well as terrorist **bombings** on both sides. **IRA** bombs killed 28 people in 1969. That year, numerous British soldiers were sent to Northern Ireland to "police" the explosive situation and to restore order.

By 1971, the violence had escalated to the extent that 184 people were killed due to terrorist activities during the course of the year, including the first British soldier who was shot dead by machine gun fire. The **IRA** bombed Protestant neighbourhoods, the **Loyalist** terrorists bombed Catholic pubs. Following the voting of the Prevention of Terrorism Act, 1971, the British government introduced **internment**, i.e. suspected terrorists were detained, without a **trial**, because they were regarded as a security threat.

The so-called "**Bloody Sunday**" occurred on Sunday 30 January 1972. British troops, trying to disperse Catholic anti-internment protestors taking part in a banned march in Londonderry, opened fire killing thirteen civilians.
As a result of all the violence, on 30 March 1972, **Westminster** passed the Northern Ireland (Temporary Provisions) Act. It led to the suspension of the **Northern Ireland Parliament** in **Stormont**. Thus, 50 years of independence came to end as Northern Ireland lost its "**home rule**" and it returned to "**direct rule**". So once again Northern Ireland was governed from London by the British government. A new Secretary of State for Northern Ireland took on board all the functions of the Northern Irish Government. On 21 July, the **IRA** let off 22 bombs within 75 minutes: "Bloody Friday". The death toll for 1972 was the highest of the modern troubles: 103 soldiers, 41 police and **UDR (Ulster Defence Regiment)** and 323 civilians.

B. IRLANDE DU NORD (1967-1972)

A partir de 1967, le mouvement catholique pour les droits civiques devint extrêmement actif. L'Irlande du Nord devint la scène de conflits sectaires violents entre catholiques et protestants. Les très nombreuses organisations protestantes étaient très actives et il y eut de nombreuses émeutes et confrontations violentes, des attentats terroristes des deux côtés. Les bombes de l'*IRA* tuèrent 28 personnes en 1969. Cette même année, de nombreux soldats britanniques étaient envoyés en Irlande du Nord pour gérer cette situation explosive et restaurer l'ordre.

En 1971, la violence était montée à un niveau tel que 184 personnes furent victimes des activités terroristes pendant l'année, dont le premier soldat britannique tué par une arme à feu. L'*IRA* commit des attentats dans les quartiers protestants, les terroristes loyalistes dans les pubs catholiques. A la suite de la Loi sur la prévention du terrorisme de 1971, le gouvernement britannique institua "l'internement", en l'occurrence l'arrestation de personnes suspectées de terrorisme sans jugement, car considérées comme une menace pour l'ordre public.

Le "dimanche sanglant" eut lieu le 30 janvier 1972. Les troupes britanniques, essayant de disperser les participants à une manifestation catholique contre l'internement à Londonderry ouvrirent le feu, tuant 13 civils.
Face à cette violence, Westminster vota le 30 mars 1972 la Loi sur l'Irlande du Nord (mesures provisoires). Elle conduisit à la suspension du Parlement d'Irlande du Nord à Stormont. Ainsi 50 ans d'autonomie se terminaient : l'Irlande du Nord perdait son "*Home Rule*" et retournait à l'administration directe. Une fois encore, elle se retrouvait gouvernée depuis Londres par le gouvernement britannique. Un nouveau secrétaire d'Etat pour l'Irlande du Nord prit les fonctions du gouvernement irlandais d'Irlande du Nord. Le 21 juillet, l'*IRA* faisait exploser 22 bombes en 75 minutes : "vendredi sanglant". Le nombre de morts pour 1972 fut le plus élevé des révoltes de l'époque contemporaine : 103 soldats, 41 policiers et membres des forces de sécurité et 323 civils.

DEVOLUTION

B. NORTHERN IRELAND (1973-1985)

A **referendum** was held in Northern Ireland on **devolution** on 8 March 1973. **Voter turnout** was 58.1%, of those 591,820, 99% **voted** for Northern Ireland to remain part of the United Kingdom, 6,463 (0.92%) **voted** for it to be joined to the **Republic of Ireland**. Many Catholics boycotted the **poll** which skewed the results.
At the end of the year, Protestant and Catholic **politicians** as well as the British and Irish governments agreed (<u>The Sunningdale Agreement</u>) on power-sharing in Northern Ireland for domestic affairs, but the new **Executive** collapsed within months.

In 1981, when Margaret Thatcher was PM, confined **IRA** terrorist suspects went on hunger-strike in the "H-Blocks" of the high security Maze Prison where they were held. They considered themselves to be political prisoners. Ten of them died. The first and most well-known was 27-year-old Bobby Sands who passed away after 66 days of fasting; around 100,000 people attended his funeral. He was **elected** as the first **Sinn Féin MP** during his hunger-strike with over 30,000 votes.

The **Northern Ireland Assembly** opened again in Stormont in November 1982, though it was boycotted by **Sinn Féin** and the **SDLP**.

In 1984, the **IRA** bombed the Grand Hotel in Brighton (England) where **Conservative MPs** were staying during the **annual conference**. Margaret Thatcher, the **Prime Minister** was not injured but 4 people were killed.

The following year, 1985, the British and Irish governments signed the **<u>Anglo-Irish Agreement</u>**. Thus, the **Republic of Ireland** was given consultative rights in affairs concerning Northern Ireland.

B. IRLANDE DU NORD (1973-1985)

Un référendum fut organisé en Irlande du Nord sur la question de la décentralisation le 8 mars 1973. La participation électorale atteignit 58,1 %. 591 820 électeurs (99 %) votèrent en faveur du maintien de l'Irlande du Nord dans le Royaume-Uni, 6 463 (0,92 %) en faveur d'une union avec la République d'Irlande ; beaucoup de catholiques avaient boycotté le scrutin faussant donc les résultats.
A la fin de l'année, les hommes politiques protestants et catholiques, les gouvernements du Royaume-Uni et d'Irlande se mirent d'accord (accords de Sunningdale) sur un partage du pouvoir en Irlande du Nord pour les affaires intérieures, mais le nouvel exécutif échoua au bout de quelques mois.

En 1981, des personnes suspectées d'être des terroristes de l'IRA et emprisonnées à ce titre commencèrent une grève de la faim dans les blocs de forme de H de la prison de Haute Sécurité de Maze où elles étaient détenues. Ils se définissaient comme des prisonniers politiques. Dix en moururent. Le premier et le plus connu était Bobby Sands, âgé de 27 ans, qui décéda après 66 jours de jeûne ; environ 100 000 personnes assistèrent à ses funérailles. Il fut le premier membre du *Sinn Féin* élu député pendant sa grève de la faim obtenant plus de 30 000 voix.

En 1984, l'*IRA* commit un attentat dans le grand Hôtel de Brighton (en Angleterre), où le parti conservateur tenait sa conférence annuelle. Margaret Thatcher, alors Premier ministre, ne fut pas blessée mais quatre personnes en moururent.

L'année suivante, en 1985, les gouvernements britannique et irlandais signèrent l'<u>Accord anglo-irlandais</u>. Ainsi on donnait à la République d'Irlande des droits consultatifs dans les affaires d'Irlande du Nord.

B. NORTHERN IRELAND (1993-1999)

Finally, from 1993 onwards efforts were made to reach a satisfactory solution to "**The Troubles**" (the political and civil unrest). The two main Catholic **political parties** – the nationalist **SDLP** and the republican **Sinn Féin** – represented by John Hume and Gerry Adams respectively, began tentative talks to try to find a political way forward for Northern Ireland.

In 1994, both the **IRA** and the **Loyalist** paramilitaries terrorist organisations announced cease-fires. The governments of Dublin, London and Belfast entered long multi-party talks – held in **Stormont**, Belfast – to try to negotiate peace in Northern Ireland: the "**Stormont Talks**".
The **decommissioning** of terrorist weapons (i.e. the removal of arms from service) became a key issue in the **peace talks**.
The **Belfast Agreement**, also called the **Good Friday Agreement**, was eventually signed by the 8 foremost **political parties** of Northern Ireland on 10 April 1998.

A **referendum** was swiftly held on 22 May 1998 in both Northern Ireland and the **Republic of Ireland** which led to the ratification of the **Good Friday Agreement**. This paved the way for the Northern Ireland (Elections) Act, 1998 which set up the **Northern Ireland Assembly**.

The **Northern Ireland Assembly**, based in **Stormont** Castle, came into being on 25 June 1998. However, due to unresolved disputes among **political parties**, power was only **devolved** from London to Northern Ireland at the end of 1999. The **Northern Ireland Assembly** had legislative and executive authority on matters related specifically to Northern Ireland. It was not, however, allowed to **vote** on issues regarding criminal justice, prisons, policing and security matters in general.

B. IRLANDE DU NORD (1993-1999)

Finalement, depuis 1993, des efforts ont été faits pour obtenir une solution satisfaisante aux “troubles” (agitation politique et civile). Les deux grands partis politiques catholiques – le *SDLP* nationaliste et le *Sinn Féin* républicain – représentés respectivement par John Hume et Gerry Adams, entamèrent des négociations pour tenter de trouver une solution politique pour l’avenir de l’Irlande du Nord.

En 1994, à la fois l’*IRA* et les organisations terroristes paramilitaires loyalistes annoncèrent un cessez-le-feu. Les gouvernements de Dublin, Londres et Belfast entamèrent de longues discussions multipartites – à Stormont, Belfast – pour tenter de négocier la paix en Irlande du Nord : “les pourparlers de Stormont”. L’abandon du recours au terrorisme (i.e. le désarmement) devint le sujet clé des pourparlers de paix.
L’accord de Belfast, également appelé Accord du Vendredi Saint fut finalement signé par les huit partis politiques les plus importants d’Irlande du Nord le 10 avril 1998.

Un référendum se tint rapidement le 22 mai 1998 à la fois en Irlande du Nord et en République d’Irlande, qui permit la ratification de l’Accord du Vendredi saint. Cela ouvrit la voie à la Loi sur les élections en Irlande du Nord de 1998 qui remit en place l’Assemblée d’Irlande du Nord.

L'Assemblée d'Irlande du Nord siégea à nouveau, à Stormont, en novembre 1982, bien que boycottée par le *Sinn Féin* et le *SDLP*.

L’Assemblée d’Irlande du Nord, siégeant au château de Stormont, vit le jour le 25 juin 1998. Cependant, en raison de disputes persistantes entre les partis politiques, le pouvoir fut décentralisé de Londres vers l’Irlande du Nord seulement à la fin de 1999. L’Assemblée d’Irlande du Nord a des compétences législatives et exécutives dans les matières liées uniquement à l’Irlande du Nord. Cependant, elle ne peut légiférer sur des sujets regardant la justice criminelle, les prisons, la police et les affaires de sécurité de façon générale.

Following further disputes the **Northern Ireland Assembly** was suspended in February 2000, having worked for just 72 days. It was then reinstated and then suspended again in 2001. This was chiefly due to the **IRA** still refusing to disarm, i.e. **decommission** all their weapons. The **Peace Process** continued and in April 2003, the President of the United States of America, George W Bush (like his predecessor Bill Clinton), visited Belfast in an attempt to move on the negotiations.

Following further decommissioning, prisoner release, and "compromising" on both sides, terrorist activities virtually halted.

In March 2007 there was a new election for 108 **Northern Ireland Assembly** members who are called **Members of the Legislative Assembly** (MLAs). The STS system of proportional representation was used. The Assembly opened with devolved power on 8 May 2007. It works on a power-sharing basis between the different elected parties using the d'Hondt method. In this way there is maximum representation of all the different political parties (and religious groups).

Martin McGuinness (an ex-IRA leader) from Sinn Fein and Ian Paisley (from the DUP) thus began to share power, a situation which was unthinkable just a few years ago. Ian Paisley was replaced by Peter Robertson in 2008 as DUP party leader and thus First Minister of Northern Ireland.

Northern Ireland still elects 18 **MPs** to **Westminster**. They are not the same people as the MLAS.

A la suite de nouvelles disputes, l'Assemblée d'Irlande du Nord a de nouveau été suspendue en février 2000, après seulement 72 jours, réinstallée et de nouveau suspendue en 2001. C'est essentiellement dû au refus persistant de l'IRA de désarmer, c'est à dire de rendre ses armes. Le processus de paix continua et en avril 2003, le président des Etats-Unis d'Amérique, George W Bush (comme son prédécesseur Bill Clinton) s'est rendu à Belfast afin de tenter de faire avancer les négociations.

A la suite d'autres désarmements, des prisonniers mis en liberté et des "compromis" faits des deux côtés, les activités terroristes se sont presque arrêtés.

En mars 2007 il y a eu une nouvelle élection pour les 108 membres de l'Assemblée de l'Irlande du nord qui s'appellent les Membres de l'assemblée législative. Un système de représentation proportionnelle a été utilisé pour le scrutin. L'Assemblée avec des pouvoirs "dévolus" a re-ouvert ses portes le 8 mai 2007. Elle fonctionne sur la base d'un partage des pouvoirs entre les différents partis élus afin de mieux représenter les électeurs de tous les horizons politiques (et religieux).

Martin McGuinness (un ancien chef de l'IRA) de Sinn Féin et Ian Paisley du DUP ont donc commencé à partager le pouvoir, chose inconcevable il y seulement quelques années. En 2008, Ian Paisley a été remplacé par Peter Robertson en tant que chef du parti DUP et premier ministre de l'Irlande du Nord.

L'Irlande du Nord élit toujours 18 députés à Westminster. Il ne s'agit des mêmes personnes que les Membres de l'assemblée législative.

C. LONDON

London has a population of around 8 million – around 15% of the population of England. The **Labour Party** also promised in its 1997 **manifesto** to proceed with **devolution** of power to London from central government.

On 7 May 1998 a **referendum** was held in the Greater London Area on the Government's proposals for a Greater London Authority (GLA) with a directly **elected London Mayor**. **Voter turnout** of Londoners was 34%. 72% **voted** in favour of the proposals, 28% against.

The first **elections** for the new **Greater London Assembly (GLA)** (25 constituency seats) and the **London Mayor** were held on 5 May 2000, using a new voting system – Supplementary Vote (SV) system of preferential voting. Elections are every 4 years. The winner of the first **London Mayor election** was Ken Livingstone. He stood as an Independent **candidate** having been expelled from the **Labour Party** just prior to the **election**. He was re-elected in 2004 on a Labour slate having been reaccepted back into the party in January 2004. In 2008, Conservative Boris Johnson was elected the new London Mayor.

The **London Mayor** is supposed "to provide a voice for the whole of London", develop strategies to improve the city, run vital services such as the transport system and promote London abroad. In 2003, Ken Livingstone managed a budget of £4.7 billion. In February that year he introduced the Congestion Charge to central London in order to cut down on road traffic, which appears to have been successful. Drivers now have to pay £8 to drive into central London. Some of the money is reinvested on public transport – a big problem in London.

C. LONDRES

Londres a une population d'environ 8 millions habitants, soit environ 15% de la population anglaise. Le parti travailliste a également promis dans son programme électoral de 1997 de décentraliser certains de ses pouvoirs à la ville de Londres.

Un référendum a été organisé le 7 mai 1998 dans le Grand Londres sur les propositions gouvernementales pour une Autorité du Grand Londres (GLA) avec un maire directement élu. La participation des londoniens a été de 34%. 72% des votants se sont prononcés en faveur des propositions, 28% contre.

Les premières élections pour la nouvelle Assemblée du Grand Londres (*GLA*) (25 sièges) et le maire de Londres se sont tenues le 5 mai 2000 avec un nouveau mode de scrutin fondée sur la représentation préférentielle. Les élections sont toutes les 4 ans. Le gagnant des premières élections du maire de Londres fut Ken Livingstone. Il s'était présenté comme candidat indépendant, exclu du parti travailliste juste avant l'élection. Il a été réélu en 2004 après avoir rejoint le parti travailliste. Le conservateur Boris Johnson a été élu comme nouveau maire de Londres en 2008.

Le maire de Londres doit "représenter une voix pour tout Londres", développer des stratégies pour améliorer l'agglomération, développer les services vitaux comme les réseaux de transport et promouvoir l'image de Londres à l'étranger. En 2003, Ken Livingstone disposait d'un budget de 4,7 milliards de livres sterling. En février de cette année, il introduisit un système de péage contre les encombrements au centre de Londres pour baisser le trafic routier, qui semble être un succès. Les conducteurs doivent maintenant payer 8 livres sterling pour entrer entre centre ville. Une partie de l'argent est réinvesti dans les transports en commun. En effct, les transports publics londoniens ont besoin d'être améliorés.

15 THE COMMONWEALTH OF NATIONS

The **Commonwealth of Nations** is often called The **British Commonwealth**, or just The **Commonwealth**. It is a voluntary association made up of the United Kingdom of Great Britain and Northern Ireland and its dependencies, sovereign states (independent states) that were formerly ruled by the United Kingdom as British **colonies** of the **British Empire** (except Mozambique) with their current dependencies and lastly associated states (states with full domestic / internal government but whose defence and foreign affairs / external relations are governed by the United Kingdom). All give symbolic or real **allegiance to the British Crown** (see below). The British **monarch** is acknowledged by member states at its head. The modern **British Commonwealth** gradually evolved out of the United Kingdom's imperial past, mainly through **decolonisation**, the effects of WWI and changing patterns of international relations.

There are **British Commonwealth** countries on all continents and in all oceans. They vary enormously in size from India with a population of around one billion, to Tuvalu and Nauru in the Pacific Ocean with only about 11,000 inhabitants each. They also differ a great deal in wealth: Australia, Canada, Singapore and the United Kingdom being the richest, some of the poorest being Mozambique, Sierra Leone and Tanzania. Altogether there are more than 1.7 billion people in the **Commonwealth** which is often called "a family of nations and of peoples".

According to the **Commonwealth** Secretariat, the role of the **Commonwealth** is "consulting and co-operating in the common interests of its peoples as well as in the promotion of international understanding and world peace". It claims to be a powerful voice in international forums and to provide member countries with developmental support and collaboration towards the achievement of international goals.

15 LE COMMONWEALTH

Le Commonwealth des nations (souvent appelé en anglais Commonwealth britannique ou plus simplement Commonwealth) est une association volontaire composée du Royaume-Uni de Grande-Bretagne et d'Irlande du Nord, de ses dépendances ou Etats associés (Etats autonomes pour les affaires intérieures, mais dont la défense et les relations extérieures sont assurées par le Royaume-Uni), et d'Etats souverains (Etats indépendants) qui ont été par le passé dirigés par lc Royaume-Uni en tant que colonies de l'Empire britannique (à l'exception du Mozambique). Tous font allégeance réelle ou symbolique à la Couronne britannique (voir plus bas). Le souverain britannique est reconnu par les Etats membres comme chef du Commonwealth. Cette organisation est née du passé impérial du Royaume-Uni, a traversé avec succès la première guerre mondiale, la décolonisation et les changements dans les relations internationales.

On trouve des pays membres du Commonwealth sur tous les continents et océans. Leur taille varie considérablement depuis l'Inde avec une population d'environ un milliard d'habitants jusqu'aux îles Tuvalu et Nauru dans l'océan pacifique avec chacune seulement 11 000 habitants. Ils diffèrent également énormément en raison de leur richesse : l'Australie, le Canada, Singapour et le Royaume-Uni étant les plus riches, le Mozambique, la Sierra Leone et la Tanzanie figurant parmi les plus pauvres. Ensemble, ils représentent plus d'1,7 milliards de personnes, justifiant par là que l'on appelle souvent le Commonwealth "famille de nations et de peuples".

Le secrétariat du Commonwealth définit ainsi la mission de l'organisation : "consulter et coopérer dans l'intérêt commun de ses peuples et promouvoir l'entente entre les nations et la paix mondiale". Il prétend être une voix puissante dans les réunions internationales pour réaliser des objectifs communs et fournir aux pays membres une aide au développement.

15 THE COMMONWEALTH OF NATIONS

There used to be trade agreements between the United Kingdom and the other **British Commonwealth** members (begun at the Ottawa Conference of 1932), but the system of preferential tariffs was abandoned in 1973 following the United Kingdom's entry into the **European Community (EC)**, now the **European Union (EU)**.

The designation "**Commonwealth of Nations**" was first used in 1926 when the Imperial Conference declared that the United Kingdom and its **dominions** (self-governing divisions of the **British Empire**) were autonomous "equal in status, in no way subordinate one to another in any aspect of their domestic or external affairs, though united by common **allegiance** to the **Crown**, and freely associated as members of the **British Commonwealth** of Nations."

Soon after in 1931 the British **Parliament enacted** <u>The Statute of Westminster</u>, an **Act of Parliament** that embodied the decisions of the 1926 Imperial Conference. Thus, the **Commonwealth of Nations** was officially created. In 1949, heads of government of **Commonwealth** countries issued the London Declaration. In this way, membership of the **Commonwealth** changed from one based on common **allegiance** to the British **Crown**, to one in which member states agree to recognise the British **monarch** as the head of the **Commonwealth**, rather than as their **Head of State**. The **Commonwealth** Secretariat was set up in London in 1965.

15 LE COMMONWEALTH

Des accords commerciaux entre le Royaume-Uni et les autres membres du Commonwealth ont existé (à partir de la Conférence d'Ottawa en 1932) mais le système des tarifs préférentiels fut abandonné en 1973, à la suite de l'entrée du Royaume-Uni dans la Communauté européenne, aujourd'hui Union européenne.

Le terme *"Commonwealth of nations"* fut utilisé pour la première fois en 1926 lors la Conférence impériale qui déclara l'autonomie du Royaume-Uni et ses dominions et "égaux en statuts, en aucun cas subordonnés dans quelque domaine de leurs affaires intérieures ou extérieures, mais unis par une allégeance commune à la Couronne et librement associés en qualité de membres du Commonwealth britannique des nations."

Dès 1931, le Parlement britannique promulgua le Statut de Westminster, loi qui donnait corps aux décisions de la conférence impériale de 1926 : le Commonwealth des nations était officiellement né. En 1949, les chefs de gouvernement des pays membres du Commonwealth publièrent la déclaration de Londres ; la signification de l'adhésion changea alors, passant de statut d'allégeance commune à la couronne britannique à un statut où les Etats membres reconnaissaient le souverain britannique comme chef du Commonwealth plutôt que comme chef de leur Etat. Un secrétariat du Commonwealth fut établi à Londres en 1965.

For all that, the **Commonwealth** has neither a **constitution** nor a charter. Members commit themselves to the 1971 Singapore Declaration of shared principles of the **Commonwealth of Nations**: individual liberty, freedom from racism, peace, economic and social development, as well as international co-operation. Twenty years later, the Harare Declaration of 1991 added **democracy**, good government and **human rights** to the **Commonwealth**'s shared principles. Persistent and serious violators of these are dealt with by the Commonwealth Ministerial Action Group (CMAG) which was created in 1995 as a watchdog on **democracy**.

Commonwealth Day is a holiday in some member states and it is celebrated on the second Monday in March each year. Until 1958 it took place on the anniversary of Queen Victoria's birth, that is to say, May 24th and was known as Empire Day.

The Commonwealth Games is a sporting event held every 4 years in a different member state. The first took place in Hamilton, Canada in 1930. In 2002 the venue was Manchester, England. In 2006 they were in Australia & New Zealand. Dehli, India will host them in 2010.

During her reign, Queen Elizabeth II, as Head of the **Commonwealth**, has visited all the member countries of the **Commonwealth of Nations** and they played a very active part in her Golden Jubilee celebrations in 2002.

15 **LE COMMONWEALTH**

Le Commonwealth n'a aucune constitution ou charte. Au demeurant, les membres s'engagent à respecter les principes consignés dans la déclaration de Singapour en date de 1971 : liberté individuelle, absence de discrimination raciale, paix, développement économique et social, coopération internationale. Vingt ans plus tard, en 1991, la déclaration de Harare ajoute la démocratie, la bonne gouvernance et les droits de l'Homme aux principes communs de Commonwealth. Depuis 1965, un groupe d'action interministériel du Commonwealth *(CMAG)* traite des violations persistantes et sérieuses de ces principes, faisant ainsi office de cerbère de la démocratie.

Le jour du Commonwealth est chômé dans certains Etats membres et célébré chaque année le second lundi de mars. Jusqu'en 1958, il avait lieu le jour de l'anniversaire de la naissance de la reine Victoria, en l'occurrence le 24 mai ; il était alors appelé “jour de l'Empire”.

Les jeux du Commonwealth sont une épreuve sportive qui se tient tous les 4 ans dans un Etat différent. Les premiers ont eu lieu à Hamilton au Canada en 1930. En 2002, l'hôte en a été la ville anglaise de Manchester. Ils se sont déroulés en 2006 en Australie et en Nouvelle-Zélande. Delhi, Inde, va les accueillir en 2010.

Durant son règne, la reine Elisabeth II s'est rendue en qualité de chef du Commonwealth dans tous les pays membres, et ceux-ci ont pris une part active dans la célébration de son Jubilé en 2002, marquant ses cinquante ans de règne.

15 THE COMMONWEALTH OF NATIONS

TABLE 20A: MEMBERS OF THE COMMONWEALTH

The **Commonwealth of Nations** is made up of 54 state members. Pakistan was temporarily suspended in 2007.
The table below shows the year each country was admitted into the **Commonwealth of Nations** and readmitted where applicable. The original former name of a nation is in brackets followed by the year of change.

NATION	OFFICIAL NAME	ENTRY	FRENCH NAME
Antigua and Barbuda	Antigua and Barbuda	**1981**	*Antigua-et-Barbuda*
Australia	Commonwealth of Australia	**1931**	*Australie*
Bahamas (The)	Commonwealth of the Bahamas	**1973**	*Bahamas (Les)*
Bangladesh	People's Republic of Bangladesh	**1972**	*Bangladesh*
Barbados	Barbados	**1966**	*Barbade*
Belize (British Honduras 1973)	Belize	**1981**	*Belize*
Botswana (Bechuanaland 1966)	Republic of Botswana	**1966**	*Botswana*
Brunei	Negara Brunei Darussalam	**1984**	*Brunei*
Cameroon	Republic of Cameroon	**1995**	*Cameroun*
Canada	Canada	**1931**	*Canada*
Cyprus	Republic of Cyprus	**1961**	*Chypre*
Dominica	Commonwealth of Dominica	**1978**	*Dominique*

15 LE COMMONWEALTH

NATION	OFFICIAL NAME	ENTRY	FRENCH NAME
Fiji Islands	Republic of Fiji	**1970-87, 1997**	*Fi(d)ji*
Gambia (The)	Republic of the Gambia	**1965**	*Gambie*
Ghana (Gold Coast 1957)	Republic of Ghana	**1957**	*Ghana*
Grenada	Grenada	**1974**	*Grenade*
Guyana (British Guiana 1966)	Co-operative Republic of Guyana	**1966**	*Guyane*
India	Republic of India	**1947**	*Inde*
Jamaica	Jamaica	**1962**	*Jamaïque*
Kenya	Republic of Kenya	**1963**	*Kenya*
Kiribati	Republic of Kiribati	**1979**	*Kiribati*
Lesotho (Basutoland 1966)	Kingdom of Lesotho	**1966**	*Lesotho*
Malawi (Nyasaland 1964)	Republic of Malawi	**1964**	*Malawi*
Malaysia	Federation of Malaysia	**1957**	*Malaisie*
Maldives	Republic of the Maldives	**1982**	*Maldives*
Malta	Republic of Malta	**1964**	*Malte*
Mauritius	Republic of Mauritius	**1968**	*Maurice*
Mozambique	Republic of Mozambique	**1995**	*Mozambique*
Namibia also South-West Africa	Republic of Namibia	**1990**	*Namibie*

15 THE COMMONWEALTH OF NATIONS

NATION	OFFICIAL NAME	ENTRY	FRENCH NAME
Nauru (Pleasant Island)	Republic of Nauru	**1968**	*Nauru*
New Zealand	New Zealand	**1931**	*Nouvelle-Zélande*
Nigeria	Federal Republic of Nigeria	**1960-95 1999**	*Nigeria*
Pakistan	Islamic Republic of Pakistan	**1947-72, 1989-99**	*Pakistan*
Papua New Guinea	Independent State of Papua New Guinea	**1975**	*Papouasie-Nouvelle-Guinée*
St Kitts (St Christopher) and Nevis	Saint Kitts and Nevis	**1983**	*Saint-Kitts-et-Nevis*
St Lucia	Saint Lucia	**1979**	*Sainte-Lucie*
St Vincent and the Grenadines	Saint Vincent and the Grenadines	**1979**	*Saint-Vincent-et-Grenadines*
Seychelles	Republic of Seychelles	**1976**	*Seychelles*
Sierra Leone	Republic of Sierra Leone	**1961**	*Sierra Leone*
Singapore	Republic of Singapore	**1965**	*Singapour*
Solomon Islands	Solomon Islands	**1978**	*Iles Salomon*
South Africa	Republic of South Africa	**1931-61, 1994**	*Afrique du Sud*
Sri Lanka (Ceylon 1972)	Democratic Socialist Republic of Sri Lanka	**1948**	*Sri Lanka*
Swaziland	Kingdom of Swaziland	**1968**	*Swaziland ou Ngwane*

15 LE COMMONWEALTH

NATION	OFFICIAL NAME	ENTRY	FRENCH NAME
Tanzania (Tanganyika 1964)	United Republic of Tanzania	**1961**	*Tanzanie*
Tonga (Friendly Islands)	Kingdom of Tonga	**1970**	*Tonga*
Trinidad and Tobago	Republic of Trinidad and Tobago	**1962**	*Trinité-et-Tobago*
Tuvalu (Ellice Islands 1975)	Tuvalu	**1978 full 2000**	*Tuvalu*
Uganda	Republic of Uganda	**1962**	*Ouganda*
United Kingdom	United Kingdom of Great Britain and Northern Ireland	**1931**	*Royaume-Uni*
Vanuatu (New Hebrides 1980)	Republic of Vanuatu	**1980**	*Vanuata*
Western Samoa	Independent State of Western Samoa	**1970**	*Samoa-Occidentales*
Zambia (Northern Rhodesia 1964)	Republic of Zambia	**1964**	*Zambie*
Zimbabwe (Southern Rhodesia 1964, Rhodesia 1979)	Republic of Zimbabwe	**1980-2002 suspended 2002**	*Zimbabwe*

16 EUROPE

Ever since WWII, the role of the United Kingdom in Europe has unceasingly been a thorny issue, there being divisions between the **Conservative Party** and the **Labour Party**, as well as within each of these two major **political parties**.

Directly following the end of WWII, Winston Churchill, **Conservative Prime Minister**, was in favour of closer links among European countries, in order to create a peaceful and prosperous "kind of United States of Europe".

But, in 1949, the post-WWII **Labour** Government, led by Clement Attlee, officially refused to allow the United Kingdom to participate in the creation of a federal Europe, when the possibility came up during discussions between France, Italy and Belgium.

European construction really began in 1951 when France, West Germany, Italy, Belgium, Luxembourg and the Netherlands signed the Treaty of Paris, thus forming the European Coal and Steel Community (ECSC). The UK's **Labour** Government refused to sign the treaty arguing that the best interests of its coal and steel industry would not be served by the agreement.

In 1957 the **Treaties of Rome** (also known as the **Treaty of the European Community**, **TEC**) led to the setting up the **European Economic Community** (**EEC**) and the **European Atomic Energy Community** (**Euratom**). The United Kingdom's **Conservative** Government refused to sign the treaty which became the foundation stone of the modern-day European Community.

Towards the end of the 1950s the economic decline of the United Kingdom – especially compared to the economic expansion of the six **EEC** members – was largely responsible for a U-turn in opinion on closer links between the United Kingdom and Europe.

16 L'EUROPE

Depuis la Seconde Guerre mondiale le rôle du Royaume-Uni en Europe a constamment été un sujet épineux, à l'origine de divisions entre le parti conservateur et le parti travailliste, de même qu'à l'intérieur de chacun des deux grands partis.

Peu après la fin de la Seconde Guerre mondiale, Winston Churchill, Premier ministre conservateur, s'était prononcé en faveur d'un renforcement des liens entre les pays européens, dans le but de créer une "sorte d'Etats-unis d'Europe" pacifiques et prospères.

Mais, en 1949, le gouvernement travailliste d'après-guerre, mené par Clement Attlee, refusa officiellement que le Royaume-Uni participe à la création d'une Europe fédérale, quand il en eut la possibilité, lors de discussions avec la France, l'Italie et la Belgique.

La construction européenne commença réellement en 1951 quand la France, la RFA, l'Italie, la Belgique, le Luxembourg et les Pays-Bas signèrent le Traité de Paris, formant ainsi la Communauté européenne du charbon et de l'acier (CECA). Le gouvernement travailliste britannique refusa de signer le traité, sous prétexte que l'accord n'était pas opportun pour ses industries du charbon et de l'acier.

En 1957, les Traités de Rome marquèrent la création de la Communauté économique européenne (CEE) et la Communauté européenne de l'énergie atomique (Euratom). Le gouvernement conservateur du Royaume-Uni refusa de signer le traité qui posait la première pierre de l'actuelle Communauté européenne.

A la fin des années 1950, le déclin économique du Royaume-Uni – en particulier au regard de la croissance économique des six membres de la CEE – explique en grande partie le changement radical des opinions qui devinrent favorables à un resserrement des liens entre le Royaume-Uni et l'Europe.

16 EUROPE

The United Kingdom first applied to join the **EEC** in 1961, when the **Conservative Party**, led by Harold Macmillan, was in power. This application was **vetoed** two years later by French President Charles de Gaulle, as was the 1967 application made by the **Labour** Government, with Harold Wilson as **PM**. Charles De Gaulle considered (amongst other problems) that the United Kingdom's close links with the USA and the **British Commonwealth** would hamper its full commitment to the **EEC**. In 1969, George Pompidou became the new French President and he removed the **veto**.

Thus, the UK finally joined the **EEC** on 1 January 1973, when the (very pro-Europe) **Conservative PM** Edward Heath signed the first **Treaty of Accession** (at the same time as the **Republic of Ireland** and Denmark). Just two years later, in June 1975, the new **Labour** Government, led by Harold Wilson, held a **referendum** (the first ever) on the UK's membership of the **EEC**, reflecting **Labour**'s uncertainty on the issue; 67.2% of the population who participated in the **vote** (**turnout** was 64%), **voted** to remain within it. However, the conclusive result did not erase the strong anti-European beliefs held by many **Labour MPs** at that time.

The **European Communities Act**, 1972, **voted** in Europe the year before the United Kingdom joined the **EEC**, ensured that European **law** takes precedence over all domestic sources of **law** of individual member states. This supremacy of European **law** greatly affected people's rights in the United Kingdom, especially in the areas of employment. For example, later on, parts of the United Kingdom's **Employment Protection Act**, 1978, were ruled unfair under European **law** because the act gave less social protection to part-time workers. As most part-time workers were women, European **judges** decided that this amounted to sexual discrimination; the government of the United Kingdom was forced to amend the Act. Such social issues contributed to the **Labour Party** becoming increasingly pro-Europe during the late 1970s.

16 L'EUROPE

La première demande du Royaume-Uni pour entrer dans la CEE date de 1961, lorsque le parti conservateur, dirigé par Harold Macmillan, était au pouvoir. A cette demande, le Président de la République française Charles de Gaulle opposa son veto deux ans plus tard, de même qu'en 1967 à la demande faite par le gouvernement travailliste du Premier ministre Harold Wilson. Charles de Gaulle pensait (entre autres problèmes) que les liens très étroits du Royaume-Uni avec les Etats-Unis et le Commonwealth l'empêcherait d'être pleinement impliqué dans la construction européenne. En 1969, Georges Pompidou devint le nouveau Président français et leva le veto.

Ainsi, le Royaume-Uni rejoignit finalement la CEE le 1er janvier 1973, quand le très europhile Premier ministre conservateur Edward Heath signa le premier Traité d'entrée (en même temps que la République d'Irlande et que le Danemark). Deux ans plus tard seulement, en juin 1975, le nouveau gouvernement travailliste d'Harold Wilson fit un référendum (le premier jamais tenu) sur l'entrée du Royaume-Uni dans la CEE, montrant les hésitations travaillistes sur la question : 67,2% de la population qui participa au scrutin (participation de 64%) vota pour rester dans l'Union. Cependant, le résultat n'entama pas les sentiments très anti-européens de beaucoup de députés travaillistes à l'époque.

En 1972, un an avant que le Royaume-Uni ne rejoigne la CEE, les Européens décidèrent que désormais le droit européen allait prévaloir sur toutes les sources nationales de droit des Etats membres. Cette suprématie du droit européen eut une profonde influence sur les droits des personnes au Royaume-Uni, en particulier dans le domaine de l'emploi. Par exemple, certaines parties de la Loi sur la protection de l'emploi votée au Royaume-Uni en 1978 furent jugées irrecevables au regard du droit européen, parce que cette loi donnait moins de protection sociale aux travailleurs à temps partiel : puisque la plupart étaient des femmes, les juges européens conclurent à une forme de discrimination sexuelle ; le gouvernement britannique dut changer la loi. De telles affaires contribuèrent à rendre le parti travailliste beaucoup lus favorable à la construction européenne à la fin des années 1970.

Conversely, during this period the **Conservative Party** turned against the idea of further integration into the **EEC**. This was mainly due to their new leader as of 1975: Margaret Thatcher.
Margaret Thatcher, who became **Prime Minister** in 1979, was very hostile towards the **EEC**. She was firmly against full economic, social and political integration. She was concerned with the UK losing its **sovereignty** and independence as decisions would be made in Brussels rather than London. She also believed that from an economic point of view, the UK contributed more to Europe than it got out, e.g. the **Common Agricultural Policy (CAP)**. She tried and succeeded in getting some of "our money back". The creation of a common European currency and a **European Central Bank (ECB)** were also major sticking points. Many of these apprehensions were expressed in her distinctly anti-European 1988 "Bruges Speech" made on 20 September 1988. In this now famous outline of her vision of Europe she stated the following: "working more closely together does not require power to be centralised in Brussels or decisions to be taken by an **appointed bureaucracy**. We have not successfully rolled back the frontiers of the state in Britain, only to see them reimposed at a European level, with a European super–state exercising a new dominance from Brussels".

Her acceptance of Europe was limited to agreeing to measures that she considered would be an economic advantage for the United Kingdom. She thus agreed to sign the **<u>Single European Act</u>** (**SEA**) in 1986 that gave way to the programme now known as the **Single Market** which created a single deregulated European market by the dismantling tariff barriers among the EC members, (thus modifying the **<u>Treaties of Rome</u>**). This commitment to **free trade** within the union affected the way businesses operated in the UK; firms can now operate in any member country because national boundaries were removed; Common European Standards exist for goods that can now be transferred throughout the **EU** without passing through customs. As for European citizens, they now have the right to live and work in any **EU** member country.

A l'inverse, pendant cette période, le parti conservateur devint hostile à une plus forte intégration dans la CEE, du fait de son nouveau dirigeant depuis 1975 : Margaret Thatcher.
Margaret Thatcher, qui devint Premier ministre en 1979 était très hostile à la CEE. Elle était fermement opposée à une totale intégration économique, sociale et politique. Elle s'inquiétait de la perte de souveraineté et d'indépendance du Royaume-Uni avec les décisions prises à Bruxelles plutôt que Londres. Elle pensait aussi que du point de vue économique, le Royaume contribuait plus au budget européen qu'il n'en tirait bénéfice, en particulier pour la Politique agricole commune (PAC). Elle tenta donc et obtint "de récupérer son argent". La création d'une monnaie européenne commune et d'une Banque centrale européenne (BCE) étaient également des points de friction. Beaucoup de ces craintes étaient exprimées dans son très anti-européen discours de Bruges prononcé le 20 septembre 1988. Dans ce désormais fameux résumé sur sa vision de l'Europe, elle disait : "travailler de façon plus proche ne nécessite pas d'avoir un pouvoir centralisé à Bruxelles ou des décisions prises par une bureaucratie de fonctionnaires. Nous n'avons pas avec succès fait reculer l'Etat en Grande-Bretagne, pour le voir se réimposer à l'échelle européenne, sous la forme d'un super-Etat européen exerçant sa domination depuis Bruxelles".

Sa vision de l'Europe se limitait à accepter des mesures qu'elle considérait comme un avantage économique pour le Royaume-Uni. C'est pourquoi elle accepta de signer l'Acte unique européen qui allait créer un marché unique déréglementé en démantelant les barrières non tarifaires entre membres de la Communauté européenne (modifiant ainsi les Traités de Rome). Cet engagement dans le libre échange à l'intérieur de l'Union eut des répercussions sur la façon de mener des affaires au Royaume-Uni : les entreprises pouvaient désormais opérer dans un autre pays membre parce que les barrières nationales avaient été abolies ; des normes européennes communes ont été introduites pour les biens, lesquels pouvaient à présent voyager dans toute l'Europe sans passer à la douane. Quant aux citoyens européens, ils avaient le droit de vivre et de travailler dans n'importe quel pays de l'Union.

16 EUROPE

Throughout the 1980s Margaret Thatcher refused to let the UK join the **European Monetary System** (**EMS**), the system used for stabilising currency exchange rates within **EU** member states, with a view to creating a single European currency. It depended on the **Exchange Rate Mechanism** (**ERM**), the mechanism used for controlling exchange rates, in which participating governments committed themselves to maintaining the values of their currencies in relation to the ECU (European Currency Unit). However, in October 1990, the United Kingdom finally entered the **EMS** and the **ERM** which linked the British pound with the currencies of the other Member States. This decision seemed to be a last resort effort by Margaret Thatcher in a bid to control inflation.

Margaret Thatcher's very negative attitude to further European harmonisation played a major role in her domestic downfall as **Prime Minister** in 1990. On 1 November 1990, Geoffrey Howe, **Chancellor of the Exchequer**, resigned from the **Cabinet** following disagreements with the Iron Lady. Later that month, the increasingly isolated Margaret Thatcher faced a **leadership challenge** (contest), which was largely attributable to her stance on Europe (as well as her autocratic style and the **Poll Tax**). She lost, was forced to resign, and was replaced by John Major on 28 November 1990.

Two years later, due to a domestic economic crisis, the **Bank of England** raised interest rates and the value of the Pound Sterling declined. On 16 September 1992, the UK withdrew the pound sterling from the **ERM**, in what became known as "**Black Wednesday**". The event was considered to be an embarrassing economic disaster for the **Conservative** government especially Chancellor Norman Lamont, although **Tory Eurosceptics** were not that upset that links with Europe had been loosened.

16 L'EUROPE

Tout au long des années 1980, Margaret Thatcher refusa l'entrée du Royaume-Uni dans le Système monétaire européen (SME), utilisé pour stabiliser les taux de change des monnaies des Etats-membres, avec en vue la création d'une monnaie unique européenne. Cela dépendait du Mécanisme du taux de change utilisé pour stabiliser les taux de change, dans lequel les gouvernements partie prenante s'engageaient à maintenir la valeur de leur monnaie en relation avec l'ECU, monnaie de compte européenne. Toutefois, en octobre 1990, le Royaume-Uni intégra finalement le SME, arrimant la livre sterling aux monnaies des autres Etats membres. La décision semblait être le dernier recours de Margaret Thatcher pour tenter de contrôler l'inflation.

L'attitude très négative de Margaret Thatcher pour une plus grande harmonisation européenne joua un grand rôle dans sa politique intérieure en 1990. Le 1er novembre 1990, Geoffrey Howe, Chancelier de l'Echiquier, démissionna du Cabinet à la suite de désaccords avec la Dame de fer. Un peu plus tard dans le mois, Margaret Thatcher de plus en plus isolée dut faire face à une élection interne dans son parti, largement provoquée par sa position sur l'Europe (également par son style autocratique et la *Poll Tax*). Elle perdit et dut démissionner, remplacée par John Major le 28 novembre 1990.

Deux ans plus tard, en raison de la crise économique nationale, la Banque d'Angleterre augmenta les taux d'intérêts et la valeur de la livre sterling baissa. Le 16 septembre 1992, le Royaume-Uni retira la livre sterling du Mécanisme de taux de change, journée appelée le “mercredi noir”. Cette mesure économique embarrassa le gouvernement conservateur, bien que les eurosceptiques de la majorité ne fussent pas attristés de cette rupture avec l'Europe.

16 EUROPE

The UK ratified the **Treaty on European Union** (**TEU**) (also known as the **Maastricht Treaty**) in 1992 when John Major was PM. The treaty set out a framework for increased political and economic integration, and led to the **EEC**'s transformation into the **European Union** (**EU**) in 1993. Thus, the UK agreed to co-operate closely with its European partners in political, economic and legal affairs. However, John Major secured the United Kingdom's opting out of the **Social Chapter** in order "to protect British industry from excessive labour market regulation". Indeed, this part of the Maastricht Treaty deals with social **policy** and especially employment protection, i.e. workers' rights. He also made sure that the United Kingdom opted out of immediately joining the monetary and economic union, that would lead to the creation of the single European currency. Thus, the United Kingdom's odd position within the **EU** (half in, half out) was reinforced. Some considered the position to be pragmatic, others as profiteering.

These concessions obtained by John Major reflected the deep divisions that reigned within the Tories at the time; the party was extremely divided between the **Eurosceptics** and the much less numerous pro-Europeans. The Europhobes insisted on the fact that the UK would lose its **sovereignty** and independence through further European integration and that it would be hindered economically and socially. The substantial splits within the **Conservative Party** over Europe gradually weakened John Major's position both as party leader and **Prime Minister**. The Tories with an anti-Europe **manifesto** lost the 1997 **general election**, whereas the **Labour Party**, led by Tony Blair, with a pro-Europe **manifesto** gained a **landslide victory**. The pro-Europe **Liberal Democrat Party** has had the most consistent and clear position regarding European integration of any of the parties in the UK.

16 L'EUROPE

Le R-U ratifia le Traité sur l'Union européenne (plus communément appelé Traité de Maastricht) en 1992, quand John Major fut premier ministre. Le traité mettait en place une structure pour approfondir l'intégration économique et politique et transforma la Communauté économique européenne en Union européenne en 1993. Ainsi le R-U était-il d'accord pour coopérer étroitement avec ses partenaires en matière politique, économique, et légale. Cependant, John Major obtint que le R-U ne ratifiât pas le chapitre social dans le but "de protéger l'industrie britannique d'une réglementation excessive du marché du travail". En effet, cette partie du Traité de Maastricht portait sur la politique sociale et plus particulièrement la protection de l'emploi, en l'occurrence des droits des travailleurs. Il s'assura aussi que le R-U ne participe pas à l'Union économique et monétaire qui devait aboutir à la création d'une monnaie européenne unique, l'euro. Ainsi la position du Royaume-Uni à l'intérieur de l'UE (à moitié dedans, à moitié en dehors) devenait encore plus singulière. Certains considéraient cette position comme pragmatique, d'autres comme opportuniste.

Ces concessions obtenues par John Major reflètent les profondes divisions qui régnaient au sein du parti conservateur à cette époque ; celui-ci était très divisé entre les eurosceptiques et les pro-européens beaucoup moins nombreux. Les europhobes insistaient sur le fait que le Royaume-Uni allait perdre sa souveraineté et son indépendance dans une intégration européenne plus poussée et serait gêné économiquement et socialement. Cette division d'importance au sein du parti conservateur sur l'Europe affaiblit progressivement la position de John Major tant comme chef du parti que comme Premier ministre. Les conservateurs perdirent en 1997 les élections législatives avec un programme anti-européen, alors que le parti travailliste emmené par Tony Blair avec un programme pro-européen remportèrent une victoire écrasante. Le très pro-européen parti libéral-démocrate eut et a toujours la position la plus claire et la plus constante sur l'Europe.

16 EUROPE

Tony Blair, as head of **New Labour**, declared himself to be enthusiastic about Europe. His apparent pro-Europe stance marked a definite break with that of the Tories of the previous 18 years. One of the first things he did on coming to power was to sign the **Social Chapter** of the 1992 **Maastricht Treaty** (or **TEU**). Thus, the UK obtained a **minimum wage** for the first time in 1999 (see Ch.11).

The **Human Rights Act**, 1998, also called the **European Convention on Human Rights** (ECHR), became **law** in the UK in October 2000. It guarantees some rights that people did not have previously, including certain rights to privacy. If a legal decision made in the UK is thought to break the rules of the ECHR the case can be referred to the **European Court of Human Rights** for a ruling to be made, which may override it. The main rights it guarantees are: Right to life, Freedom from inhuman treatment, Freedom from slavery, Right to liberty and security of the person, Right to a fair and public hearing, Freedom from retrospective effect of penal legislation, Right to respect for privacy, Freedom of thought, conscience and religion, Freedom of expression, Freedom of association and assembly, Right to marry and found a family.

Tony Blair announced during the 1997 **election** campaign that a **referendum** would be held in the United Kingdom on adopting the single currency. However, the **Conservative Party** made significant gains in the **European Elections** of 1999, campaigning on an anti-**euro** slate. In light of seemingly hostile public opinion on the **euro**, Tony Blair postponed any **referendum** until after a second **general election** victory.

Despite convincingly winning the 2001 and 2005 **general election** and the introduction of the **euro** in **Euroland**, still no date for a **referendum** on adopting the euro seems to be on the horizon. This might be attributable to an alleged difference of opinion between the **PM** and his **Chancellor** from 1997-2007. Tony Blair was reputedly more enthusiastic about the **euro** than the "prudent" Gordon Brown (now PM), who consistently referred to his 5 economic tests to meet the 5 "convergence criteria" necessary for adopting the **euro**.
It is now highly unlikely that a referendum on the euro will be held and even less one on the Lisbon Treaty. In November 2007 Gordon Brown announced that "Britain's most important" relationship is with the United States and that the EU should strengthen ties with the US. Europe remains a thorny issue nearly sixty years after Winston Churchill's famous declaration.

16 L'EUROPE

Tony Blair, en tant que chef du *New Labour*, se déclara très enthousiaste sur l'Europe. Sa position apparemment très européenne marque une rupture radicale avec celle des tories des conservateurs des 18 années précédentes. Une des premières choses qu'il fit en arrivant au pouvoir fut de signer le chapitre social du Traité de Maastricht. Ainsi le Royaume-Uni instituait pour la première fois un salaire minimum en 1999.

La Convention européenne des droits de l'homme (CEDH), a pris force de loi au Royaume-Uni en octobre 2000. Elle garantit certains droits dont les personnes ne disposaient pas jusqu'ici, en particulier concernant le respect de la vie privée. Si une décision légale prise au Royaume-Uni est susceptible de ne pas être conforme aux règles de la CEDH, le cas peut être porté à la connaissance de la Cour européenne des droits de l'homme pour jugement, laquelle peut casser cette décision.

Tony Blair annonça pendant la campagne de 1997 qu'il organiserait un référendum sur la monnaie unique. Toutefois les conservateurs obtinrent un résultat substantiel aux élections européennes de 1999, faisant campagne contre l'euro. A la lumière de cette apparente opposition de l'opinion publique à l'euro, Tony Blair repoussa le référendum après sa seconde victoire aux élections législatives.

En dépit d'une nette victoire aux législatives en 2001 et 2005 et l'introduction de l'euro ailleurs en Europe en 2001, aucune date pour ce référendum sur l'adoption de l'euro n'a encore été annoncée. Cela s'explique peut être par une divergence d'avis de 1997 à 2007 entre le Premier ministre et son Chancelier. Tony Blair a été réputé plus enthousiaste sur l'euro que le "prudent" Gordon Brown aujourd'hui premier ministre), lequel se référait constamment à ses 5 tests économiques pour rencontrer les 5 "critères de convergence" auxquels il faut se conformer pour pouvoir appartenir à la zone euro.
Il est maintenant très peu probable qu'un référendum puisse avoir lieu sur l'euro et encore moins un sur le Traité de Lisbonne. En novembre 2007, Gordon Brown a annoncé que la relation « la plus importante » pour la Grande-Bretagne est avec les États-Unis et que l'Europe devait renforcer ses liens avec les États-Unis.
La construction européenne reste un sujet épineux presque soixante ans après la célèbre déclaration de Winston Churchill.

16 EUROPE

The United Kingdom elects 78/732 (87/626 before November 2004) **Members of the European Parliament (MEPs)**, who are now elected via **Proportional Representation (PR)**, except for those representing Northern Ireland. Elections are every 5 years.

In 2004 the United Kingdom **elected** 27 **Conservative Party** MEPs, 19 **Labour Party** MEPs, 12 **Liberal Democrat Party** MEPs, 12 **UK Independence Party (UKIP)** MEPs, 2 **Green Party** MEPs, 2 **Scottish Nationalist Party** MEPs, 1 **Plaid Cymru** MEP, and 3 other MEPs.

The United Kingdom has 1 Commissioner in the **European Commission** (2 before November 2004).

The United Kingdom has 29/321 (10/87 before November 2004) **votes** in the Council of Ministers for legislation requiring a qualified **majority** and 1 **Judge** on the **European Court of Justice**.

The United Kingdom held the six-month rotating Presidency of the **European Union** in 1977, 1981, 1986, 1992, 1998 and 2005. It is not due to hold it again until the second half of 2017.

For the results of the last **European Elections** and further explanations see page 174.

16 L'EUROPE

Le Royaume-Uni élit 78 des 732 (87 sur 626 avant novembre 2004) membres du Parlement européen, qui sont à présent désignés au scrutin proportionnel, sauf en Irlande du Nord. Il y a des élections tous les 5 ans.

En 2004, le Royaume-Uni a élu 27 **conservateurs**, 19 **travaillistes**, 12 **libéraux-démocrates**, 12 membres du **parti pour l'indépendance du Royaume-Uni**, 2 **verts**, 2 membres du **parti national d'Ecosse**, 1 membre du **parti national de pays de Galles** (*Plaid Cymru*), plus 3 autres MPE.

Le Royaume-Uni a un commissaire européen (deux avant novembre 2004).

Le Royaume-Uni dispose de 29 voix sur 321 (10/87 avant novembre 2004) au Conseil des ministres et d'un juge à la Cour européenne de justice.

Le Royaume-Uni a exercé la présidence tournante de six mois de l'Union européenne en 1977, 1981, 1986, 1992, 1998, 2005 et il le fera de nouveau pendant le deuxième semestre de 2017.

Pour les résultats des élections européennes de 1999 et de plus amples explications, se reporter à la page 175.

17 SPORT

Sport plays an important part in British life at both amateur and professional levels with millions of players and spectators. Furthermore, specific sports, sporting events, locations as well as sportspersons are particularly associated with the United Kingdom.

The leisurely and lengthy game of Cricket is especially linked with England and, to many foreigners, seems impenetrable. Amateur cricket is traditionally played between local sides across England. Professional Cricket is played between English counties and internationally between **Commonwealth** countries. International "Test Matches" can last up to five days while the modern "One-Day" cricket has become highly popular and commercially successful. Lords Cricket **Ground** in London is very important to English cricket.

Modern football was born in England. The numerous professional teams are separated into divisions, e.g. in England: Premier League, First, Second and Third divisions. Chelsea, Arsenal, Liverpool and Manchester United have dominated the Premier League in recent years. The annual FA Cup (Football Association Cup) leads to the final in May, played traditionally at Wembley **Stadium**. The original **stadium** was demolished in 2000 and the new one, which will be important in the 2012 **London Olympics**, opened in 2007. But England have not won the World Cup since England hosted it in 1966.

17 LE SPORT

Le sport prend une place importante dans la vie des Britanniques, tant au niveau amateur que professionnel, rassemblant des millions de participants et spectateurs. De plus, on associe volontiers certaines pratiques, événements, sites ou célébrités du milieu au Royaume-Uni.

Pour exemple, le cricket, jeu au rythme lent mais dont les parties peuvent durer très longtemps, est tout particulièrement associé à l'Angleterre et apparaît même incompréhensible à beaucoup d'étrangers. Il est pratiqué en amateur par des équipes locales à travers le pays. Le cricket professionnel, quant à lui, se joue entre les équipes des comtés anglais ou entre celles des nations du *Commonwealth*. Certains rencontres internationaux peuvent s'étaler sur cinq jours à l'inverse de la pratique populaire des rencontres d'une journée qui sont commercialement très rentables. Le stade de cricket des Lords à Londres reste le symbole de la discipline.

Le football moderne est né en Angleterre. Les nombreuses équipes professionnelles sont regroupées en divisions (à savoir en Angleterre la Premier League, première, seconde et troisième divisions). Chelsea, Arsenal (Londres), Liverpool et Manchester United ont dominé la Premier League, ces dernières saisons. Chaque année, la coupe de la fédération de football s'achève en mai, la finale se tenant traditionnellement au stade de Wembley. Il a été démoli en 2000 et le nouveau, qui va jouer un rôle important dans les Jeux Olympiques de Londres en 2012, s'est ouvert en 2007. L'équipe nationale d'Angleterre n'a pas gagné coupe du monde depuis sa victoire à domicile en 1966.

17 SPORT

The game of rugby is thought to have originated in the early 1800s at the private Rugby School in England. One day a student reputedly picked up the ball during a football match and ran with it in his hands. Rugby Union (15 players) is popular throughout the United Kingdom. England, Wales and Scotland compete in the annual Six Nations tournament, along with Ireland (**Ulster** and **Eire** together), France and Italy. England play at Twickenham in London, Wales at the Millennium **Stadium** in Cardiff, Scotland at Murrayfield in Edinburgh while the Irish **ground** is Landsdowne Road in Dublin. As for Rugby League (13 players) it is played mostly in the North of England.

Tennis is also popular in the United Kingdom. Wimbledon, suburb of London and home of the famous annual international grass tournament, has been the **headquarters** of the All England Lawn Tennis Club since 1877.

Other famous sporting locations include St. Andrews in Scotland, where the game of golf was invented and Silverstone, home of the British Formula One Grand Prix, as well as many of the sport's leading teams. Noteworthy also are Ascot and Derby for horseracing, the waters around the Isle of Wight where the yachting regatta Cowes Week is held and Henley near London where the annual rowing Regatta takes place. London is also famous for the Cambridge-Oxford boat race held on the River **Thames** and the London Marathon, which attracts not only the world's top runners but also thousands of amateurs. London was host to the Olympics in 1908 and 1948 and will be in 2012.

17 LE SPORT

On pense que le rugby est né au début du 19e siècle à l'école privée anglaise de Rugby ; la légende dit qu'un étudiant aurait un jour ramassé le ballon lors d'un match de football et couru en le portant à la main. Le rugby à 15 est très populaire dans tout le Royaume-Uni ; les équipes d'Angleterre, du pays de Galles, et d'Ecosse participent chaque année au tournoi des Six nations, aux côtés de l'Irlande (Eire et Ulster rassemblées), de la France et de l'Italie. L'Angleterre joue à Twickenham (Londres), le pays de Galles au Millenium Stadium à Cardiff, l'Ecosse à Murrayfield (Edimbourg), les Irlandais étant basés à Landsdowne Road à Dublin. Quant au rugby à 13, il est essentiellement pratiqué dans le Nord de l'Angleterre.

Le tennis est également très populaire au Royaume-Uni. Wimbledon, banlieue londonienne accueille un célèbre tournoi international sur gazon, est le siège de la Fédération de tennis sur gazon britannique depuis 1887.

Parmi les autres sites sportifs célèbres, on peut citer Saint-Andrews en Ecosse, berceau du golf, Silverstone qui accueille le grand prix et beaucoup des meilleures écuries de Formule 1. Il faut également mentionner Ascot et Derby pour les courses hippiques, les eaux de l'île de Wight où se tient la régate Cowes Week, Henley près de Londres pour sa course annuelle d'aviron. Londres est également célèbre d'une part pour la compétition qui oppose sur la Tamise les esquifs de Cambridge et d'Oxford et d'autre part pour son marathon, lequel attire les meilleurs spécialistes mondiaux mais aussi des milliers d'amateurs ; la capitale a par ailleurs accueilli les jeux olympiques en 1908 et 1948 et le sera de nouveau en 2012.

17 SPORT

Statistics show the most popular outdoor sport in the UK is fishing. Other traditional British sports include snooker, darts and bowls. Greyhound racing often takes place at **stadiums** near town centres and is, like horse racing, a sport for those ready to bet on race results, via the famous **bookies**. The UK is seen as one of the homes for both amateur and professional boxing, having regularly produced World and Olympic champions. More controversially, fox and stag hunting ("**blood sports**") are enjoyed by some devotees, even though hunting with hounds is illegal.

There has been a Minister for Sport in the Government since 1974; the position is now carried out by the Secretary of State for Culture, Media and Sport. The National Lottery, created in 1994, gives some of its profits to sport. However, it is generally recognised that British sport suffers from under-investment and that the Brits will not win many medals in the London 2012 Olympics.

Lastly, sport is practised at school, both as part of the school curriculum and voluntarily during before or after-school activities. Common school sports are netball, grass hockey, cricket, football, swimming, tennis, rounders, athletics and of course rugby. But the amount of sport practised by schoolchildren has decreased in recent years and is partly responsible for high levels of childhood obesity.

17 LE SPORT

Les statistiques font apparaître que le plus populaire des sports de plein air au R-U reste la pêche. D'autres sports figurent au patrimoine national tel que le billard anglais, les fléchettes et le jeu de boules. Des courses de lévriers sont souvent organisées dans des stades périurbains, passionnant à l'instar des courses hippiques ceux qui aiment parier par l'intermédiaire des célèbres bookmakers. Le R-U est considéré comme l'un des centres de la boxe amateur et professionnelle, produisant régulièrement des champions du monde et olympiques. Plus controversées, la chasse à courre (au renard et au cerf) est pratiquée par de fervents adeptes, alors que la chasse avec des chiens est illégale.

Il existe une représentation gouvernementale du sport depuis 1974, aujourd'hui dans le cadre d'un Secrétariat d'Etat pour la culture, les médias et le sport. Une partie des bénéfices réalisés par la loterie nationale (créée en 1994) est versée à titre de subventions aux différentes fédérations sportives. Mais le sport manque d’investissement et les Britanniques ne gagneront pas beaucoup de médailles aux JO de Londres en 2012.

Enfin, beaucoup de sports sont pratiqués dans le cadre scolaire, partie intégrante du programme scolaire ou en option avant et après l'école. Les plus pratiqués y sont le netball, le hockey sur gazon, le cricket, le football, la natation, le tennis, une forme de baseball, l'athlétisme et bien sûr le rugby. Mais les élèves font de moins en moins de sport à l’école, ce qui explique en partie l’important taux d’obésité infantile.

18 WEIGHTS AND MEASURES

The origins of the **Imperial System** of weights and measures used in the United Kingdom come from a variety of sources (Babylonian, Egyptian, Roman, Anglo-Saxon and Norman-French) and began to be standardised (to a certain extent) at the beginning of the 14th century. Due to English **colonization** of various parts of the globe and the creation of the **British Empire** during 17th, 18th and 19th centuries, the use of the English system of weights and measures became more widespread. The term "imperial" was first used in 1824 when the government attempted to standardise all weights and measurements, largely due to trade and business imperatives.

For **linear measures** (lengths) in the **Imperial System** there are 12 **inches** in a **foot** and 3 **feet** in a **yard** and 176 **yards** in a **mile**.
For **liquid measures of capacity** in the **Imperial System** there are 20 **fluid ounces** in a **pint** and 8 **pints** in a **gallon**.
For **weights** in the **Imperial System** there are 16 **ounces** in a **pound** and 14 **pounds** in a **stone** and 160 **stones** in a **ton**.

The **Metric System** was created during the French Revolution of 1789. The UK began to adopt the **metric system** in 1965. The Pound Sterling currency was decimalised in 1972. Prior to that date there were 12 **pence** in one **shilling** and 20 **shillings** in one **pound**. Now there are 100 **pence** abbreviated as "p" in 1 **pound** abbreviated as "£".

As of 1 January 2000, according to British **law**, shops had to give up using the **Imperial System** or be fined. Similarly, petrol is now sold in **litres** and not **gallons**. However, **miles**, **acres** and **pints** are still legally exempt from the metric system, so draught beer is still sold in pints and road signposts are not likely to be changed into kilometres for a long time to come…

18 POIDS ET MESURES

Les origines du système dit "impérial" des poids et mesures utilisés au Royaume-Uni sont très variées (babylonienne, égyptienne, romaine, anglo-saxonne et normande) et commencèrent à être standardisées (dans une certaine mesure) au début du XIVe siècle. En raison de la colonisation britannique de différentes parties du monde et de la création de l'Empire britannique aux XVIIe, XVIIIe et XIXe siècles, l'emploi du système britannique des poids et mesures fut de plus en plus répandu. Le mot "impérial" fut employé pour la première fois en 1824 quand le gouvernement tenta de normaliser tous les poids et mesures, essentiellement à cause des impératifs commerciaux.

Pour les mesures de longueur, il y a dans le système dit "impérial" 12 pouces dans un pied, trois pieds dans un yard et 176 yards dans un mile.
Pour les mesures de liquides, dans le système dit "impérial", 20 onces liquides font une pinte et huit pintes un gallon.
Pour les poids, dans le système dit "impérial" ; 16 onces font une livre, 14 livres une *stone*, 160 *stones* une tonne.

Le système métrique a été créé pendant la Révolution française de 1789. Le Royaume-Uni a commencé à l'adopter en 1965. La livre sterling a été décimalisée en 1972. Avant cette date, 12 pence faisaient un shilling et 20 shillings une livre sterling. Aujourd'hui, il y a 100 pence symbolisés par un "p" dans une livre sterling symbolisée par le "£".

A partir du 1er janvier 2000, la loi britannique a contraint les magasins à abandonner le système dit "impérial" ou de s'exposer à une amende. De même, l'essence est désormais vendue en litres et non plus en gallons. Cependant, les miles, âcres (arpents) et pintes sont encore légaux, bien que n'appartenant pas au système métrique, c'est pourquoi la bière à la pression est encore vendue en pintes et les indications sur les panneaux routiers ne sont pas prêtes d'être converties en kilomètres avant longtemps.

18

WEIGHTS AND MEASURES

A. THE IMPERIAL SYSTEM

Linear Measures		
1 inch		= 2.53995 cm
1 foot	= 12 in	= 30.479 cm
1 yard	= 3 ft	= 0.9144 m
1 mile	= 5280 ft	= 1.6093 km
Square Measures		
1 square inch		= 6.4516 cm^2
1 square foot	= 144 sq. in	= 929.030 cm^2
1 square yard	= 9 sq. ft	= 0.8361 m^2
1 acre	= 4840 sq. yd	= 0.4047 ha
1 square mile	= 640 ac	= 2.59 km^2
Volume Measures		
1 cubic inch		= 16.387 cm^3
1 cubic foot	= 1728 cu in	= 0.0283 m^3
1 cubic yard	= 27 cu ft	= 0.7646 m^3
Liquid Measures of Capacity		
1 fluid ounce	= 1.8047 cu in	= 28.4 ml
1 pint	= 34.68 cu in	= 0.5679 l
1 quart	= 69.36 cu in	= 1.1359 l
1 gallon	= 277.4 cu in	= 4.5435 l
Weights		
1 ounce		= 28.3495 g
1 pound	= 16 oz	= 453.59 g
1 stone	= 14 lb	= 6.348 kg
1 hundredweight	= 112 lb	= 50.80 kg
1 ton	= 2240 lb	= 1016.05 kg

It should be noted that the **Imperial System** of weights and measures used in the United Kingdom is not exactly the same as the system used in the United States of America.

B. THE METRIC SYSTEM

Linear Measures		
1 millimetre	= 0.03937 in	
1 centimetre	= 0.3937 in	
1 metre	= 39.3708 in	= 3.2808 ft
1 kilometre	= 0.62137 ml (5/8 ml)	= 3280.8 ft
Square Measures		
1 square centimetre	= 0.15499 sq. in	
1 square metre	= 1549.99 sq. in	= 10.764 sq. ft
1 square kilometre	= 0.3861 sq. ml	= 247.1 ac
1 hectare	= 2.471 ac	
Volume Measures		
1 cubic centimetre	= 0.06102 cu in	
1 cubic metre	= 35.314 cu ft	= 1.308 cu yd
Liquid Measures of Capacity		
1 litre	= 1.76 pt	= 0.22 gal
Weights		
1 gram	= 0.035274 oz	
1 kilogram	= 2.2046 lb	= 0.157 st
1 metric ton	= 0.9842 t	

Official abbreviations of weights and measures:
inch(es) = **in** ; foot/feet = **ft** ; yard(s) = **yd** ; mile(s) = **ml**
ounce(s) = **oz** ; pound(s) = **lb** ; stone = **st** ; ton = **t**
fluid ounce(s) = **fl oz** ; pint(s) = **pt** ; quart(s) = **qt** ;
gallon(s) = **gal** . square inch(es) = **sq. in** ;
square foot/feet = **sq. ft** ; square yard(s) = **sq. yd**
acre(s) = **ac** ; hectare = **ha** . millimetre(s) = **mm** ;
centimetre(s) = **cm** ; metre(s) = **m** ; kilometre(s) = **km** ;
gram(s) = **g** ; kilogram(s) = **kg** . litre(s) = **l** ; cubic = **cu**

TABLE 21A: TEMPERATURE EQUIVALENTS

Fahrenheit (F)		Centigrade (C)	
212°	=	100°	= Boiling point
194°	=	90°	
176°	=	80°	
158°	=	70°	
140°	=	60°	
122°	=	50°	
104°	=	40°	
86°	=	30°	
68°	=	20°	
50°	=	10°	
32°	=	00°	= Freezing point
14°	=	-10°	
00°	=	-17.8°	
-459.67°	=	-273.15°	= Absolute zero

To convert **Fahrenheit** temperature into **Centigrade**: subtract 32 and multiply by 5/9 (0.55).

To convert **Centigrade** temperature into **Fahrenheit**: multiply by 9/5 (1.8) and add 32.

19 UK TIMELINE, 1945-1964

1945 End of World War II.
The UK becomes a permanent member of the UN Security Council.
General election: **Labour** victory (393/640 seats).
Clement Attlee becomes PM.

1946 Start of nationalisation: Bank of England nationalised.
National Insurance Act.
National Health Service Act creates NHS.

1947 Coal nationalised.
Independence given to India and Pakistan.

1948 National Assistance Act.
National Health Service (NHS) launched.
Electricity nationalised.
Republic of Ireland Bill signed.
British Nationality Act.
The UK hosts the Olympic Games.
Birth of Prince Charles (the Prince of Wales).

1949 Parliament Act reduces power of the House of Lords.
Gas nationalised.
The UK becomes a founder member of NATO.
Republic of Ireland created.

1950 **General election**: **Labour** victory (315/625 seats).
Clement Attlee remains PM.

1951 **General election**: **Conservative** victory (321/625 seats).
Winston Churchill becomes PM again.

1952 Death of King George VI, Princess Elizabeth becomes queen.

1953 Coronation of Queen Elizabeth II.

1954 ITV television channel launched.

1955 Winston Churchill resigns as PM and is replaced by Anthony Eden.
General election: **Conservative** victory (344/630 seats).
Anthony Eden remains PM.

1957 Anthony Eden resigns as PM and is replaced by Harold Macmillan.

1959 General election: Conservative victory (365/630 seats).
Harold Macmillan remains PM.

1960 Harold Macmillan makes "Winds of Change" speech.

1962 Commonwealth Immigration Act.

1963 British application to join the EEC vetoed by France.
Harold Macmillan resigns as PM and is replaced by Alec Douglas-Home.
Peerage Act.

1964 **General election**: **Labour** victory (317/630 seats).
Harold Wilson becomes PM.
BBC2 television channel launched.

19 UK TIMELINE, 1966-1979

1966 **General election**: **Labour** victory (363/630 seats).
Harold Wilson remains PM.
England wins the football World Cup at Wembley.
1967 Abortion Act
Colour television begins.
1968 NHS prescription charges reintroduced.
British entry to the EEC vetoed by France.
Violent disturbances in Northern Ireland begin.
Second Commonwealth Immigration Act
Enoch Powell makes "Rivers of Blood" speech.
1969 British troops sent to Northern Ireland.
Voting age lowered from 21 to 18.
Open University founded.
1970 **General election**: **Conservative** victory (330/630 seats).
Edward Heath becomes PM.
1971 Currency decimalised.
British Parliament votes to join the EEC.
Immigration Act.
1972 "Bloody Sunday" in Northern Ireland.
Direct rule by Westminster introduced in Northern Ireland.
European Communities Act
1973 Treaty of Accession signed, the UK joins the EEC;
Official school leaving age raised to 16.
Sunningdale Agreement in Northern Ireland.
VAT introduced.
Independent local radios start up.
1974 End of direct rule in Northern Ireland.
General election (Feb.): **Labour** victory (301/635 seats).
Harold Wilson becomes PM.
General election (Oct.): **Labour** victory (315/635 seats).
Harold Wilson remains PM.
1975 Margaret Thatcher becomes leader of the Conservative Party.
Unemployment tops 1 million (4.2%).
The UK's EEC membership is endorsed in a referendum.
North Sea oil begins to be pumped ashore.
1976 Harold Wilson resigns as PM and is replaced by Jim Callaghan.
Lord Hailsham makes "elective dictatorship" speech.
1977 Labour government loses majority: Lib-Lab pact until 1978.
1978 "Winter of Discontent" begins and goes on to 1979.
Wales Act on devolution to Wales.
Scotland Act on devolution to Scotland.
Employment Protection Act.
1979 Referenda in Scotland and Wales reject devolution.
General election: **Conservative** victory (339/635 seats).
Margaret Thatcher becomes PM.

19 UK TIMELINE, 1980-1990

1980 Bombings and extreme violence in Northern Ireland.
Riots in Brixton, Tottenham and Toxteth (Liverpool).
Education Act.

1981 "Gang of Four" create Social Democratic Party.
Death of Bobby Sands in prison in IRA hunger strike.
Inner city riots.
Prince Charles and Diana Spencer marry.
Scarman Report on inner city riots.
British Nationality Act on immigration.
Big privatisation programme of state-run industries begins.

1982 Unemployment reaches 3 million (10.9%).
The UK defeats Argentina in the Falklands War.
Greenham Common anti-nuclear protest by 30,000 women.
Prince William born.
Channel 4 television channel launched.

1983 **General election**: **Conservative** victory (397/650 seats).
Margaret Thatcher remains PM.

1984 National Coal Board (NCB) announces 21 pit closures.
One-year NUM miners' strike led by Arthur Scargill.
Immigration laws tightened.
IRA bombs senior Conservatives in a Brighton hotel.
British Telecom (BT) privatised.

1986 Margaret Thatcher signs the Single European Act (SEA).
Social Security Act.
Unemployment reaches nearly 3.5 million (11.8%).

1987 **General election**: **Conservative** victory (376/650 seats).
Margaret Thatcher remains PM.
British Airways privatised.

1988 The Liberal Party merges with the Social Democratic Party to form the Liberal Democrat Party (Lib Dems).
British Steel privatised.
Immigration Act.
Education Reform Act.
General Certificate of Secondary Education (GCSE) replaces O-Levels and CSEs.
Charter 88 created.
"Supplementary Benefits" become "Income Support".

1989 Poll Tax (Community Charge) introduced in Scotland.
Water industry privatised.
Liberal Democrat Party founded.

1990 Poll Tax (Community Charge) starts in England & Wales.
Massive anti-Poll Tax demonstrations.
The UK joins the European Monetary System (EMS)
Thatcher forced to resign as PM. John Major replaces her.
National Health Service and Community Care Act. Internal market created.

19 UK TIMELINE, 1991-1995

1991 IRA bombing of London.
Northern Ireland Peace Talks begin.
Electricity privatised.
Major reforms of the NHS begin.
The Patient's Charter launched.

1992 **General election**: **Conservative** victory (336/651 seats).
John Major remains PM.
Intensification of mainland bombing by the IRA.
3,000th sectarian death in Northern Ireland since 1969.
John Smith replaces Neil Kinnock as Labour Party leader.
Maastricht Treaty, Treaty on European Union (TEU)
"Black Wednesday": the UK leaves the EMS.
Further and Higher Education Act.
Polytechnics converted into universities.
"Priority setting" introduced in the NHS.
Separation of Prince Charles and Princess Diana.

1993 Unemployment reaches 3 million again (10.3%).
Enormous IRA bomb in the City of London.
Council Tax replaces Poll Tax (Community Charge).
The UK ratifies the Maastricht Treaty.
Labour adopts OMOV for candidate selection.
John Major launches "Back to Basics" programme.
Anglo-Irish "Downing Street Declaration".
"Workfare" introduced.

1994 IRA and Loyalist cease-fires.
Homosexual age of consent reduced to 18.
Ordination of woman priests approved.
British Rail privatisation begins.
Channel Tunnel opened by Elizabeth II & Mitterrand.
John Smith, leader of the Labour Party dies.
Tony Blair becomes leader of the Labour Party.
The Patient's Charter on patients' rights in the NHS.
Conservative "Cash for Questions" scandal.
IRA cease-fire.
Nolan Committee established on standards in public life.
Criminal Justice Act comes into force.

1995 Labour drops the original Clause IV of its constitution.
Conservative Party continues to be linked to sleaze.
Direct talks between Sinn Féin and British Government.
John Major wins vote of no confidence.
Labour Party reduces trade union proportion of votes to 50%.
MPs agree to reveal outside earnings.
Job Seeker's Allowance introduced.
Agreement signed on weapons decommissioning in NI.
Conservative Party majority very small due to defections.

19 UK TIMELINE, 1996-1999

1996 IRA bombing of Canary Wharf in London ends cease-fire.
Conservative majority reduced to 1 following a by-election.
IRA excluded from Peace Talks due to failure of cease-fire.
IRA bomb in Manchester injures 200 people.
Labour launches "New Labour, New Life for Britain".
Multi-party talks start again in Stormont, Northern Ireland.
Immigration and Asylum Act.
Government announces that BSE ("mad cow disease") can be transmitted to humans. Beef crisis follows.
Prince and Princess of Wales divorce.
Conservative majority reduced to 0 following a by-election.

1997 Situation in NI deteriorates, multi-party talks adjourned.
World-wide ban on British beef introduced due to BSE.
The Conservatives are deeply split over the issue of Europe.
General election: **Labour** victory (419/659 seats).
Tony Blair becomes PM. The first for 18 years.
John Major resigns and is replaced by William Hague.
Bank of England allowed to fix interest rates.
UK signs up to the Social Chapter of the Maastricht Treaty.
Channel 5 television channel launched.
Death of Diana, Princess of Wales.
Scotland and Wales referenda approve devolution.

1998 Big Countryside Alliance march against fox hunting ban.
"Good Friday Agreement" signed following new IRA cease-fire, it is approved by voters in Republic of Ireland & NI.
Northern Ireland (Elections) Act.
Jenkins Report recommends PR for general elections.
Human Rights Act (European Convention on Human Rights)
Top up fees introduced for university students.
Government of Wales Act on devolution.
Scotland Act on devolution.

1999 Scottish Parliament (Edinburgh), Welsh Assembly (Cardiff) and Northern Ireland Assembly (Belfast) created.
Charles Kennedy replaces P. Ashdown as Lib Dem leader.
Parliament votes in favour of abolishing hereditary peers.
Immigration and Asylum Bill.
Welfare Reform and Pensions Act.
Move away from social security benefits to tax credits.
Working Families Tax Credit (WFTC) introduced (replacing Family Credit).
New Deal introduced for jobless young people.
House of Lords Act.
Minimum wage introduced for the first time.

19 UK TIMELINE, 2000-2006

2000 Suspension of Northern Ireland Executive.
Ken Livingstone elected as the new London Mayor.
Greater London Authority (GLA) created.
The NHS Plan published: Labour's blueprint for the NHS.
Freedom of Information Act (effective 2005).
Human Rights Act.

2001 Foot and mouth disease hits farms.
Census of Population: UK population is 58,789,194.
General election: **Labour** victory (413/659 seats).
Tony Blair remains PM.
William Hague resigns, replaced by Iain Duncan-Smith.
UK unemployment is at its lowest rate for 25 years, 4.8%.
White Paper: The House of Lords, Completing the Reform.

2002 Children's Tax Credit (CTC) introduced.
Protection of Wild Mammals (Scotland) Act.
Golden Jubilee of Queen Elizabeth II.
Queen Mother and Princess Margaret die.

2003 Tony Blair suffers enormous "rebel vote" in the House of Commons on going to war against Iraq.
Indecisive vote in the Commons on House of Lords reform.
Foundation Hospitals bill.
London congestion charged introduced.

2004 Butler Report on pre-war intelligence on Iraq.
Lowest unemployment rate since 1975 (4.7%) and lowest period of low inflation since 1960s.
Higher Education Act on top up fees.
First Foundation Hospitals created.
PM Tony Blair becomes increasingly unpopular due to Iraq.

2005 Ban on hunting with dogs comes into force.
Prince Charles & Camilla Parker-Bowles marry.
General election: **Labour** victory (356/64 seats). 05/05/05
Reduced majority, Tony Blair remains PM.
London wins the right to host the 2012 Olympic Games.
London suffers UK's worst terrorist attack ever by 4 "home grown" suicide bombers: large loss of life and casualties.
Labour experiences first ever House of Commons defeat.
David Cameron is elected as Conservative Party leader at just 39 years old and after four years as an MP.

2006 Cash for Honours / Peerages scandal.
New university top up / tuition fees introduced.
Ming Campbell replaces C. Kennedy as LibDem leader.

19 UK TIMELINE, 2007-2008

2007	Smoking ban introduced
Mar.	The new Wembley Stadium opens.
May	Power-sharing Northern Ireland parliament opens, with Ian Paisley (DUP) as first minister and Martin McGuinness (Sinn Féin) deputy first minister.
May	SNP wins the Scottish Parliament election. Alex Salmond becomes first ever nationalist first minister in Scotland.
May	Coalition government comes to power in Welsh Assembly.
June	Tony Blair resigns as MP for Sedgefield, Labour Party leader and PM of the UK after 10 years in Downing Street.
June	Gordon Brown, Chancellor of the Exchequer since 1997, becomes Labour Party leader and PM.
June	Terrorist attack on Glasgow airport.
Aug.	Farming hit by agricultural emergencies: bird flu, foot and mouth, blue tongue.
	Gordon Brown rides high in opinion polls
	Credit crunch
Sep.	The Northern Rock bank has serious financial problems
Oct.	Gordon Brown is thought to be about to call a general election. George Osborne, Shadow Chancellor, announces new inheritance tax plans. The PM hesitates and announces no general election will be called before 2009. He is seen as weak and his popularity plummets.
Oct.	Equality and Human Rights Commission replaces CRE.
Nov.	Housing crisis.
Dec.	Nick Clegg, aged 40, elected new leader of the Lib Dem party, moving the party slightly more towards the right.
Dec.	Binge drinking and obesity rates increasing.
2008	Credit crunch continues.
Feb.	Points-based immigration system launched making it more difficult to enter the UK.
May	Tory Boris Johnson is elected London Mayor. Left-wing Ken Livingstone is defeated after 8 years in power.
May	The Labour Party suffers heavy defeats in local elections.
June	Gordon Brown's position as Labour Party leader fragile.
July	Spate of fatal knife crimes occurs mainly in socially deprived urban areas.
	Financial crisis hits the City.
	Gordon Brown's popularity improves.
Oct.	SATs tests scrapped for 14 year-old.
Dec.	The economy worsens, the UK is officially in a recession.

20 GLOSSARY ENGLISH-FRENCH
GLOSSAIRE ANGLAIS-FRANÇAIS

NB Most English words in bold in chapters 1-17 feature in the glossary below.

10 Downing Street [voir : 11 Downing Street, Chequers)	*résidence officielle du Premier ministre à Londres*
11 Downing Street [voir : 10 Downing Street)	*résidence officielle à Londres du ministre des finances*
1922 Committee [voir : Parliamentary Labour Party (PLP)]	*Conseil des députés du parti conservateur sans ministère*
Abdicate (to)	*abdiquer, renoncer au trône*
Abdication (an)	*abdication, renonciation au trône*
Accession to the throne	*accession au trône*
Accused (an / the)	*accusé(e), inculpé(e)*
Act (an) [voir : law, statute]	*loi*
Act of Settlement (The)	*loi de 1701 interdisant notamment aux catholiques l'accès au trône (toujours en vigueur)*
Act of Union	*loi de 1707 qui unit l'Ecosse, l'Angleterre et le pays de Galles créant la Grande-Bretagne*
Acting	*par intérim* ; *provisoire* ; *suppléant* ; *qui fait fonction de*
Activist (an) [voir : militant]	*militant (par exemple, d'un groupe de pression)*
Ad hoc committee (an)	*commission parlementaire temporaire chargée d'étudier une question spécifique*
Address (an)	*discours, allocution* ; **election address :** *profession de foi d'un candidat*
Adjourn (to)	*suspendre les débats* ; **to conclude a debate** *: lever la séance* ; **to recess :** *ajourner les débats*
Advisory Committee (an)	*commission consultative*
Ageing population	*population vieillissante*
Agenda (an), business of the day (the)	*ordre du jour (au Parlement et dans une réunion)*
A-Level (Advanced Level) [voir : AS-Level, A2-Level, GCSE]	*examen scolaire portant sur une seule discipline passé généralement au terme du cycle d'études secondaires (équivalent approximatif du baccalauréat), récemment remplacé par le* **AS-Level** *et le* **A2-Level**
Alien (an) [voir : illegal alien]	*étranger*
Allegiance (an) [voir : oath of allegiance]	*acte d'allégeance (à la Couronne)*

20 GLOSSARY ENGLISH-FRENCH
GLOSSAIRE ANGLAIS-FRANÇAIS

Alliance (The)	*alliance entre le* **Social Democrat Party (SDP)** *et le* **Liberal Party** *de 1981 à 1988*
Alternative Vote (System) (AV) [voir : First-Past-The-Post (FPTP), Proportional Representation (PR)]	*mode de scrutin majoritaire permettant aux électeurs de classer les candidats par ordre de préférence*
Amendment (to move an, to pass an)	*amendement, modification (voter)*
Anglican (an)	*anglican, membre de l'Eglise réformée d'Angleterre*
Anglican church	*l'Eglise anglicane, Eglise réformée d'Angleterre, protestante*
Anglo-Irish Agreement	*accord signé en 1985 entre les gouvernements britannique et irlandais qui donne à la République d'Irlande le droit d'être consulter pour la gestion des affaires de l'Irlande du Nord*
Anglo-Irish Treaty	*traité entre Angleterre et l'Irlande, signé en 1921*
Annual conference (an)	*congrès annuel des partis politiques (a lieu en automne)*
Another Place (the Other House)	*Chambre des communes ou à la Chambre des lords, par tradition, les membres ne nomment pas l'autre chambre mais l'appelle "l'autre chambre"*
Appeal against (to)	*faire appel d'un jugement*
Appeal Court (an) [voir : Court of Appeal]	*cour d'appel*
Appoint someone to a post (to)	*nommer quelqu'un à une fonction*
Aristocracy (the)	*l'aristocratie*
Armed Forces (The)	*les forces armées*
Army (The)	*l'Armée de terre*
Ascend to the throne (to)	*accéder au trône*
ASBO Anti-Social Behaviour Order	*injonction en raison du comportement anti-social*
AS-Level (Advanced Subsidiary Level) [voir : A-Level, A2-Level, O-Level, GCSE]	*examen scolaire portant sur une seule discipline, passé l'année précédant les* **A2-Levels**, *après une année d'études*
Asylum seeker (an) [voir : economic migrant, political asylum, bogus / genuine asylum seeker]	*demandeur d'asile*

20 GLOSSARY ENGLISH-FRENCH
GLOSSAIRE ANGLAIS-FRANÇAIS

Attorney General (The)	*haut fonctionnaire à la fois procureur général et conseiller de la Couronne*
AV (system) [voir : First-Past-The-Post (FPTP), Proportional Representation (PR)]	**Alternative Vote (system)**
Ayes and noes (the)	*voix pour et contre dans les votes au Parlement*
BA	**Bachelor of Arts**
Baby boom	*explosion démographique*
Bachelor of Arts (BA)	*Licence de lettres ou sciences humaines*
Bachelor of Education (BEd)	*Licence en sciences de l'éducation, pédagogie et didactique*
Bachelor of Law (BL)	*Licence de droit*
Bachelor of Science (BSc)	*Licence de sciences*
Back to Basics	*slogan adopté par le parti conservateur en 1993 de Major : appel à un retour aux valeurs traditionnelles*
Backbencher (a) [voir : frontbencher]	*député (de la majorité ou de l'opposition) sans portefeuille ou fonction parlementaire particulière et qui siège en conséquence sur les bancs du fond de la Chambre des communes*
Bail (to be on / to receive)	*mise en liberté provisoire sous caution (être en / obtenir une)*
Balance of power (the)	*équilibre des pouvoirs*
Ballot (a)	*scrutin, tour de scrutin* ; **second ballot :** *ballottage, deuxième tour de scrutin* ; **secret ballot :** *vote secret*
Ballot box (a)	*urne électorale*
Ballot paper (a)	*bulletin de vote*
Ballot rigging	*fraude électorale*
Bank holiday (a)	*jour férié*
Bank of England (The)	*Banque centrale d'Angleterre et du pays de Galles fondée en 1694 à Londres*
Bar (The)	*le barreau (des avocats)*
Barrister (a) [voir : lawyer, solicitor]	*avocat*

20 GLOSSARY ENGLISH-FRENCH
GLOSSAIRE ANGLAIS-FRANÇAIS

BBC	**British Broadcasting Corporation**
Bearskin hat (a)	*bonnet à poil porté par la garde royale, notamment, devant* **Buckingham Palace**
BEd	**Bachelor of Education**
Bed shortage (a)	*pénurie de lits à l'hôpital*
Beefeater (a)	*surnom des gardiens de la Tour de Londres* (**Tower of London**). *Noms officiels :* **Yeoman Warder at the Tower of London** *et* **Yeoman of the Guard**
Belfast Agreement (The) / Good Friday Agreement (The) [voir : Peace Process]	*Accord de paix signé le vendredi de Pâques 10 avril 1998 par les huit principaux partis politiques d'Irlande du Nord et les gouvernements du Royaume-Uni et de la République d'Irlande, à la suite de longues négociations*
Benefit (a)	*allocation, prestation* ; **Child Benefit :** *allocations familiales* ; **Maternity Benefit :** *allocation de maternité* ; **Sickness Benefit :** *prestations d'assurance maladie* ; **Unemployment Benefit :** *allocation de chômage* [the dole]
Beveridge Report (The)	*Rapport Beveridge (1942), nom populaire pour le* **Report on Social Insurance and Allied Services** *sur l'Assurance sociale et la création d'un Etat-providence*
Bicameral system	*bicamérisme ou bicaméralisme, c'est-à-dire, le pouvoir législatif à deux chambres, en l'occurrence la Chambre des communes et la Chambre des lords*
Big Ben	*nom donné à l'horloge et à la tour du Parlement de Westminster à Londres*
Bill (a)	*projet de loi discuté par le Parlement* ; **Government bill :** *projet de loi proposé par un membre du gouvernement* ; **Private Member's bill :** *projet de loi proposé par un député de la majorité ou de l'opposition*
Bill of Rights, 1689 (The Act of)	*la "Déclaration des Droits" de 1689, loi qui réduit les pouvoirs du monarque en faveur du Parlement*
Binge drinking	*la beuverie, la consommation d'une grande quantité d'alcool dans un lapse de temps très bref*
BL	**Bachelor of Law**

20 GLOSSARY ENGLISH-FRENCH
GLOSSAIRE ANGLAIS-FRANÇAIS

Black Wednesday	*mercredi 16 septembre 1992, quand la livre sterling est retirée du Mécanisme de taux d'échange (en anglais* **ERM***)*
Blackleg (a) [voir : scab]	*briseur de grève ; "jaune"*
Blairism [voir : Third Way]	*doctrine politique et socio-économique de Tony Blair*
Blairite (a)	*"blairiste", supporter de Tony Blair*
Blair's Babes	*surnom donné aux nombreux députés travaillistes femmes élues en 1997*
Blitz (The)	*bombardement aérien de nuit des villes britanniques par la Luftwaffe allemande 1940-1941*
Block vote (a) [voir : block voting, OMOV]	*vote groupé remplacé pour les votes au sein du parti travailliste en 1993 par* **OMOV**
Block voting	*pratique du vote groupé*
Blood sport (a)	*sport sanguinaire, (impliquant la mort d'un animal, par exemple, la chasse)*
Bloody Sunday	*le 30 janvier 1972 à Londonderry en Irlande du Nord, des parachutistes britanniques tirent sur la foule et tuent 13 civils*
Blue collar worker (a)	*ouvrier, travailleur manuel ("col bleu")*
BMA	**British Medical Association**
BNP	**British National Party**
Boarder (a) [voir : day pupil]	*interne d'une école (généralement privée)*
Boarding school (a) [voir : boarder]	*école avec un internat (généralement privée)*
Bobby (a) [voir : police constable, police officer, policeman / policewoman]	*policier (nom familier affectif)*
Bogus asylum seeker(s) [voir : economic migrant, asylum seeker, genuine asylum seeker]	*faux demandeur d'asile, en opposition au véritable demandeur d'asile*
Bonfire Night [voir : Gunpowder Plot, Guy Fawkes]	*le soir du 5 novembre, commémoration de la "conspiration des poudres"* **(Gunpowder Plot)***, connue également sous le nom de* **Guy Fawkes Night***. On tire des feux d'artifices et on brûle une effigie de Guy Fawkes*
Borough	*circonscription électorale urbaine*
Borstal (a)	*maison de correction pour délinquants*

20 GLOSSARY ENGLISH-FRENCH
GLOSSAIRE ANGLAIS-FRANÇAIS

Boundary (of a Constituency) (a)	*limites d'une circonscription électorale*
Boundary changes (to make)	*effectuer un redécoupage électoral*
Boundary Commission (The)	*Commission parlementaire chargée de réviser le découpage des circonscriptions électorales*
BR	**British Rail**
Branch (a)	*division ou section locale d'un parti politique ou d'un syndicat*
Breach of the Peace (a)	*attentat à l'ordre public*
Britain [voir : British Isles, Great Britain, United Kingdom]	*abréviation pour Grande-Bretagne réunissant l'Angleterre, l'Ecosse et le pays de Galles* [*et non* "**the Britain**"]
British	*britannique (adjectif)* [*toujours avec une majuscule en anglais*]
British Broadcasting Corporation (The) (BBC)	*la BBC : organisme public national créé en 1922 qui regroupe plusieurs chaînes de télévision et stations de radios*
British Commonwealth (The) [voir : Commonwealth, Commonwealth of Nations]	*abréviation pour le Commonwealth :* **Commonwealth of Nations**
British Council (The)	*organisme semi-public créé en 1934 pour promouvoir la langue et la culture britannique dans le monde*
British Crown (The)	*la Couronne britannique (le pouvoir royal)*
British embassy (a)	*ambassade de Grande-Bretagne*
British Empire (The) [voir : Empire]	*l'Empire britannique*
British Isles (The) [voir : Britain, Great Britain, United Kingdom]	*Les Iles britanniques :* **Great Britain, Ireland, Isle of Man, Orkneys, The Shetland Islands, The Channel Islands** *et plusieurs centaines d'autres îlots*
British National Party (BNP) [voir : National Front (NF)]	*parti politique d'extrême droite*
British Rail (BR) [voir : Railtrack, Network Rail]	*chemin de fer national, privatisé en 1993 et divisé en de nombreuses sociétés*
Britisher (a)	*un Britannique (terme américain)*
Britishness	*La britannicité, les caractéristiques et l'identité nationales*
Briton (a)	*un Britannique (ou* **"a British person"***)* [**"a British"** *n'existe pas,* **"The British"** *= les Britanniques*]
Broadsheet (a) [voir : gutter press, quality press, red tops, tabloids]	*journal quotidien ou hebdomadaire de grand format a priori de qualité*

20 GLOSSARY ENGLISH-FRENCH
GLOSSAIRE ANGLAIS-FRANÇAIS

Broken Britain	*"La Grande-Bretagne brisé", expression employée par David Cameron et les médias pour désigner le résultat des problèmes sociaux du pays*
BSc	**Bachelor of Science**
Buckingham Palace	*résidence officielle du monarque britannique à Londres construite en 1703*
Bureaucracy (a / the)	*bureaucratie*
Burn's Night	*fête écossaise, le 25 janvier*
Butler Act	*la <u>Loi sur l'éducation</u> de 1944*
By(e)-election (a)	*élection partielle*
By-law (a)	*arrêté municipal*
C of E	**Church of England (The)**
Cabinet (The)	*conseil restreint des ministres et des secrétaires d'Etat les plus importants du gouvernement (environ 20)*
Cabinet meeting (a)	*conseil des ministres*
Cabinet Member / Minister	*membre du cabinet*
Cabinet minister (a)	*ministre siégeant au Cabinet*
Cabinet reshuffle (a)	*remaniement ministériel du Cabinet*
Camera (to sit in)	*siéger à huis clos*
Campaign for Nuclear Disarmament (CND)	*Mouvement pour le désarmement nucléaire (groupe de pression)*
Candidate (a)	*candidat*
Canvass for votes (to)	*faire campagne électorale en effectuant du porte-à-porte*
Canvassing	*démarchage électoral effectué par un candidat et ses partisans*
CAP	**Common Agricultural Policy**
Capital punishment [voir : death penalty]	*peine de mort*
Caretaker government (a)	*gouvernement intérimaire*
Case law	*droit jurisprudentiel, jurisprudence*
Cash for Questions	*série de scandales politico-financiers au milieu des années 1990 impliquant plusieurs députés conservateurs*
Cast a ballot / vote (to)	*voter*
Catch the Speaker's eye (to)	*demander la parole au Président de la Chambre des communes*
CBE	**Companion of the Order of the British Empire**

20 GLOSSARY ENGLISH-FRENCH
GLOSSAIRE ANGLAIS-FRANÇAIS

CBI	**Confederation of British Industry**
CCBI	**Council of Churches for Britain and Ireland**
Censorship	*censure*
Census of Population	*recensement de la population*
Central Government [voir : local government]	*le gouvernement central qui s'occupe des questions nationales (comme la fiscalité et la défense) par opposition aux collectivités locales*
Central Office	*siège du parti conservateur*
Certificate of Secondary Education (CSE)	*examen scolaire abandonné en 1988 (équivalent très approximatif du BEPC)*
Chairperson / Chair / Chairman / Chairwoman (a)	*président (d'une commission, etc.)*
Champagne socialist (a)	*équivalent de la "Gauche caviar"*
Chancellor of the Exchequer (The) [voir : Exchequer]	*"Chancelier de l'Echiquier", ministre de l'économie et des finances*
Changing of the Guard (the)	*relève de la garde devant le palais de Buckingham à Londres*
Channel (The)	*la Manche*
Channel Islands (The)	*Les Iles anglo-normandes : Jersey, Guernesey, Sercq, etc.*
Channel Tunnel (The) [voir : Eurotunnel]	*le tunnel sous la manche inauguré en 1994*
Charter 88	*mouvement lancé en 1988 pour réclamer des réformes dans le système politique britannique (notamment des changements constitutionnels et électoraux)*
Checks and Balances	*mécanisme d'équilibre des pouvoirs, l'équilibre entre pouvoir et contre-pouvoir*
Chequers [voir : 10 Downing Street]	*résidence secondaire officielle du Premier ministre à la campagne dans le Buckinghamshire*
Chief constable (a)	*commissaire de police*
Chief Inspector of Schools (the)	*Inspecteur général de l'Education nationale*
Child Benefit	*allocations familiales*
Church of England (The)	*l'Eglise d'Angleterre (anglicane)*
Church of Scotland	*l'Eglise d'Ecosse (presbytérienne)*
Citizen (a)	*citoyen*
Citizen's Charter (The)	*programme lancé par John Major en 1991 afin d'améliorer la qualité des services publics*
Citizenship	*citoyenneté*

20 GLOSSARY ENGLISH-FRENCH
GLOSSAIRE ANGLAIS-FRANÇAIS

City (The)	*la "Cité de Londres", centre financier du pays situé au nord de la Tamise. On y trouve la* **Bank of England** *et le* **Stock Exchange**, *etc.*
Civil liberties	*les droits et les libertés civiques*
Civil List (The)	*"liste" des membres de la famille royale auxquels le Parlement alloue une rente, dont il vote chaque année le montant*
Civil rights	*les droits et les libertés civiques*
Civil servant (a)	*fonctionnaire d'État*
Civil Service (The) [voir : Whitehall]	*la fonction publique, l'administration centralisée sur la rue de Whitehall à Londres*
Civil war (a)	*guerre civile*
Class struggle, class war (the)	*lutte des classes*
Clause (a)	*article, paragraphe d'une loi, etc.*
Clause 4	*Article 4 du statuts du parti travailliste de 1918 sur la nationalisation des moyens de production, de distribution et d'échange. Abrogé en 1995 à l'initiative de Tony Blair*
Clearing	*système de compensation pour pourvoir les places d'université encore vacantes juste avant la rentrée universitaire*
Closed shop (a)	*atelier, organisme ou entreprise où l'affiliation syndicale est obligatoire. Interdit en 1988*
CLP	**Constituency Labour Party**
CND	**Campaign for Nuclear Disarmement**
Coal miner	*mineur*
Coal mining	*exploitation du charbon*
Coal pit / mine	*mine de charbon*
COHSE	**Confederation of Health Service Employees**
Collective agreement (a)	*convention collective*
Collective bargaining	*négociation d'une convention collective de travail*
Collective responsibility	*responsabilité collective, collégiale du Cabinet (Conseil des ministres)*
colony (a)	*colonie*
Commission for Racial	*organisme créé en 1976 chargé de*

Equality (The) (CRE) [voir EHRC]	*promouvoir de meilleures relations entre les communautés et d'éliminer les pratiques discriminatoires remplacé en 2006 par EHRC*
Committee (a)	*commission* ; **Ad hoc committee :** *Commission temporaire spéciale* ; **Advisory committee :** *Commission consultative* ; **Cabinet committee :** *comité du cabinet* ; **Committee of Supply :** *Commission des finances (recettes)* ; **Joint committee :** *Commission inter-parlementaire* ; **Select committee :** *Commission d'enquête parlementaire* ; **Standing committee :** *Commission permanente* ; **Ways and Means Committee :** *Commission des finances*
Common law	*droit coutumier, loi non écrite*
Commoner (a)	*roturier (-ière)*
Commons (The) [voir : House of Commons]	*Chambre des communes* [*abréviation*]
Commonwealth (The) [voir : British Commonwealth, Commonwealth of Nations]	*abréviation pour le* **Commonwealth of Nations**
Commonwealth of Nations (The) [voir : Commonwealth, British Commonwealth]	*nom official du Commonwealth : association volontaire comprenant le Royaume-Uni et la plupart de ses anciennes colonies*
Communism	*le communisme*
Communist Party of Great Britain (The) (CPGB)	*Parti communiste de Grande-Bretagne fondé en 1920*
Community Charge (The) [voir : Council Tax, Poll Tax]	*impôt local introduit sous forme de capitation en Ecosse en 1989 en Angleterre et au pays de Galles en 1990. Connu plus familièrement sous le nom de* **Poll Tax**. *Remplacé en 1993 par le* **Council Tax** *sous John Major*
Companion of the Order of the British Empire (CBE)	*distinction honorifique*
Comprehensive school (a) [voir : grammar school, high school,econdary school]	*lycée d'Etat polyvalent (11-18 ans)*
Confederation of British Industry (The) (CBI)	*organisme patronal le plus important, fondé en 1965 (équivalent du MEDEF)*

20 GLOSSARY ENGLISH-FRENCH
GLOSSAIRE ANGLAIS-FRANÇAIS

Conservative and Unionist Party (The) [voir : Conservative Party, Tory Party, Tories]	*nom officiel du parti conservateur, on utilise plus souvent* **The Conservative Party**
Conservative Party (The) [voir : Conservative and Unionist Party, Tory Party, Tories]	*parti conservateur, nom généralement employé au lieu de son nom officiel* **The Conservative and Unionist Party**
Constituency (a)	*circonscription électorale*
Constituency party (a)	*section locale d'un parti politique au niveau d'une circonscription*
Constituent (a)	*électeur de la circonscription d'un député*
Constitution (a)	*constitution*
Constitutional Monarchy (a)	*monarchie constitutionnelle qui gouverne selon une constitution, laquelle limite et définit les pouvoirs (par opposition à la monarchie absolue)*
Contempt (a) (of court / of Parliament)	*outrage (à la cour / au Parlement)*
Contract out (to)	*sous-traiter*
Control freak (a)	*obsédé du contrôle et de l'autorité* [*terme familier*]
Conventions [voir : custom]	*usages et convenances qui font partie de la constitution britannique non-écrite*
Convict (to)	*déclarer, reconnaître coupable*
Cool Britannia	*expression née au début des années 1990 sur la renaissance de la culture populaire britannique soutenu par Blair*
Core subjects	*les matières obligatoires dans le* **National Curriculum**
Coronation (a) [voir : Crown (to)]	*couronnement d'un souverain*
corporal punishment	*châtiment corporel*
council estate (a)	*lotissement, cité ou quartier de logements sociaux*
council flat / house (a)	*appartement / maison loué(e) par la municipalité, logement social, HLM*
Council tax (The) [voir : Community Charge, Poll Tax]	*impôt local basé sur la valeur du logement introduit en 1993 en remplacement du* **Community Charge** *ou* **Poll Tax**
Count (a) (of votes)	*dépouillement (d'un scrutin)*
Country (to go to the)	*consulter le corps électoral par un vote*

County (a)	*comté (division territoriale et administrative)*
County Council (a)	*"conseil de comté", conseil régional au niveau du comté*
County Court (a)	*tribunal civil, tribunal de première instance*
Court of Appeal (a) [voir : Appeal Court]	*cour d'appel*
Court of Justice / Law (a)	*palais de justice, tribunal*
Court order (a)	*décision judiciaire*
Court room (a)	*salle de tribunal d'audience*
Courthouse (a)	*palais de justice, tribunal*
CRE	**Commission for Racial Equality**
Cross the floor (to)	*changer de parti politique pour un député (littéralement traverser la Chambre des communes)*
Crossbencher (a)	*pair indépendant à la Chambre des lords (non inscrit à un parti politique)*
Crown (The)	*la Couronne (symbole monarchique de l'Etat britannique)*
Crown (to) [voir : coronation]	*couronner*
Crown Court (a)	*cour d'assises*
Crown Jewels (The)	*les joyaux de la couronne gardés au* **Tower of London**
Crown Prince (The)	*le Prince héritier*
CSE	**Certificate of Secondary Education**
Curfew (a)	*couvre feu*
Custody (to be in / to be held in)	*garde à vue (être en / être mis en)*
Custom (a) [voir : convention]	*droit coutumier, coutumes*
Customs	*douanes*
Daffodil (a) [voir : leek]	*jonquille, un des emblèmes nationaux du pays de Galles*
Day pupil (a) [voir : boarder]	*élève externe (généralement dans une école privée)*
Death grant (a)	*allocation de décès*
Death penalty (the) (to receive) [voir : capital punishment]	*peine de mort (être exécuté)*
Death rate	*taux de mortalité*
Decommissioning [voir : decommission]	*retirer des armes de la circulation, par exemple en Irlande du Nord*
Decommission (to) [voir : decommissioning]	*la mise hors service des armes, désarmement*

Decree (a)	*(juridique) décision, arrêt, jugement ; (administratif) arrêté, décret, édit*
Defendant (a)	*accusé, prévenu, défenseur*
Democracy (a)	*démocratie*
Democratic	*démocratique* [*adjectif*]
Democratic Unionist Party (DUP)	*Parti démocratique unioniste démocrate d'Irlande du Nord, parti politique protestant extrémiste créé en 1971*
Demonstration (a)	*manifestation*
Department (a)	*ministère*
Department for Culture, Media and Sport	*ministère de la Culture, des médias et du sport*
Department for Children, Schools and Families	*ministère de l'Education*
Department for Environment Food and Rural Affairs	*ministère de l'Environnement, de l'alimentation et des affaires rurales*
Department for International Development	*ministère du Développement international*
Department for Transport	*ministère du Transport*
Department for Work and Pensions	*ministère du Travail et des pensions retraites*
Department of Health	*ministère de la Santé*
Department of Trade and Industry	*ministère du Commerce et de l'industrie*
Deposit (a)	*caution électorale remboursée si le candidat obtient un certain % de voix*
Deputy (a)	*adjoint, suppléant* [*et non un député à la Chambre des communes*]
Devolution of Power	*décentralisation de l'Administration par le transfert de pouvoir vers les régions)*
Direct Rule [voir : Home Rule]	*administration directe de l'Irlande du Nord par la Grande-Bretagne*
Disenfranchise (to)	*priver du droit électoral*
Dispatch box (The / a)	*tribune (deux boites en bois) de la Chambre des communes d'où parlent les membres du gouvernement ; valises officielles pour les documents gouvernementaux*
Dissolution (of Parliament) (the)	*dissolution du Parlement (avant élections législatives)*
District Health Authorities (DHA)	*autorité responsable de la santé à l'échelle d'un district*

20 GLOSSARY ENGLISH-FRENCH
GLOSSAIRE ANGLAIS-FRANÇAIS

Dole (the) [voir : Job Seeker's Allowance, Unemployment Benefit, New Deal]	*allocations chômage [terme familier]*
Dole (to go on the / be on the)	*s'inscrire / être au chômage, recevoir les allocations, les indemnités de chômage [terme familier]*
Domesday Book / Doomsday Book	*recueil cadastral d'Angleterre établi en 1086 par Guillaume 1er dit le Conquérant* **(William the Conqueror)**
Domestic politics	*politique de l'intérieur, par opposition à la politique étrangère*
Downing Street (number 10) [voir : 10 Downing Street]	*résidence officielle du Premier ministre et lieu ou se réunit le Cabinet*
Downing Street (number 11) [voir : 11 Downing Street]	*résidence officielle du ministre des finances* **(Chancellor of the Exchequer)**
Downs (The)	*collines herbeuses du sud de l'Angleterre*
Draft (a)	*texte initial d'un projet ou d'une proposition de loi*
DTI	**Department of Trade and Industry**
Duchess (a)	*duchesse*
Duke (a)	*duc*
Dumb down (to)	*vulgariser, rendre moins intellectuel ou sophistiqué, surtout pour plaire à un public de masse. Expression péjorative née au début des années 1990*
DUP	**Democratic Unionist Party**
Earl (an)	*comte*
Early Day Motion (EDM) (an)	*motion d'urgence au Parlement*
Easter Rising (The)	*soulèvement indépendantiste irlandais de Pâques 1916*
Economic migrant (an) [voir : asylum seeker, bogus / genuine asylum seeker]	*migrant(e) économique*
Edinburgh	*Edimbourg (capitale de l'Ecosse)*
Eire [voir : Ireland, Northern Ireland, Republic of Ireland, Ulster]	*Eire, République d'Irlande ("Irlande du sud" en gaélique)*
Elect (to)	*élire*
Election address (an)	*discours, profession de foi d'un candidat pendant des élections*
Election campaign (an)	*campagne électorale*
Election expenses	*dépenses de campagne électorale*
Electioneering	*stratégie de campagne électorale*

20 GLOSSARY ENGLISH-FRENCH
GLOSSAIRE ANGLAIS-FRANÇAIS

Electoral registration (an)	*inscription électorale*
Electoral roll (the)	*liste électorale*
Electoral system (an) [voir : Alternative Vote (AV), First-Past-The-Post (FPTP), Proportional Representation (PR)]	*mode de scrutin*
Electorate (an)	*corps électoral, électeurs inscrits sur la liste électorale*
Eleven Plus (The) (11+)	*examen sélectif passé à la fin des études primaires, autour de l'âge de onze ans pour entrer dans les* **Grammar Schools**
Empire (The) [voir : British Empire]	*l'Empire colonial britannique*
Employee (an) [voir : wage earner]	*salarié, employé*
Employer (an)	*employeur*
Enact a law (to)	*promulguer une loi, donner force de loi*
Enfranchisement	*admission au suffrage, accession au droit de vote*
English	*la langue anglaise (nom), anglais (adjectif)* [*toujours avec une majuscule*]
English (the)	*les Anglais, le peuple anglais*
English person (an)	*un Anglais* [**"an English"** *n'existe pas*]
Enquiry (an)	*enquête*
Entitled (to be)	*avoir droit à quelque chose, par exemple, une allocation*
Entitlement	*droit à*
Equality and Human Rights Commission [voir : CRE]	*Commission pour les droits de l'homme et l'égalité créée en 2007 pour remplacer la CRE.*
Equality between men and women	*parité hommes-femmes*
Establishment (The)	*les élites traditionnelles, les milieux dirigeants*
European Convention on Human Rights (ECHR)	*Convention européenne des droits de l'homme de 1999*
European Court of Human Rights	*Cour européenne des droits de l'homme*
Eurosceptic (an)	*quelqu'un contre la participation du Royaume-Uni à l'Union européen*
Evidence (some / a piece of)	*témoignage, preuve (en justice)*
Exchequer (The) [voir : Chancellor of the Exchequer]	*le Ministère des finances, administration financière centrale*
Executive (The)	*le Pouvoir exécutif*
Exit poll (an)	*sondage des électeurs à la sortie des urnes des bureaux de vote*

20 GLOSSARY ENGLISH-FRENCH
GLOSSAIRE ANGLAIS-FRANÇAIS

Extenuating circumstances	*circonstances atténuantes*
Fabian Society (the)	*société fabienne, groupe de réflexion socialiste fondé en 1884*
Faction (a)	*tendance, courant au sein d'un parti politique*
Falklands (The)	*les îles Malouines dans l'Océan Atlantique Sud près de l'Argentine*
Falklands War (the)	*la Guerre des Malouines entre le Royaume-Uni et l'Argentine en 1982*
Family allowance	*allocations familiales*
Family Credit	*Crédit d'impôts, complément familial qui a replacé* **Family Income Support**, *pour les familles aux revenus inférieurs à un certain seuil, remplacé en 1999 par* **Working Families Tax Credit**
Father of the House (the)	*doyen de la Chambre des communes, député qui siège de façon continue depuis le plus longtemps*
Fee (a)	*honoraires, frais, droits*
Figurehead (a)	*figure de proue*
Finance Bill (a)	*projet de loi de finances*
Financial year (a)	*année budgétaire (fiscale)*
Fine (a)	*amende*
Fire Brigade (the)	*brigade des sapeurs-pompiers*
Firefighter (a)	*pompier*
First Lord of the Treasury	*"Premier lord du Trésor", un des titres attachés à la fonction de Premier ministre*
First-Past-The-Post system (FPTP) [voir : Alternative Vote (AV), Proportional Representation (PR)]	*mode de scrutin à un seul tour (uninominal) où une majorité simple suffit pour être élu, utilisé pour les élections législatives*
Flag (a) [voir: Union Jack]	*drapeau*
Floating voter (a)	*électeur non fidèle à un seul parti, électeur indécis*
Floor (a question from the)	*question d'un député à la Chambre des communes*
Foot and Mouth Disease	*fièvre aphteuse*
Foreign and Commonwealth Office (the)	*le ministère des Affaires étrangères et du Commonwealth*
Foreign Secretary (the)	*le ministre des Affaires étrangères*
Foundation hospitals	*depuis 2004 les hôpitaux « les plus efficaces » peuvent gérer eux-mêmes leurs budgets et attirer des fonds privés.*

20 GLOSSARY ENGLISH-FRENCH
GLOSSAIRE ANGLAIS-FRANÇAIS

Franchise (a)	*le droit de vote*
Free church	*ensemble des églises protestantes qui n'ont pas le statut d'Eglise d'Etat*
Free vote (a)	*vote sans discipline de parti à la Chambre des communes*
Freedom of Information	*liberté d'information*
Freedom of Speech	*liberté d'expression, de parole*
Friendly society (a)	*société de prévoyance, de mutualité, association de secours mutuel*
"From the cradle to the grave"	*"du berceau à la tombe", expression du* **Beveridge Report**, 1942, *sur la couverture sociale à vie*
Frontbencher (a) [voir : backbencher]	*ministre du gouvernement ou membre du cabinet fantôme* **(Shadow Cabinet)** *siégeant aux premiers rangs à la Chambre des communes, réservés aux députés les plus importants*
Fundamentalists	*intégristes religieux*
Fundholder (a)	*"détenteur de fonds publics",* **GP** *bénéficiant du fonds publics, mais qui décide indépendamment comment les dépenser, système introduit à la fin des années 1980*
Gallery (The)	*tribune de la Chambre des communes pour la presse et le public, etc.*
Gang of Four (The)	*les 4 membres fondateurs du parti politique* **SDP** *en 1981 (ex-travaillistes)*
Gap year	*année sabbatique entre le lycée et l'université*
GCE	**General Certificate of Education**
GCSE	**General Certificate of Secondary Education**
Gender ratio	*sexe ratio / proportion hommes-femmes*
General Certificate of Secondary Education (GCSE) [voir : O-Level, AS/A2-Level]	*examen scolaire passé vers 16 ans qui a remplacé l'***O-Level** *et le* **CSE** *en 1988*
General Election (a)	*les élections législatives [singulier en anglais car en un seul tour]*
General National Vocational Qualification (GNVQ)	*diplôme professionnel national général, examen scolaire professionnel*
General Practitioner (a) (GP)	*médecin généraliste*
Gentry (the)	*la petite noblesse*
Genuine asylum seeker [voir : economic migrant, asylum seeker, bogus asylum seeker]	*vrai demandeur d'asile, en opposition au "faux demandeur d'asile"*
Gerrymandering	*(re)découpage des circonscriptions électorales visant à favoriser un parti*
GLA	**Greater London Assembly**

GLOSSARY ENGLISH-FRENCH
GLOSSAIRE ANGLAIS-FRANÇAIS

GLC	**Greater London Council**
Glorious Revolution (The)	*la (seconde) révolution d'Angleterre de 1688 à 1689 : le roi James II est renversé à la demande du Parlement, William III et Mary II deviennent co-monarques et sans qu'il y ait de sang versé*
GNVQ	**General National Vocational Qualification**
God Save the Queen/King [voir : national anthem]	*nom de l'hymne national britannique*
Good Friday Agreement (The) / Belfast Agreement (The) [voir Peace Process]	*accord de paix signé le vendredi de Pâques 10 avril 1998 par les huit principaux partis politiques d'Irlande du Nord et les gouvernements de Grande-Bretagne et la République d'Irlande à la suite de longues négociations*
Government (a / the)	*gouvernement*
Government Bill (a)	*projet de loi*
Government grant (a)	*subvention du gouvernement*
GP	**General Practitioner**
Grammar school (a) [voir : comprehensive school, high school, secondary modern school, secondary school]	*lycée classique d'Etat (sélectionne ses élèves après 11+) (11-18 ans)*
Grant (a)	*subvention, allocation, bourse*
Grant-in-Aid	*subvention d'Etat, donnée au monarque*
Grant-maintained school (a)	*école subventionnée par l'Etat*
Great Britain [voir : Britain, British Isles, United Kingdom]	*Grande-Bretagne, ensemble formé par l'Angleterre, l'Ecosse et le pays de Galles [sans article défini et sans tiret en anglais]*
Greater London Assembly (GLA)	*Assemblée de Londres inaugurée en 2000*
Greater London Council (The) (GLC)	*administration du grand Londres abolie en 1986, qui regroupait la* **City** *et 32 (autres)* **boroughs**
Green paper (a) [voir : White Paper]	*livre blanc (approx.), premier rapport pour lancer la discussion au parlement*
Green Party (The)	*les Verts, le parti écologiste, parti politique formé en 1973*
Greenbelt (a)	*ceinture verte autour des agglomérations, officiellement préservée du développement urbain*
Ground (a)	*terrain de sport (cricket, football)*
Guardian's allowance (a)	*allocation versée à un tuteur pour la garde d'enfant dont il a le charge*
Guillotine a bill (to)	*imposer une limite de temps au débat lors de la discussion d'un projet de loi au Parlement*

20 GLOSSARY ENGLISH-FRENCH
GLOSSAIRE ANGLAIS-FRANÇAIS

Gunpowder Plot (The) [voir : Guy Fawkes Day]	*la conspiration des poudres dirigée par Guy Fawkes pour faire sauter le Parlement en 1605 et tuer le roi Jacques 1er* (James I)
Gutter Press (the) [voir : broadsheet, popular press, quality press, red tops]	*"presse du caniveau", presse populaire à scandales, par exemple, le quotidien* (daily) **The Sun** *de Rupert Murdoch*
Guy Fawkes Night [voir : Bonfire Night, Gunpowder Plot]	*le 5 novembre au soir, fête avec feux d'artifice marquant l'anniversaire de la Conspiration des poudres* **(Gunpowder Plot)** *de 1605, connue aussi sous le nom de* **Bonfire Night**
Habeas Corpus	*texte de 1679 (qui devient loi) donnant le droit d'être jugé devant une cour et / ou un juge*
Hansard	*journal officiel britannique des débats parlementaires*
Head of Government (a)	*chef du gouvernement*
Head of State (a)	*chef d'Etat*
Head teacher / headmaster / headmistress (a)	*directeur d'une école (principal, proviseur)*
Headquarters (a) (HQ)	*siège d'un parti, d'un syndicat, etc. QG*
Heckler (a)	*contradicteur dans une réunion publique*
Heir to the Throne (an / the)	*héritier du trône, de la couronne*
Her / His Majesty's Stationary Office [voir : HMSO]	*organisme chargé de la rédaction et de la diffusion des publications officielles, (équivalent de l'Imprimerie Nationale)*
Hereditary monarchy (an)	*monarchie héréditaire*
Hereditary Peer (an) [voir : Life Peer, peer]	*pair héréditaire à la Chambre des lords*
Hereditary Peerage (an) [voir : Life Peerage]	*pairie héréditaire à la Chambre des lords*
High Court of Justice (the)	*Haute Cour de la justice*
High school (a) [voir : comprehensive school, grammar school, secondary school]	*lycée (11-18 ans), terme général* [*ne veut pas dire "Grande Ecole"*]
Highers	*diplôme de fin d'études secondaires en Ecosse*
His / Her Royal Highness (HRH)	*son Altesse Royale (le monarque)*
HMSO	**Her / His Majesty's Stationary Office**
Hogmanay	*fête écossaise le 31 décembre*
Home Office (The)	*Ministère de l'intérieur*
Home Rule [voir : Direct Rule]	*autonomie politique de l'Irlande, puis l'Irlande du Nord*
Home Secretary (The)	*Ministre de l'intérieur*
Honours List (Birthday) (the)	*liste de distinctions honorifiques conférées par le monarque à l'occasion de son anniversaire officiel*

20 GLOSSARY ENGLISH-FRENCH
GLOSSAIRE ANGLAIS-FRANÇAIS

Honours List (New Year) (the)	*liste de distinctions honorifiques conférées par le Premier ministre à l'occasion de la nouvelle année*
Hospital Trust (a)	*les agences hospitaliers autonomes*
House of Commons (The) [voir : Commons, Lower House]	*la Chambre des communes*
House of Lords (The) [voir : Upper House]	*la Chambre des lords*
Household (a)	*foyer, ménage*
Houses of Parliament (The)	*le Parlement, les deux Chambres*
Housing (some)	*logement*
Housing Benefit	*allocation logement (privé / public)*
Housing Estate (a)	*cité, lotissement*
HQ	**Headquarters**
HRH	**Her / Her Royal Highness**
Human Rights	*les droits de l'homme*
Hung Parliament (a)	*Chambre où aucun parti n'a la majorité absolue des sièges, sans majorité*
Hustings (a)	*réunions pendant une campagne électorale*
IBA	**Independent Broadcasting Authority**
ILEA	**Inner London Education Authority**
Illegal alien (an) [voir : alien]	*immigré clandestin*
Income support [voir : supplementary benefit]	*allocation pour les chômeurs et les ménages à faible revenu qui remplace le* **supplementary benefit** *en 1988 (équivalent approximatif du RMI)*
Income tax	*impôt sur le revenu*
Incomes policy (an)	*politique des revenus*
Independent Broadcasting Authority (IBA)	*organisme de tutelle d'***ITV** *et des chaînes de radio privées jusqu'en 1990*
Independent school [voir : private school, public school, state school]	*école privée payante qui n'est ni financée, ni contrôlée par l'Etat ou les autorités locales*
Independent Television (ITV)	*troisième chaîne de télévision jusqu'en 1990 (privée et indépendante)*
Independent Television Commission (ITC)	*organisme de tutelle de la troisième chaîne de télévision depuis 1990*
Infant mortality	*mortalité infantile*
Infant school (an) [voir : junior school, primary school]	*école primaire (5-7 ans)*

Inner Cabinet (the)	*Cabinet restreint (ministres les plus importants)*
Inner city	*quartier de centre ville souvent vieux, pauvre et délabré*
Inner city school (an)	*établissement scolaire en centre ville, a priori dans un quartier défavorisé*
Inner London Education Authority (ILEA)	*l'administration responsable de l'éducation à Londres supprimée en 1989*
Inns of Court (the)	*les quatre écoles de droit londoniennes*
Interregnum	*"Interrègne", intervalle entre deux règnes, au Royaume-Uni de 1649 à 1660*
IRA	**Irish Republican Army**
Ireland [voir : Eire, Northern Ireland, Republic of Ireland, Ulster]	*l'Irlande*
Irish	*irlandais (adjectif)* [*toujours avec majuscule en anglais*]
Irish (the)	*les Irlandais* [**"an Irish"** *n'existe pas, on dit* **"an Irish person"**]
Irish Republican Army (IRA [voir : Sinn Féin]	*Armée républicaine irlandaise, organisation paramilitaire clandestine catholique fondée en 1860*
Irishman (an)	*un Irlandais (nom)*
Issue (an)	*enjeu, sujet de débat, problème*
ITC	**Independent Television Commission**
ITV	**Independent Television**
Jail (a) [voir : prison]	*prison, geôle*
Job Centre	*équivalent du bureau de l'ANPE*
Job Seeker (a) [voir : Job Seekers' Allowance]	*"chercheur d'emploi" : personne au chômage qui doit prouver qu'elle recherche activement un emploi afin de recevoir des allocations : le* **Job Seekers' Allowance,** *terme introduit en 1993*
Job Seekers' Allowance [voir : dole, Job Seeker, unemployment benefit]	*allocation chômage lancée par le parti conservateur en 1993 conditionnée à la recherche active d'un emploi*
Joined-up government	*gouvernement où les différents ministères communiquent entre eux pour élaborer des politiques cohérentes (expression de la fin des années 1990)*
Joyriding (to go)	*faire une virée dans une voiture volée*
JP	**Justice of the Peace**
Judge (a)	*juge*
Judiciary (The)	*le pouvoir judiciaire*

20 GLOSSARY ENGLISH-FRENCH
GLOSSAIRE ANGLAIS-FRANÇAIS

Junior Minister (a) [voir : Parliamentary Secretary, Secretary of State]	*terme générique équivalent pour la France d'un Secrétaire d'Etat, un Sous-secrétaire d'Etat parlementaire*
Junior school (a) [voir : infant school, primary school]	*école primaire (7-11 ans)*
Jury (a)	*jury composé de jurés*
Justice of the Peace (JP) (a)	*juge de paix siégeant dans une* **Magistrates' Court**
Juvenile (a)	*adolescent, jeune, mineur*
Juvenile court (a)	*tribunal pour mineurs*
Juvenile delinquency	*délinquance (juvénile)*
King (a / the)	*roi*
Kingdom (a)	*royaume*
Knight (a)	*chevalier*
Knighthood	*titre honorifique de chevalier*
Knocking up	*"frapper aux portes" le jour même d'une élection des électeurs pour les encourager à aller voter*
Labour Party (The) [voir : New Labour]	*le parti travailliste*
Labour supporter (a)	*travailliste* [**"a Labour"** *n'existe pas*]
Landmark event (a)	*événement clé, tournant*
Landslide election / result / victory (a)	*raz de marée électoral* ; *résultat / victoire écrasant(e)*
Law (a / the) [voir : Act, Statute]	*loi*
Law Lord (a)	*lord juge, magistrat siégeant à la Chambre des lords*
Lawyer (a) [voir : barrister, solicitor]	*avocat, juriste, homme de loi, notaire (selon la situation)*
LCC	**London County Council**
LEA	**Local Education Authority**
Leader of the House (The)	*chef de la majorité ministérielle à la Chambre des communes, exerçant de ce fait la fonction de Ministre chargé des relations avec la Chambre des communes*
Leader of the House of Lords (the)	*chef de la Chambre des lords*
Leader of the Opposition (the)	*chef du principal parti en opposition à la Chambre des communes*
Leadership contest / challenge (a)	*lutte pour la direction d'un parti politique*
League table (a)	*classement sous forme d'un tableau de résultats (par exemple, palmarès des établissements scolaires)*

20

GLOSSARY ENGLISH-FRENCH
GLOSSAIRE ANGLAIS-FRANÇAIS

Leek (a) [voir : daffodil]	*poireau, un des emblèmes nationaux du pays de Galles*
Left wing (to be) [voir : right wing]	*politiquement de gauche [adj.]*
Legal aid	*aide judiciaire*
Legislate (to)	*légiférer, faire des lois*
Legislature	*le corps, le pouvoir législatif*
Liberal Democrats (Lib Dems) (The)	*Parti libéral-démocrate, formé en 1990*
Liberal Party (The) [voir : Alliance, SLD]	*Parti libéral*
Licence fee (a)	*redevance*
Life expectancy	*espérance de vie*
Life imprisonment	*prison à vie, réclusion à perpétuité*
Life Peer (a) [voir : Hereditary Peer, Peer]	*pair à vie à la Chambre des lords (nommé par le Premier ministre)*
Life Peerage (a) [voir : Hereditary Peerage]	*pairie à vie à la Chambre des lords*
Life sentence (a)	*condamnation à perpétuité*
Lobby (a / the)	*groupe de pression ; lieu de pointage lors du vote des députés ; vestibule à la Chambre des communes*
Lobby (to)	*faire pression sur*
Lobbying	*sollicitation d'un groupe de pression*
Local authority (a)	*collectivité locale*
Local councillor (a)	*conseiller local, élu local*
Local Education Authority (LEA) (a)	*administration locale responsable de l'éducation au niveau régional*
Local election (a)	*élection municipale*
Local government (a) [voir : central government]	*administration locale, collectivité locale*
London County Council (the) (LCC)	*le Conseil du comté de Londres aboli en 1963*
London Mayor	*maire de Londres*
Lord Chancellor (The)	*Président de la Chambre des lords, Grand Chancelier d'Angleterre, équivalent du Ministre de la Justice également appelé Garde des Sceaux en France*
Lord Chief Justice (The)	*Président de la Haute Cour de Justice*
Lord Mayor (The)	*titre du maire des principales villes anglaises et galloises*

20 GLOSSARY ENGLISH-FRENCH
GLOSSAIRE ANGLAIS-FRANÇAIS

Lords Spiritual (The)	*pairs ecclésiastiques (de l'Eglise de l'Angleterre) à la Chambre des lords*
Lords Temporal (The)	*pairs laïques à la Chambre des lords*
Lower House (The) [voir : House of Commons, Upper House]	*"la Chambre basse", c'est à dire la Chambre des communes où siègent les députés* **(MPs)**
Lower middle class (the)	*la classe moyenne, la petite bourgeoisie*
Lower-sixth [voir : upper-sixth]	*"sixième-inférieure", première année (sur 2) de terminal au lycée*
Loyalist (a)	*loyaliste: protestant en Irlande du Nord qui souhaite maintenir des liens avec la Grande-Bretagne*
Maastricht Treaty (The) [voir : TEU, Treaty on European Union]	*le Traité de Maastricht signé en 1992, nom officiel:* **Treaty on European Union (TEU)**
Mace (The)	*masse d'arme, symbole de l'autorité du Parlement*
Mad cow disease (BSE)	*la maladie de la vache folle, nom familier pour la maladie de Creutzfeld-Jacob (ESB)*
Magna C(h)arta (The)	*la Grande Charte de 1215 accordée par le roi Jean* **(King John)**
Maiden speech (a)	*discours inaugural, premier discours d'un député à la Chambre des communes ou d'un Lord à la Chambre des lords*
Mainland (the)	*Europe continental*
Majority (a)	*majorité :* **narrow** *courte* ; **overall** *absolue* ; **overwhelming** *écrasante*
Majority rule	*gouvernement disposant de la majorité à la Chambre des communes*
Mandatory reselection (a)	*obligation (pour un député) de se soumettre à la reinvestiture par le parti pour chaque élection*
Manifesto (a)	*programme électoral, manifeste politique*
Marginal seat (a) [voir : safe seat, target seat]	*littéralement "siège marginal", circonscription à faible majorité et donc très disputée entre les partis*
Married Couple's Allowance	*allocation pour les couples mariés*
Master of the Rolls (the)	*Président de la Cour d'appel*
Maternity benefit (to receive, to be entitled to)	*allocation de maternité*
Mayor (a)	*maire*

20 GLOSSARY ENGLISH-FRENCH
GLOSSAIRE ANGLAIS-FRANÇAIS

Mayor of London (the) [voir : London Mayor]	*maire de Londres élu par les Londoniens, fonction réapparue en 2000*
MBE	**Member of the Order of the British Empire** *titre honorifique*
Means test (a)	*examen de ressources d'une personne qui demande une aide pécuniaire de l'État*
Means testing	*pratique d'un examen de ressources d'une personne*
Member of a party (a) [voir : militant]	*adhérent d'un parti politique*
Member of Parliament (a) (MP)	*député à la Chambre des communes*
Metropolitan Police Force (the)	*police de Londres, police urbaine dans les grandes villes*
Militant (a)	*militant(e) extrémiste*
Militant Tendency	*tendance trotskiste chez les travaillistes, groupe d'extrême gauche.*
Millbank [voir : Old Queen Street]	*siège du Parti travailliste de 1997 à 2002*
Millennium Dome (The)	*bâtiment construit à Londres pour fêter l'année 2000*
Ministry of Defence (the)	*le Ministère de la défense*
Minutes	*procès-verbal d'une réunion*
Miscarriage of justice (a)	*erreur judiciaire*
MoD	**Ministry of Defence**
Monarch (a)	*monarque*
Monarchist (a)	*monarchiste*
Monarchy (a / the)	*monarchie*
Money Bill (a)	*projet de loi de finances*
Moor, moorland :	*lande, terrain tourbeux*
Move a resolution (to) [voir : propose, second a motion]	*déposer, proposer une motion*
MP	**Member of Parliament**
Multiculturalism	*les personnes de diverses origines éthiques et religieuses vivent ensemble et peuvent garder leurs spécificités*
Muslim (a)	*musulman*
NALGO	**National and Local Government Officers Association**
Nanny state	*« Etat-nounou », un gouvernement paternel sur-protectionniste, envahissant, voire trop autoritaire*

National Anthem (the) [voir : God Save the Queen/King]	*hymne national du Royaume-Uni*
National Audit Office (the)	*Bureau national d'audit*
National Curriculum (the)	*programme d'enseignement obligatoire national introduit en 1992*
National day	*jour de la fête nationale*
National Executive Committee (The) (NEC)	*comité exécutif du Parti travailliste*
National Front (The) (NF) [voir : BNP, British National Party]	*Front national, parti politique d'extrême droite*
National Health Service (The) (NHS)	*le Service national de santé, Sécurité sociale*
National Insurance	*assurance nationale fondée sur les contributions hebdomadaires versées par les employés et les employeurs pour financer la sécurité sociale*
National Insurance benefits	*prestations de la sécurité sociale*
National Trust (The)	*Caisse Nationale des Monuments Historiques et des Sites*
National Vocational Qualification (NVQ)	*diplôme professionnel national, examen scolaire professionnel*
Navy (The)	*la Marine de guerre*
NEC	**National Executive Committee**
NEET Not in Education, Employment or Training	*terme gouvernemental pour les 16-18 ans qui ne sont ni scolarisés, ni en formation, ni insérés dans le monde du travail*
Network Rail [voir : BR, British Rail, Railtrack]	*organisme qui a remplacé* **Railtrack** *en 2002*
New Deal [voir : the dole]	*politique de lutte contre le chômage pour les jeunes lancée en 1999 par le* **New Labour**. *Le chômeur doit obligatoirement suivre une formation, faire un stage en entreprise ou faire du bénévolat afin de recevoir une allocation de chômage. Elargi aux personnes d'autres groupes*
New Labour [voir : Labour Party]	*nom inofficiel du parti travailliste après son propre renouvellement commencé par Neil Kinnock dans les années 1980, poursuivi par John Smith, puis par Tony Blair*

20 GLOSSARY ENGLISH-FRENCH
GLOSSAIRE ANGLAIS-FRANÇAIS

NF	**National Front**
NHS	**National Health Service**
North Sea (The)	*la Mer du nord*
Northern Ireland [voir : Eire, Ireland, Ulster]	*Irlande du Nord*
Northern Ireland Office	*ministère de l'Irlande du Nord*
North-South drift	*le "glissement de la population du Nord vers le Sud", migration interne*
NUGMW	**National Union of General Municipal Workers**
Nullify (to)	*invalider, infirmer*
NUM	**National Union of Mineworkers**
NUPE	**National Union of Public Employees**
NUS	**National Union of Students**
NVQ	**National Vocational Qualification**
OAP [voir senior citizen]	**Old Age Pension / Pensioner**
Oath of allegiance [voir : allegiance]	*serment d'allégeance*
OBE	**Officer of the Order of the British Empire** *(titre honorifique)*
Off / on message (to be)	*ne pas respecter / respecter la ligne officielle d'un parti politique lors d'un discours, entretien, etc., expression de la fin des années 1990*
Office for National Statistics (ONS)	*Bureau des Statistiques Nationales*
Official Secrets Act (The)	*Loi relative aux secrets d'Etat*
Official Unionist Party (the)	*Parti unioniste officiel en Irlande du Nord*
Ofsted (Office for Standards in Education)	*Bureau national de l'inspection des écoles*
OHMS	**On Her / His Majesty's Service**
Old Age Pension (an) [voir : pension]	*pension vieillesse de la Sécurité Sociale*
Old Age Pensioner (an) (OAP) [voir : senior citizen]	*retraité*
Old Bailey (The)	*Cour d'assises de Londres*
Old Bill (the)	*terme familier pour la police*
Old boy network (the)	*réseau (de relations) des anciens élèves d'une école privée*
Old Queen Street	*siège du parti travailliste depuis 2002*

20 GLOSSARY ENGLISH-FRENCH
GLOSSAIRE ANGLAIS-FRANÇAIS

Old school tie (the)	*littéralement "cravate aux couleurs de son ancienne école", et par extension favoritisme entre anciens élèves d'une même école*
O-Level [voir : A-Level, AS-Level, A2-Level, GCSE]	*examen scolaire passé vers 16 ans remplacé en 1988 par le* **GCSE**
Ombudsman (an)	*médiateur*
OMOV	**One Member One Vote**
One Member One Vote (OMOV) [voir : block vote, block voting]	*"un membre une voix" : règle en vigueur dans les scrutins au sein du Parti travailliste, remplace en 1993 le* **block vote**
ONS	**Office for National Statistics**
Open government	*transparence gouvernementale*
Open University (the)	*Université nationale d'enseignement à distance, (équivalent du CNED)*
Opening and Dissolution of Parliament (the State)	*ouverture et clôture de la session parlementaire*
Opinion poll (an)	*sondage d'opinion*
Opposition (the)	*opposition officielle à la Chambre des communes*
Opt in / out (to)	*choisir de participer / de ne pas participer*
Orange Day	*procession annuelle le 12 juillet des Orangistes d'Irlande du Nord*
Orange Order (the) [voir : Orangemen]	*Ordre des Orangistes, organisation protestante en Irlande du Nord*
Orangemen (the) [voir : Orange Order]	*les Orangistes, membres de l'organisation protestante l'***Orange Order** *en Irlande du Nord*
Order in Council (the)	*ordonnance ou décret pris en Conseil privé*
Order of the Garter (the)	*Ordre de la Jarretière, titre honorifique*
Order paper (an)	*ordre du jour parlementaire*
OUP	**Official Unionist Party**
Out of wedlock (to be born)	*en dehors du mariage (être né)*
Outgoing government (an)	*gouvernement sortant*
Outgoing MP (an)	*député sortant*
Out-patient (an)	*malade en consultation externe*
Pairing	*accord entre deux députés de deux partis opposés (approuvé par les* **whips***) pour neutraliser leurs votes afin de ne pas se rendre à la Chambre des communes*

20 GLOSSARY ENGLISH-FRENCH
GLOSSAIRE ANGLAIS-FRANÇAIS

Palace of Westminster (the)	*"palais de Westminster", siège du Parlement à Londres*
Parish (a)	*paroisse*
Parliament	*Parlement : la Chambre des communes et la Chambre des lords rassemblées*
Parliamentarian (a) [voir : Member of Parliament, MP]	*membre du Parlement, parlementaire [nom]*
Parliamentary	*parlementaire [adjectif]*
Parliamentary committee (a)	*commission parlementaire*
Parliamentary debate (a)	*débat parlementaire*
Parliamentary democracy	*démocratie parlementaire*
Parliamentary immunity	*immunité parlementaire*
Parliamentary Labour Party (PLP) [voir : 1922 Committee]	*Conseil des députés du parti travailliste sans ministère*
Parliamentary majority (a)	*majorité parlementaire*
Parliamentary monarchy [voir : constitutional monarchy]	*Monarchie qui règne selon les lois parlementaire*
Parliamentary party (a)	*groupe parlementaire*
Parliamentary Private Secretary (a) (PPS)	*parlementaire attaché à un ministère assurant la liaison avec les autres parlementaires*
Parliamentary privilege (a)	*privilège parlementaire, l'immunité parlementaire*
Parliamentary Secretary (a) [voir : Junior Minister, Secretary of State]	*secrétaire d'Etat, parlementaire faisant fonction de sous-secrétaire d'Etat*
Party election broadcast, party political broadcast (a)	*courte émission officielle à la radio ou à la télévision d'un parti politique pendant la campagne électorale, spot radiophonique ou télévisuel*
Patients' Charter	*"charte des patients" liste des droits des patients au sein du* **NHS**, *lancé en 1991*
Peace Process [voir : Belfast Agreement, Good Friday Agreement]	*Processus de paix entre l'Irlande du Nord, la République de l'Irlande et la Grande-Bretagne lancé au début des années 1990*
Peaceful assembly	*rassemblement non violent et pacifique*
Peer (a) [voir : Hereditary Peer, Life Peer]	*pair (du royaume) à la Chambre des lords*
Peerage (a) [voir : Hereditary Peerage, Life Peerage]	*pairie à la Chambre des lords*

20

GLOSSARY ENGLISH-FRENCH
GLOSSAIRE ANGLAIS-FRANÇAIS

Peerages for cash scandal	*« titres contre argent », la vente (illégale) des titres honorifiques de la Chambre de lords*
Peerage (to be given a)	*être anobli*
Pension (a) [voir : OAP]	*pension vieillesse de la sécurité sociale*
Pension fund (a)	*fonds vieillesse, assurance vie*
Pension scheme (a)	*caisse de retraite*
Pensioner (a) [voir : OAP, senior citizen]	*retraité*
Permanent Secretary (a)	*secrétaire général de ministère, le poste plus élevé dans un ministère*
PhD	**Doctor of Philosophy**
Picket (to)	*faire un piquet de grève*
Picket line (a)	*piquet de grève*
Plaid Cymru	*Parti nationaliste gallois (parti politique), nom gaélique*
Plead guilty / innocent (to)	*plaider coupable / innocent*
Pledge (to/a)	*s'engager/ promettre*
PLP	**Parliamentary Labour Party**
PM	**Prime Minister**
PMPT	**Prime Minister's Question Time**
Police constable (a)	*agent de police*
Police officer (a)	*officier de police*
Policeman / Policewoman (a)	*policier*
Policy (a)	*ligne d'action politique*
Political asylum [voir : asylum seeker, bogus / genuine asylum seeker]	*asile politique*
Political levy (a)	*cotisation versée par un syndicat au Parti travailliste*
Political party (a)	*parti politique*
Politician (a)	*homme / femme politique, politicien(ne)*
Politics	*la politique, le jeu des forces politiques*
Poll (a)	*scrutin, sondage ; participation électorale*
Poll tax (the) [voir : Community Charge, Council Tax]	*nom familier pour un impôt local basé sur la capitation introduit par Margaret Thatcher en 1990 par John Major (1989 en Ecosse) et remplacé en 1993*

Polling booth (a)	*isoloir pour voter*
Polling card (a)	*carte d'électeur*
Polling day	*jour de scrutin*
Polling station (a)	*bureau de vote*
Pollster (a)	*sondeur, enquêteur*
Polytechnic (a)	*établissement d'enseignement supérieur (tous convertis en universités pendant les années 1990) (équivalent de l'IUT)*
Popular press (the) [voir : gutter press, quality press, red tops]	*presse populaire, par exemple,* **The Sun**
Poverty line (the)	*seuil de pauvreté (60 % salaire médian)*
PPS	**Parliamentary Private Secretary**
Preparatory school (a)	*école primaire privée (5-11 ans)*
Prerogative powers	*pouvoirs prérogatives du monarque*
Prescription (a)	*ordonnance médicale*
Press gallery (the)	*tribune de presse à la Chambre des communes*
Pressure group (a)	*groupe de pression*
Primary school (a) [voir : infant school, junior school]	*école primaire (5-11 ans)*
Prime Minister (PM) (a / the)	*Premier ministre*
Prime Minister's Question Time (PMQT) [voir : Question Time]	*séance le mercredi matin réservée aux questions orales adressées au Premier ministre à la Chambre des communes*
Primogeniture	*primogéniture, priorité de la succession donnée au premier fils même si une fille est née avant*
Priority setting	*évaluation des priorités afin de faire un choix, par exemple, la répartition des fonds au sein d'un hôpital*
Private member (a)	*simple député à la Chambre des communes*
Private Member's Bill (a)	*proposition de loi émanant d'un simple député*
Private school (a) [voir : independent school, public school, state school]	*école privée*
Privy Council (The)	*conseil privé de la reine*
Privy Purse (the)	*cassette royale*

20 GLOSSARY ENGLISH-FRENCH
GLOSSAIRE ANGLAIS-FRANÇAIS

Probation (to be on)	*liberté surveillée (être en)*
Proportional Representation (PR) [voir : Alternative Vote (AV), First-Past-The-Post (FPTP), STV]	*représentation proportionnelle (mode de scrutin)*
Propose a motion (to) [voir : move / second a motion (to)]	*proposer, présenter, soumettre une motion*
Prospective candidate (a)	*futur candidat déjà investi par son parti mais ne pouvant devenir candidat qu'à l'ouverture de la campagne électorale*
Protest rally (a)	*rassemblement de protestation (une manifestation)*
Proxy (a) (to vote by)	*procuration (voter par)*
Psephology	*l'étude des élections*
Public House (a)	**pub**
Public prosecutor (a)	*Procureur (de la République), ministère public*
Public school (a) [voir : independent school, private school, state school]	*école privée* [*ne pas confondre avec* **state school**]
Quality Press [voir : gutter press, popular press, red tops]	*presse de qualité*
Quango (a)	**Quasi-autonomous national government organisation / Quasi-autonomous non-governmental organisation**
Quarterfinals	*quart de finale*
Quasi-autonomous non-governmental organisation	*organisme semi-public, par exemple, la* **CRE**
Queen (a / the)	*reine*
Queen Elizabeth II	*la reine Elisabeth II*
Queen Mother (Mum) (the)	*reine mère*
Queen's/King's Speech (The) [voir : Speech from the Throne]	*discours du trône donné par le monarque au début de chaque session parlementaire dans lequel le gouvernement résume son programme législatif ; connu aussi comme* **Speech from the throne**
Question Time [voir : Prime Minister's Question Time (PMQT)]	*séance le mercredi matin réservée aux questions orales adressées au Premier ministre à la Chambre des communes*
Race Relations Act (The)	*Loi sur les relations inter-raciales (la première date de 1965)*

20 GLOSSARY ENGLISH-FRENCH
GLOSSAIRE ANGLAIS-FRANÇAIS

Race Relations Board (The)	*commission établie en 1966 chargée de lutter contre la discrimination raciale*
Rail Track [voir : BR, British Rail, Network Rail]	*organisme privé gérant les chemins de fer après leur privatisation. Remplacé en 2002 par* **Network Rail**
Rank and file (the)	*base d'un parti, d'un syndicat : les troupes*
Rapid rebuttal unit (the)	*élément des relations publiques du Parti travailliste qui agit rapidement aux nouvelles, appelée à partir de 2003 :* the **Communications Unit**
Ratecapping	*plafonnement des ressources fiscales des collectivités locales et des impôts locaux*
Rates [voir : Community Charge, Council Tax, Poll Tax]	*impôts locaux*
Ratify (to)	*ratifier*
Reading (a)	*lecture d'un projet de loi ou d'une proposition de loi au parlement*
Reception Class	*classes d'accueil (pour les 4 ans)*
Recess (a)	*vacances parlementaires*
Red brick university	*université construite en brique à la fin du XIXe siècle et au début du XXe siècle*
Red tops [voir : broadsheets, gutter press, popular press, quality press, tabloids]	*presse populaire*
Re-elect (to)	*réélire*
Regional Health Authority	*administration responsable de la santé au niveau régional*
Register (a)	*liste électorale*
Regulation (a)	*règlement*
Reign (to)	*régner*
Repeal (to)	*abroger (une loi par exemple)*
Republic of Ireland [voir : Eire, Ireland, Northern Ireland, Ulster]	*la République d'Irlande, Eire, l'Irlande du sud*
Reshuffle (cabinet) (a)	*remaniement ministériel du cabinet*
Retire (to)	*prendre sa retraite*
Retired person (a)	*retraité*
Return to Parliament (to)	*élire au Parlement (un député)*

20 GLOSSARY ENGLISH-FRENCH
GLOSSAIRE ANGLAIS-FRANÇAIS

Returning Officer (a)	*magistrat responsable de l'organisation des élections et des scrutins au niveau de la circonscription*
Right wing [voir : left wing]	*politiquement de droite [adj.]*
Riot (a)	*émeute*
Royal Air Force (the)	*l'Armée de l'air*
Royal Assent	*assentiment accordé par le monarque aux textes législatifs votés par le Parlement, (la promulgation des lois)*
Royal Commission (a)	*commission d'enquête ordonnée par le Parlement*
Royal Navy (The)	*la Marine nationale*
Royal pardon (the)	*grâce royale*
Royal prerogative (the)	*prérogatives royales, droits (théoriques) du souverain*
Royal Ulster Constabulary (RUC)	*la Police d'Irlande du Nord*
Royalty	*la royauté, monarchie*
RUC	**Royal Ulster Constabulary**
Rule of Law (the)	*état de droit, suprématie du droit, un des piliers de la constitution*
Ruling class (the)	*la classe dirigeante*
Safe Seat (a) [voir : marginal seat]	*circonscription qui a tendance à voter toujours pareil avec de grandes majorités, siège sûr*
Saint Andrew	*Saint André, saint patron de l'Ecosse*
Saint David	*Saint David, saint patron du pays de Galles*
Saint George	*Saint Georges, saint patron de l'Angleterre*
Saint Patrick	*Saint Patrick, saint patron de l'Irlande*
SATs	**Standard Assessment Tests**
Scab (a) [voir : blackleg]	*briseur de grève, "jaune"*
Scot (a) Scotsman (a)	*Ecossais*
Scots (the)	*les Ecossais, le peuple écossais*
Scottish	*écossais [adjectif]* [**"a scottish"** *n'existe pas*]
Scottish Nationalist Party (SNP)	*Parti nationaliste écossais*

20 GLOSSARY ENGLISH-FRENCH *GLOSSAIRE ANGLAIS-FRANÇAIS*

SDLP	**Social Democratic and Labour Party**
SDP	**Social Democratic Party**
Seat (a)	*siège parlementaire*
Second a motion (to) [voir move / propose a motion (to)]	*soutenir, appuyer une motion*
Secondary school (a) [voir : comprehensive school, grammar school, high school, secondary modern school]	*terme générique pour lycée (11-18 ans)*
Secretary of State (a) [voir : Junior Minister, Parliamentary Secretary]	*ministre de rang élevé* [*différent du Secrétaire d'Etat en France*]
Select committee (a)	*commission d'enquête parlementaire*
self-employed worker (a)	*travailleur indépendant*
self-governing	*autonome*
senior citizen [voir : OAP, Old Age Pensioner]	*retraité*
Sentence (a)	*condamnation, peine*
Separation of power	*séparation des pouvoirs*
Shadow Cabinet (the)	*cabinet fantôme de l'Opposition à la Chambre des communes*
Shadow minister (a)	*membre du cabinet fantôme de l'opposition à la Chambre des communes*
Shamrock (a)	*trèfle, emblème national de l'Irlande*
Shortage (a)	*pénurie, manque*
Show of hands (a)	*voter à main levée*
Sick leave	*arrêt maladie*
Sickness benefit	*prestations de l'assurance maladie, allocation maladie*
Signatory (a)	*signataire*
Single Tansferable Vote (STV) [voir Proportional Representation, PR]	*mode de scrutin fondée sur la représentation proportionnelle*
Sink estate / school	*une cité ou une école défavorisée, en perdition*
Sinn Féin [voir : IRA, Irish Republican Army]	*Parti politique républicain catholique en Irlande du Nord*
Sit (to)	*siéger*

Sitting (parliamentary) (a)	*séance (parlementaire)*
Sixth form	*les deux dernières années au lycée pour les 16-18 ans, divisées en* **lower-sixth** *et* **upper-sixth**
Sleaze	*scandales de tous types*
Slum (a)	*taudis, bas quartier*
Smith Square	*place à Londres où est situé le siège du Parti conservateur et du* **TGWU**
SNP	**Scottish Nationalist Party**
Soapbox (a)	*littéralement caisse à savon, tribune improvisée en plein air pour un orateur*
Social Chapter	*le chapitre social du <u>Traité de Maastricht</u>, 1992*
Social Democratic and Labour Party (SDLP)	*Parti politique catholique modéré en Irlande du Nord*
Social and Liberal Democrat Party	*Parti politique formé en 1988 à la suite d'une fusion entre le* **SDP** *et le* **Liberal Party**. *Il devient le* **Liberal Democrat Party (Lib Dems)** en 1989
Social services (the)	*les Services sociaux*
Social worker (a)	*assistant social*
Socialism	*socialisme, doctrine socialiste*
Socialist (a)	*socialiste*
Solicitor (a) [voir : barrister, lawyer]	*notaire, avocat*
Sound bite (a)	*brève citation médiatique*
Sovereign (a / the)	*souverain*
Sovereign state	*Etat souverain*
Sovereignty	*souveraineté*
Speaker (of the House) (The)	*président des débats à la Chambre des communes*
Specialist schools	*lycée avec un "statut de lycée spécialisé" dispensant un enseignement généraliste avec une spécialisation (11-18 ans)*
spectator (a)	*spectateur, spectatrice pour le sport*
Speech from the throne (the) [voir : Queen's/King's Speech]	*discours du trône*
Spin (to) [voir : spin doctor]	*angle sous lequel une information est présentée*

GLOSSARY ENGLISH-FRENCH
GLOSSAIRE ANGLAIS-FRANÇAIS

Spin doctor (a) [voir : spin]	*spécialiste en relations publiques d'un parti politique*
Splinter group (a)	*groupe, fraction dissident(e) d'un parti*
Spokesperson (a)	*porte-parole*
Sponsorship	*parrainage*
Stadium (a)	*stade (de sport)*
Stakeholder society (a)	*société où chaque citoyen a un enjeu (droits et devoirs) dans la société*
Standard Assessment Tests (SATs)	*tests d'évaluation standards passés à 7, 11 et 14 ans, introduit en 1991, abandonnés pour les 14 ans en 2008*
Standing committee (a)	*Commission (parlementaire) permanente*
State Opening of Parliament (the)	*ouverture solennelle de la session parlementaire*
State school (a) [voir : independent school, private school, public school]	*école d'Etat (gratuite)* [*ne pas confondre avec* **public school**]
Statement (a)	*déclaration*
Statesman / Stateswoman (a)	*homme d'Etat*
Statute (a) [voir : act, law]	*loi*
Stealth tax (a)	*taxe indirecte*
Stormont	*siège du Parlement d'Irlande du Nord*
STV	**Single Transferable Vote**
Subcontract (to)	*Sous-traiter*
Succeed to the throne (to)	*succéder au trône*
Sue (to) (s.o.)	*porter plainte contre quelqu'un, poursuivre quelqu'un en justice*
Supplementary Benefit [voir : Income Support]	*allocation supplémentaire d'aide sociale, lancée en 1996, remplacée en 1988 par l'***Income Support**
Supplementary Vote (SV)	*mode de scrutin fondée sur la vote par préférence*
Survey (a)	*enquête*
SV	**Supplementary Vote**
Swing (a)	*report des voix d'un parti sur un autre pendant les élections*
Swing of the pendulum (the)	*mouvement de pendule politique lors des élections, revirement d'opinion en faveur d'un parti*
Table an amendment (to)	*soumettre, présenter un amendement*

20 GLOSSARY ENGLISH-FRENCH
GLOSSAIRE ANGLAIS-FRANÇAIS

Tabloid (a) [voir : broadsheet, gutter press, popular press, quality press, red tops]	*quotidien de format tabloïd, presse populaire*
Target seat	*siège cible, circonscription à faible majorité politique*
Tax and spend	*imposer des impôts élevés pour dépenser davantage de fonds publics (expression souvent péjorative)*
Tax credits	*crédits d'impôts*
Tax evasion	*fraude fiscale*
Taxpayer (a)	*contribuable*
TEU	**Treaty on European Union**
Teenage pregnancy	*conceptions chez les mineures, la GB a le taux le plus élevé de l'UE*
Term of office (a)	*mandat, durée d'une fonction parlementaire ou administrative*
TGWU	**Transport and General Workers Union**, *syndicat*
Thames (The)	*la Tamise*
The Tories [voir : Conservative Party, Conservative and Unionist Party, Tory Party]	*les conservateurs, nom familier pour les membres ou supporters du parti conservateur*
Think tank (a)	*comité d'experts, cellule de réflexion*
Third Way [voir : Blairism]	*"troisième voie" : une politique entre socialisme et libéralisme, entre la gauche et la droite, politique du* **New Labour**
Thistle (a)	*chardon, symbole de l'Ecosse*
Top-up fees	*frais supplémentaires de scolarité pour l'université introduit par* **New Labour**
Tory (a)	*conservateur [nom familier]*
Tory Party (the) [voir : Conservative Party, Conservative and Unionist Party, Tories]	*nom familier pour le parti conservateur, nom du parti politique dont le parti conservateur est issue*
Town Hall (a)	*mairie, hôtel de ville*
Trade union (a)	*syndicat*
Trade unionism	*syndicalisme*
Trades Union Congress (TUC)	*Confédération de syndicats, organisme syndical important*
Transport House	*siège du* **TGWU**
Treaties of Rome	*les Traités de Rome, 1957*

Treaty on European Union (TEU)	*nom officiel du Traité de Maastricht signé en 1992*
Trial (a)	*procès*
Trial by Jury	*jugement par jury*
Trooping of the Colours	*"le salut aux couleurs", présentation du drapeau devant Buckingham Palace le jour de l'anniversaire officiel de la Reine*
Troubles (The)	*les troubles en Irlande du Nord*
Tube (the) [voir : Underground]	*le métro londonien*
TUC	**Trades Union Congress**
Tuition fees	*frais d'inscription*
Turnout	*participation électorale*
Two-Party system	*bipartisme, système bipartite*
UB40	*carte donnée aux chômeurs qui bénéficient des allocations chômage*
UCAS	**Universities and Colleges Admissions Service**
UDA	**Ulster Defence Association**
UDR	**Ulster Defence Regiment**
UDUP	**Ulster Democratic Unionist Party**
Ulster [voir : Eire, Ireland, Northern Ireland, Republic of Ireland]	*Irlande du Nord*
Ulster Defence Association (UDA)	*organisation paramilitaire protestante en Irlande du Nord*
Ulster Defence Regiment (UDR)	*section de l'armée britannique en Irlande du Nord*
Ulster Unionist Party (UUP)	*Parti unioniste protestant d'Irlande du Nord créé en 1971*
Uncodified constitution	*constitution qui n'est pas écrite dans un document unique*
Underground (the) [voir : The Tube]	*le métro londonien*
Unemployment Benefit [voir : Dole, Job Seekers' Allowance]	*allocations chômage*
Union Flag	*autre nom de l'Union Jack*
Union Jack	*Union Jack, le drapeau du Royaume-Uni*
Unionist (a)	*unioniste, partisan du maintien de l'union entre l'Irlande et l'Irlande du Nord*
Unionist Party	*ancien parti politique d'Irlande du Nord, au pouvoir de 1920 à 1972*

Unison	*syndicat du secteur public (après la fusion des syndicats* **Cohse, Nalgo, Nupe***)*
United Kingdom (the) [voir : Britain, British Isles, Great Britain, United Kingdom]	*le Royaume-Uni* [*il faut inclure l'article en anglais*]
United Reformed Church (the)	*l'Eglise réformée unie en Angleterre et au pays de Galles, dénomination protestante née de l'union des Eglise Presbytérien (***Presbyterian***) et Congrégationaliste (***Congregational***) en 1972*
Universities and Colleges Admissions Service (UCAS)	*service chargé de centraliser et de gérer les demandes d'admission dans les universités britanniques*
Unseat (to)	*infliger une défaite au député sortant ou invalider un député; faire perdre son siège à un député*
Upper House (The) [voir : Lower House]	*la Chambre des lords*
Upper Middle Class (the)	*la bourgeoisie*
Upper-sixth [voir : lower-sixth]	*"sixième-supérieure", dernière année (sur 2) de terminale*
URC	**United Reformed Church**
Usual Channels	*suivre la filière habituelle au parlement*
U-Turn (to make a)	*faire volte-face en politique (180°)*
UUP	**Ulster Unionist Party**
Value Added Tax	*taxe sur la valeur ajoutée, TVA*
VAT	**Value Added Tax**
Veto (to)	*mettre son veto*
Vocational course (a)	*cours à orientation professionnelle*
Voluntary school (a)	*école privée à caractère confessionnel*
Vote (a)	*voix dans une élection* [*et non* **"a voice"** *en anglais*]
Vote (to)	*voter*
Vote of Censure (a) [voir : vote of no confidence]	*motion de censure*
Vote of no Confidence (a) [voir : vote of censure]	*motion de censure, vote sur une motion proposée par l'opposition qui censure un aspect de la politique du gouvernement ; si la motion réussit le gouvernement doit démissionner* **(Vote of Censure)**
Voter (a)	*électeur*
Votes cast (the)	*suffrages exprimés dans une élection*

Voucher (a)	*bon (d'achat), ticket*
Wage earner (a) (voir : employee]	*salarié*
Waiting list (a)	*liste d'attente*
Walkabout (a)	*bain de foule*
Ward (a)	*circonscription électorale urbaine, section électorale* *division administrative d'une grande ville ou* **borough**
Watchdog (a)	*comité de vigilance, organisme de contrôle*
Ways and Means committee (a)	*commission (parlementaire) des finances*
Welfare State (The) [voir : NHS]	*l'Etat-providence, protection sociale universelle*
Welfare to Work	*mesure pour encourager les chômeurs à trouver un emploi au lieu de compter sur les allocations, lancé par le* **New Labour** *en 1997*
Welsh	*la langue galloise* ; *gallois [adjectif]*
Welsh (the)	*les Gallois*
Welsh Assembly	*le parlement gallois depuis 1999*
Welshman / Welshwoman (a)	*un(e) Gallois(e)*
Westminster	*quartier de Londres* ; *siège du Parlement britannique* ; *par extension terme qui désigne le Parlement lui-même*
Whig (a)	*libéral au XIXe siècle*
Whip (a)	*député dont la mission est d'assurer le respect de la discipline de vote dans son parti.* *Convocation d'un député à une séance importante du Parlement* ; **Three-line whip :** *convocation impérative pour voter (soulignée trois fois)* **; Two-line whip :** *convocation importante pour voter*
White collar (worker) (a) [voir : blue collar worker]	*col blanc, travailleur non manuel*
White Paper (a) [voir : Green Paper]	*livre blanc, proposition de réforme législative annoncée par le gouvernement, projet de loi*
Whitehall [voir : Civil Service]	*quartier de Londres* ; *lieu où se trouvent les principaux ministères et le* **civil service** ; *par extension terme qui désigne l'Administration elle-même*

20 GLOSSARY ENGLISH-FRENCH
GLOSSAIRE ANGLAIS-FRANÇAIS

Widow's benefit	*allocation de veuvage*
Wield power (to)	*exercer le pouvoir*
Woolsack (The)	*sac de laine où siège le Lord Chancelier à la Chambre des lords*
Workhouse (a)	*hospice pour indigents à l'époque victorienne*
Working class (the)	*classe ouvrière*
Working poor	*les travailleurs pauvres, ceux qui sont pauvres en raison des salaires maigres*
Working Families Tax Credit	*réduction d'impôts pour parents qui travaillent*
Zero tolerance	*"tolérance zéro", politique stricte de non tolérance face aux délits*

TABLES / TABLEAUX / FIGURES

TABLES / TABLEAUX

FIGURES

INDEX ANGLAIS

D

INDEX ANGLAIS

N

INDEX ANGLAIS

Cet ouvrage a été composé par Atelier JOMI & DÉCLINAISONS
IMPRIMÉ EN FRANCE PAR CPI BRODARD ET TAUPIN
50988 – La Flèche (Sarthe), le 16-01-2009
Dépôt légal : février 2007
POCKET – 12, avenue d'Italie - 75627 Paris cedex 13
Imprimé en France